高等职业教育教材

医药营销过程与实践

张自英 陈思含 章 捷 主编

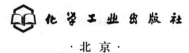

·北京·

内容简介

《医药营销过程与实践》根据医药市场人才需求和职业岗位对知识和技能的需要,构建合理的知识技能体系。以岗位需求为目标,通过熟悉营销、研究市场、目标营销、设法盈利、拓展市场、制胜法宝、提升价值和与时俱进等八章内容的学习和讨论,要求学生系统掌握营销基础理论及方法,特别是互联网、新媒体、大数据背景下营销新理论和实践新方法。本书吸纳医药流通企业、医药生产企业、医药批发企业一线经验丰富的营销专家参与编写,引入行业经典实战案例,设计若干个实训活动,强化学生的营销认知、营销实践能力。本书提供丰富的数字化资源,如教学课件、微课、职业知识与实践技能训练习题答案等,可通过扫描二维码进行学习参考。

本书主要适用于药学、药品生产技术、药品经营与管理等相关专业高职、中职教育教材,也可作为医药企业营销管理人员、药店经营管理人员等的学习参考书。

图书在版编目(CIP)数据

医药营销过程与实践/张自英,陈思含,章捷主编. —北京:化学工业出版社,2023.10
ISBN 978-7-122-43723-5

Ⅰ.①医… Ⅱ.①张…②陈…③章… Ⅲ.①药品-市场营销学 Ⅳ.①F724.73

中国国家版本馆 CIP 数据核字(2023)第 116811 号

责任编辑:王 芳 窦 臻　　装帧设计:关 飞
责任校对:宋 玮

出版发行:化学工业出版社
　　　　(北京市东城区青年湖南街 13 号　邮政编码 100011)
印　装:三河市双峰印刷装订有限公司
787mm×1092mm　1/16　印张 13½　字数 332 千字
2024 年 2 月北京第 1 版第 1 次印刷

购书咨询:010-64518888　　　售后服务:010-64518899
网　　址:http://www.cip.com.cn

凡购买本书,如有缺损质量问题,本社销售中心负责调换。

定　价:38.90 元　　　　　　　　　　　　　版权所有　违者必究

前 言

医药营销人员作为药企与消费者之间的桥梁，是医药营销得以实现的关键因素。随着市场经济快速发展，医药生产、批发、零售企业及全社会对医药营销人才的需求越来越强烈。然而，通过对医药企业及毕业学生的调研，发现符合企业需求的医药营销人才十分稀缺，很多毕业学生不能学以致用，人才供需关系很不平衡。国务院印发《国家职业教育改革实施方案》（国发〔2019〕4号），倡导专业设置与产业需求对接、课程内容与职业标准对接、教学过程与生产过程对接。教育部出台《高等学校课程思政建设指导纲要》（教高〔2020〕3号）指出高等教育要坚持育人为本，促进全面发展，积极培育和践行社会主义核心价值观，深度挖掘提炼专业知识体系中所蕴含的思想价值和精神内涵，科学合理拓展专业课程的广度、深度和温度，有机融入课程教学，达到润物无声的育人效果。在此背景下，迫切需要深化医药营销课程改革，根据医药市场人才需求和职业岗位对知识和技能的需要，构建合理的知识技能体系，实现高校人才培养与市场需求的正相关。因此，我们组织几所院校的资深专业教师和医药企业的具有一线工作经验的营销专家共同编写了本教材。

本教材定位清晰、特点鲜明，主要体现在以下几方面。

1. 坚持职教精神，重构教材目标新定位

坚持现代职教改革方向，本教材以岗位需求为目标，以就业为导向，以能力培养为核心，实现教材目标与人才培养目标的整合贯通，增强教学的目的性、针对性；实现教材内容与职业标准的整合贯通，增强课程学习的实效性、导向性；实现教材内容设计与学生思维方式的整合贯通，增强教学的吸引力、凝聚力。

2. 落实立德树人，实现课程思政全融入

党的"二十精神"引领，"课程思政"理念导向，以社会主义核心价值观、爱岗敬业、勇于担当、医者仁心、遵法守法等育人要素为核心，在教材内容中潜移默化地融入专业知识及案例，实现价值引领、知识传授与能力培养的有机统一，培养具有良好职业道德、德技并重的技术技能人才。

3. 体现工学结合，重视职业技能强化训练

紧密跟踪医药市场营销行业发展趋势，教材编写吸纳医药流通企业、医药生产企业、医药批发企业一线经验丰富的营销专家参与。本书从培养学生职业能力出发，引入行业经典实战案例，设计若干个实训活动，强化学生的营销认知、营销环境、营销策略等营销实践能力，凸显工学结合、理实一体的教学模式。

4. 新形态教材，教学资源数字化

本书提供了丰富的多样化、立体化数字化资源，每个章节有教学课件、视频、微课等，可通过扫码进行学习，有效提升教学手段，促进师生交流互动，增强学生协作式学习，实现以学习者为中心的教学理念。

5. 体现行业发展，引导创新创业新思维

在大众创业、万众创新的当下，本书注意创业意识的引导和创业能力的培养，通过项目化教学，实现"学习-实践-创业"一体化，培养创新思维、创业意识，树立合规守法、诚实守信等正确的价值观。

本书由台州职业技术学院张自英、魏春、杨美玲、于红艳，台州技师学院陈思含、章捷、季芳琴，台州科技职业学院徐杨一，杭州第一技师学院宋新焕，杭州轻工技师学院吴玉凤，浙江瑞仁堂医药连锁有限公司刘丽丽，杭州胡庆余堂国药号有限公司卢超共同编写。张自英老师负责本书的统稿和审定，并编写第一、二、三、四章；杨美玲、季芳琴、吴玉凤老师负责编写第二、三、四、八章；刘丽丽、卢超参与了第五、六章的编写并提供了部分案例资料；魏春、于红艳、徐杨一老师负责编写第五、七章；陈思含、章捷、宋新焕老师负责本书相关章节的视频拍摄及教案设计。浙江瑞仁堂医药连锁有限公司、台州舍得健康管理有限公司、浙江乐普药业股份有限公司、台州市保济新医药连锁有限公司、浙江拱东医疗器械股份有限公司、浙江洪福堂医药股份有限公司等校企合作单位为本书提供部分资料。

本教材编写过程中参考了部分国内外相关教材和资料，在此谨向相关作者表示感谢。另外，在本书编写中也得到了同行们的大力支持，从而保证编写工作得以顺利进行，在此一并表示感谢。

由于编者水平有限，书中难免有不足之处，真诚地欢迎广大读者和同行批评指正。

编者
2023 年 6 月

目录

第一章　熟悉营销：医药营销概述 / 1

第一节　药品 / 3
　一、药品概念 / 3
　二、药品分类 / 3
　三、药品特殊性 / 7
　四、药品疗效保证 / 7
第二节　医药市场营销 / 9
　一、市场概述 / 9
　二、医药市场概述 / 10
　三、医药市场营销概述 / 11
第三节　医药市场营销环境 / 15
　一、医药市场营销环境概述 / 15
　二、医药市场营销宏观环境分析 / 17
　三、医药市场营销微观环境分析 / 21
　四、医药市场营销环境分析方法 / 23
第四节　医药购买行为分析 / 25
　一、消费者市场购买行为分析 / 25
　二、医药组织市场购买者行为分析 / 32
职业知识与实践技能训练 / 37
　一、职业知识训练 / 37
　二、实践技能训练 / 39

第二章　研究市场：医药市场调研 / 41

第一节　医药市场调研概述 / 43
　一、医药市场调研含义 / 43
　二、医药市场调研作用 / 43
　三、医药市场调研类型 / 44
　四、医药市场调研内容 / 46
第二节　医药市场调研流程 / 48
　一、确定市场调研目标 / 48
　二、设计市场调研问卷 / 49
　三、采集调研信息 / 51
　四、分析调研信息 / 55
　五、撰写调研报告 / 57
　实践项目1　区域医药市场环境调研 / 59
　实践项目2　咳嗽药市场的初步分析和研究 / 63
职业知识与实践技能训练 / 70
　一、职业知识训练 / 70
　二、实践技能训练 / 71

第三章　目标营销：STP策略 / 77

第一节　市场细分 / 79
　一、市场细分含义 / 79
　二、市场细分基础 / 79
　三、市场细分原则 / 79
　四、选择市场细分的标准 / 80
　五、市场细分步骤 / 81
　六、市场细分的作用 / 81
第二节　目标市场选择 / 82
　一、目标市场选择标准 / 82
　二、目标市场选择模式 / 84
　三、目标市场选择应考虑的因素 / 86
　四、目标市场营销策略 / 86
第三节　市场定位 / 88
　一、市场定位含义 / 88

二、市场定位本质 / 88
三、市场定位步骤 / 89
四、市场定位方法 / 89
五、市场定位意义 / 90

职业知识与实践技能训练 / 90
　一、职业知识训练 / 90
　二、实践技能训练 / 92

第四章　设法盈利：定价策略 / 95

第一节　定价的概念 / 97
　一、定价含义 / 97
　二、定价因素 / 97
　三、定价目标 / 99

第二节　定价方法 / 100
　一、成本加成定价法 / 100
　二、目标定价法 / 101
　三、认知价值定价法 / 101
　四、价值定价法 / 101
　五、随行就市定价法 / 101
　六、密封投标定价法 / 102
　七、撇脂定价法 / 102

第三节　定价策略 / 102
　一、低价位策略 / 102
　二、竞争价格策略 / 103
　三、高位价格策略 / 103
　四、"高低价"策略 / 103

职业知识与实践技能训练 / 104
　一、职业知识训练 / 104
　二、实践技能训练 / 105

第五章　拓展市场：渠道策略 / 107

第一节　分销渠道概述 / 109
　一、分销渠道概念 / 109
　二、分销渠道的基本类型 / 109
　三、中国医药分销渠道发展趋势 / 112

第二节　分销渠道设计与管理 / 113
　一、医药分销渠道设计影响因素 / 113
　二、医药渠道战略设计程序 / 115
　三、评估选择分销方案 / 116
　四、分销渠道管理 / 117

实践项目　医药分销模式的甄选与渠道设计 / 117

职业知识与实践技能训练 / 120
　一、职业知识训练 / 120
　二、实践技能训练 / 122

第六章　制胜法宝：促销策略 / 124

第一节　药品推销技术 / 126
　一、推销含义 / 126
　二、爱达模式 / 126
　三、迪伯达模式 / 129
　四、埃德帕模式 / 131
　五、费比模式 / 133
　六、顾问式销售模式 / 134

第二节　医药产品促销概述 / 136
　一、促销概念 / 136
　二、医药商品促销方式 / 137

第三节　制定医药产品促销组合方案 / 143
　一、促销组合含义 / 143
　二、医药产品促销组合决策 / 143
　三、医药产品促销组合策略 / 144

第四节　危机管理 / 145
　一、新闻危机 / 145
　二、产品结构危机 / 146
　三、人才危机 / 146

实践项目1　医药企业危机公关管理 / 146
实践项目2　促销团队的组建和管理 / 149

职业知识与实践技能训练 / 152
　一、职业知识训练 / 152

二、实践技能训练 / 153

第七章　提升价值：顾客管理 / 155

第一节　医药营销人员职业要求 / 157
一、医药营销人员工作内容 / 157
二、医药营销人员职业责任 / 157
三、医药营销人员职业要求 / 158

第二节　医药营销礼仪 / 159
一、营销礼仪含义 / 159
二、营销礼仪本质特征 / 159
三、营销礼仪与个人形象 / 160
四、营销礼仪与企业形象 / 160
五、营销礼仪的修养过程和方法 / 161

第三节　顾客满意 / 163
一、顾客让渡价值 / 163
二、顾客总价值 / 164
三、顾客总成本 / 164
四、顾客让渡价值提升 / 165

五、顾客满意 / 165
六、客户满意度 / 167
七、顾客满意战略 / 167

第四节　客户关系管理 / 168
一、客户关系管理概念 / 168
二、客户关系管理作用 / 168
三、客户关系管理基本内容 / 168
四、培育客户忠诚 / 169
五、服务失败的补救 / 173
实践项目1　医药代表有效沟通 / 175
实践项目2　处理异议 / 179
职业知识与实践技能训练 / 183
一、职业知识训练 / 183
二、实践技能训练 / 184

第八章　与时俱进：营销新发展 / 187

第一节　数据营销 / 189
一、数据营销含义 / 189
二、数据营销优势 / 189
三、数据营销的方式 / 190

第二节　移动营销 / 191
一、移动营销含义 / 191
二、移动营销特点 / 191
三、移动营销方法 / 192
四、移动营销作用 / 196

第三节　精准营销 / 197

一、精准营销的内涵 / 197
二、精准营销的特征 / 197
三、精准营销的方法 / 197

第四节　绿色营销 / 199
一、绿色营销含义 / 199
二、绿色营销特征 / 199
三、绿色营销管理主要内容 / 200
实践项目　医药企业绿色营销之道 / 201
职业知识训练 / 202

职业知识与实践技能训练答案 / 204

参考文献 / 208

二维码资源

第一章

熟悉营销：医药营销概述

知识目标

1. 掌握 SWOT 分析法。
2. 熟悉医药市场营销环境内涵。
3. 熟悉消费者购买决策的影响因素。
4. 了解医药市场营销内涵。

能力目标

1. 树立科学医药市场营销观念。
2. 能够分析影响消费者购买行为的因素。
3. 能够分析医药营销环境因素对企业营销活动的影响。
4. 能够结合 SWOT 分析法辨别医药市场环境中的机会、威胁、优势、劣势。

价值目标

1. 具备以"社会福祉为根本的利益相关者共赢"的新时代营销价值理念。
2. 培养学生主动观察、积极思考、独立分析和解决问题的习惯。
3. 具备良好医药营销职业理想和职业情感。
4. 树立爱国主义理想和信念，具备为中国医药企业发展贡献力量的责任感。

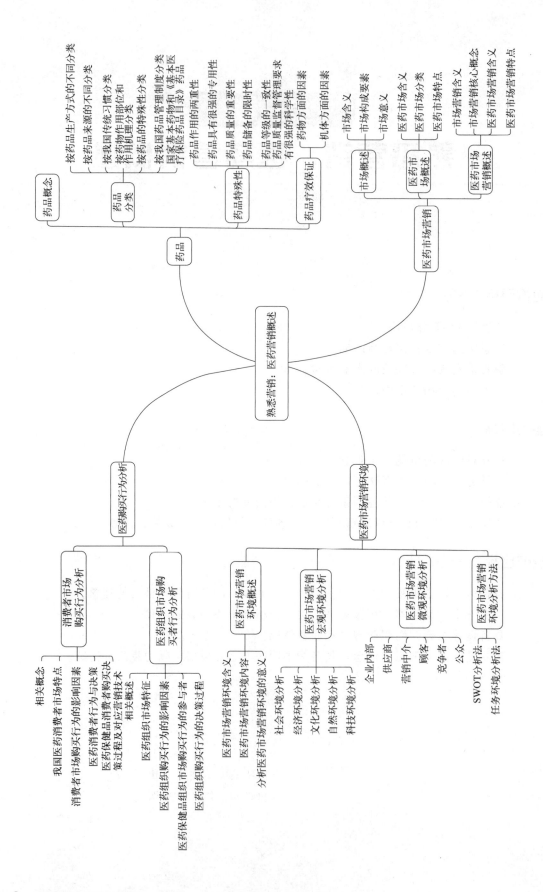

第一节 药品

一、药品概念

医药产品是人类生活中不可缺少的消费品，人们通常把"药物"与"药品"两个概念统称为药。其实药物与药品是两个不同的概念，而且药物的内涵要比药品广泛得多。一般认为，具有保健和治疗作用的物质都是药物，但并非都是药品。《中华人民共和国药品管理法》第二条关于药品的定义：本法所称药品，是指用于预防、治疗、诊断人的疾病，有目的地调节人的生理机能并规定有适应证或者功能主治、用法和用量的物质，包括中药、化学药和生物制品等。

医药企业的一切生产经营活动都是围绕产品进行的，企业通过及时有效地提供消费者所需要的产品来实现其发展目标。药品是指医药企业向市场提供的，能满足人们防病、治病、保健等方面需求的一切物品和劳务的统称，不仅包括有形产品，还包括无形产品，如药品实体、用药咨询、用药指导、药品销售场所，以及医药企业经营的思想、理念，都是药品的范畴，这就是现代市场营销理论中药品的整体概念，包含5层含义，见图1-1。

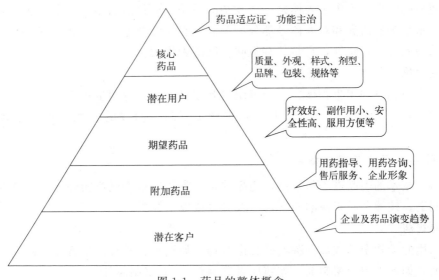

图1-1 药品的整体概念

二、药品分类

我国医药产品可谓门类齐全、品种繁多，其技术、生产、销售、消费特点各不相同。对医药产品进行正确的分类，可以简化市场营销的研究工作，帮助医药企业针对自己所生产和经营的产品类别，正确掌握其生产经营上的特征、特点，从而有效地选择销售渠道，确定适宜的价格策略和促销措施，制定最佳的市场营销的组合；同时，有利于提高医药企业经营管理、服务水平。

医药产品根据不同的分类标准，可以有许多不同的分法，其主要原因是随着医药科学技术的发展，各类药品之间在理论、配伍、组方、加工技术等方面相互渗透现象越来越普遍，因而要将药品完全科学划分越来越困难。下面结合医药企业市场营销活动，介绍一些常用的分类方法。

1. 按药品生产方式的不同分类

(1) 天然药物（中药）

指自然界中动物、植物和矿物等三大类天然资源，在我国又称之为中药、国药，它是我国的国粹，有悠久的研究和使用历史。通常把从自然界中采集、未经加工的原药称为中药材；中药材经过加工处理成的片、段、丝、块等称为中药饮片；中药经过加工制成一定的剂型后便称之为中成药。因此，中药在经营形式上就形成了中药材、中药饮片和中成药三大类。

中药按不同的分类方法又可细分为多种。按来源可分为植物药、动物药和矿物药；按药用部位可分为根及根茎类、皮类、叶类、花类、种子果实类、全草类等；按药物毒性可分为普通中药、毒性中药（如雄黄）和麻醉药品；按药物功能可分为解表药、清热药、化湿药、祛风湿药、温里药、理气药、止血药、活血化瘀药、化痰止咳平喘药、安神药、平肝息风药、开窍药、补虚药、收涩药、泻下药、涌吐药、消食药、驱虫药、攻毒杀虫止痒药。

(2) 化学合成药物

指以化学理论为指导，依据化学规律研究和生产的化学合成药。化学合成药物具有疗效快、效果明显的特点。但由于人体是一个复杂的系统，而目前的科学水平又缺乏对人体本身结构的分子水平分析研究和对人体各部分相关联的整体综合考察，因此其有"头痛医头，脚痛医脚"的局限性治疗特征，且常伴有不同程度的副作用。

(3) 生物技术药物

生物技术药物是利用生物体、生物组织或其成分，综合应用生物学、生物化学、微生物学、免疫学、物理化学和药学的原理与方法加工、制造而成的一大类预防、诊断、治疗制品。

2. 按药品来源的不同分类

随着科学技术的不断进步与发展，药品的来源除了取自天然产物外，还广泛地应用人工合成方法制造。按照药品来源的不同，一般可分成以下几类。

(1) 动物药

作为药用的动物全部或部分脏器或其排泄物，如鹿茸、麝香、牛黄等。此外，还有提取纯品应用的，如各种内分泌制剂（如胰岛素等制剂）、血浆制品等。

(2) 植物药

植物的各部分，皮、花、根、茎、叶、液汁及果实等都可药用，如人参用其根茎，阿片源于罂粟果的液汁。中药中以植物药为最多。同时由于现代化学工业的发展，目前还广泛地提取出多种植物药的有效成分作为药用，如生物碱（如麻黄中的麻黄碱，阿片中的吗啡等）、强心苷（如治疗心脏病的洋地黄毒苷）、皂苷、挥发油、黄酮类化合物等。

(3) 矿物药

一般是指直接利用矿物或经过加工而成的药物，如硫黄、氧化汞，以及一些无机盐类、酸类、碱类等。

(4) 化学药品

一般是指利用化学方法合成的药品，如磺胺类药、对乙酰氨基酚、乙酰水杨酸等。随着制药工业的发展，合成药物的种类越来越多，临床应用也日益广泛。

3. 按我国传统习惯分类

(1) 西药

相对于我国传统中药而言，一般用化学合成方法制成或从天然产物提制而成。西药分为有机化学药品、无机化学药品和生物制品。看其说明书则有化学名、结构式，剂量上比中药精确，通常以毫克计。

(2) 中药

人们习惯于把我国使用的传统药物称为中药。其实这种概念不是十分科学，因为只有同时具备以下三种内涵的药物才能被称为中药：一是，能用独特的性能来表示，如性味、归经、升降、沉浮等；二是，其功效能用中医药学术语来表示，如理气、安神、活血化瘀、通里攻下等；三是，能按中医药学理论的配伍规律组成复方，方中药物须按君臣佐使关系构成一个功效整体方可施治于人。

需要说明的是，此种分类方式随着医药科学技术的发展越来越不能反映其实际情况，因为我国药学工作者经过艰苦奋斗，做了大量中药的西化工作，使不少中药的化学本质被阐明，它们或是被当作制成西药的原料，或是直接被当成西药使用，这打破了原有的中药、西药泾渭分明的局面。此外，随着我国中药现代化工作的开展，中西结合的药物也不断涌现，用现代科学方法处理，现代医学观点表述其特性的中成药也不断出现。这些药物虽然以中药为主要成分，但因不再用传统的医学观点表述其特性，同时其生理、药理作用的化学本质和体内代谢过程还不完全清楚，所以既不是原来意义上的中药，也不是一般概念上的西药。为此，《中华人民共和国药品管理法》提出了"现代药"与"传统药"的概念。现代药是指19世纪以来由于现代医学的进步而发展起来的化学药品、抗生素、生化药品、放射性药品、血清、疫苗、血液制品等。传统药指用传统医学观点表述其特性，能被传统医学使用的药物，它包括中药材、中药饮片、传统中成药和民族药（如蒙药、藏药、维药、傣药等）。

4. 按药物作用部位和作用机理分类

按药物作用部位和作用机理分类，可分为作用于中枢神经系统、传入传出神经系统、心血管系统、呼吸系统、消化系统、泌尿系统、生殖系统、血液系统、内分泌系统、免疫系统的药物和抗微生物、抗寄生虫药以及诊断用药等，即通常的药理学分类方法。

5. 按药品的特殊性分类

药品按其特殊性一般可分为普通药品和特殊管理的药品（麻醉药品、精神药品、医疗用毒性药品、放射性药品）。

(1) 特殊管理的药品

① 毒性药品　毒性药品系毒性剧烈、治疗剂量与中毒剂量相近、使用不当会致人中毒或死亡的药品，如阿托品。

② 麻醉药品　麻醉药品是指连续使用后易产生身体依赖性、能成瘾的药品，如吗啡类、哌替啶等。

③ 放射性药品　放射性药品指用于临床诊断或治疗的放射性核素制剂或者其他标记药物。

④ 精神药品　指直接作用于中枢神经系统，使之兴奋或抑制；连续使用能产生依赖性的药品。依据精神药品使人体产生的依赖性和危害人体健康的程度，分为第一类精神药品和第二类精神药品。销售精神药品应注意：

a. 第一类精神药品不能在药店零售，如麦司卡林、赛洛新、司可巴比妥等；b. 第二类精神药品如苯巴比妥、氟硝西泮等，零售药店应当凭执业医师出具的处方，按规定剂量销售，并将处方保存2年备查，禁止超剂量或者无处方销售第二类精神药品，不得向未成年人销售第二类精神药品。

(2) 普通药品

普通药品是指毒性较小、不良反应较少、安全性较好的药品，如葡萄糖、乙酰水杨酸等。

6. 按我国药品管理制度分类

按我国药品管理制度分类，可分为处方药和非处方药。

(1) 处方药

指必须凭执业医师或执业助理医师处方才能调配，并在医务人员的指导下应用的药物。

(2) 非处方药

简称OTC药，指那些只要消费者按照药品标签上列出的规定，如用法、说明与注意事项等，就能安全使用的药物。因此其不需要处方即可出售。

非处方药的特点：一是，非处方药使用时不需要医务专业人员的指导和监督；二是，因消费者按药品标签或说明书的指导使用，故说明书文字应通俗易懂；三是，非处方药的适应证是指那些能自我做出诊断的疾病，药品起效快速，疗效确切，能较快减轻患者的不适感；四是，非处方药能缓解常见疾病的初始症状和防止其恶化，也能减轻已确定的慢性疾病的症状或延缓病情的发展；五是，非处方药安全性高，不会引起药物依赖性，毒副反应发生率低，不在体内蓄积，不致诱导耐药性或抗药性；六是，非处方药的药效、剂量都具有较好的稳定性。

7. 国家基本药物和《基本医疗保险药品目录》药品

(1) 国家基本药物

《制定国家基本药物工作方案》中指出"国家基本药物系指从我国目前临床应用的各类药物中经过科学评价而遴选出的在同类药品中具有代表性的药品，其特点是疗效肯定、不良反应小、质量稳定、价格合理、使用方便等。列入基本药物的品种，国家要按需求保证生产和供应、并在此范围内制订公费医疗报销药品目录。"确定国家基本药物，目的在于加强药品生产、使用环节的管理，既保证大众安全、有效、合理地用药，又完善公费医疗制度，减少药品浪费，使国家有限的卫生资源得到有效的利用，达到最佳的社会效益和经济效益。

(2)《基本医疗保险药品目录》药品

指为了保障城镇职工医疗保险用药需要，合理控制药品费用而规定的基本医疗保险用药药品。纳入《基本医疗保险药品目录》的药品，是临床必需、安全有效、价格合理、使用方便、市场能够保证供应的药品，并且具备下列条件之一：《中华人民共和国药典》（现行版）收载的药品、符合国家药品监督管理部门颁发标准的药品、国家药品监督管理部门批准正式进口的药品。

《基本医疗保险药品目录》药品包括西药、中成药、中药饮片。这些药品在《国家基本药物目录》基础上遴选而定，并分为"甲类目录"和"乙类目录"。"甲类目录"药品是临床必需、使用广泛、疗效好、同类药品中价格最低的药品，由国家统一制定，各地不得调整。"乙类目录"药品可供临床选择使用，药价比"甲类目录"药品略高。"乙类目录"药品由国家制定，各省、自治区、直辖市可适当调整（不超过其总数的15％）。

三、药品特殊性

药品是人们用来防病治病、康复保健、计划生育的特殊商品。说它是特殊商品是因其直接关系着每一个人的身体健康和生命安危，关系到千家万户的幸福与安宁。药品的特殊性主要表现在以下几方面。

(1) 药品作用的两重性

药品可以防病治病、康复保健，但多数药品又有不同程度的毒副作用。管理得当、使用合理，就可治病救人，保护健康，造福人类。反之，管理混乱、使用不当则危害人们的生命安全和身体健康，破坏社会生产力，甚至祸国殃民，产生严重后果。

(2) 药品具有很强的专用性

大部分药品只能通过医生的检查、诊断后，并在医生的指导下合理使用，才能达到防病治病和保护健康的目的。若滥用药物就很可能造成中毒或产生药源性疾病。据文献报道，美国现住院患者中约有1/7是由于用药不当而住院的。据世界卫生组织统计，全世界死亡的患者中，有1/3是死于用药不当。

(3) 药品质量的重要性

药品质量关系到患者的安危，因此至关重要。符合质量标准要求，才能保证疗效。所以，进入流通渠道的药品，只允许是合格品，绝对不允许有次品或等外品。

(4) 药品储备的限时性

药品是治疗疾病的物质，这就要求药品生产、经销部门及医疗卫生单位对药品要有适当的储备。但因药品有一定的有效期，所以要注意储备的数量。

(5) 药品等级的一致性

一般商品往往有等级之分，所谓一等品、二等品、等外品等，甚至残次品亦可让利销售。而药品只有合格与不合格之别，凡不合格的药品绝对不能出厂、销售和使用，否则，就是违法。

(6) 药品质量监督管理要求有很强的科学性

药品质量的优劣、真伪，一般消费者难以辨别，必须由专门的技术人员和专门机构，依据法定标准、应用合乎要求的仪器设备、采用可靠的方法，才能做出鉴定或评价。世界各国均设有专门的药品检验机构。我国还在所有的三级医院和部分二级甲等医院设有药检室，除负责本院制剂的检验外，还负责外购药品质量的检测。必须指出的是，许多药品，特别是新药，还需要通过上市使用一段时间后，经过长期的、大量的调查、统计和分析，进行再评价，才能发现其毒副反应。为此，我国已经在努力逐步完善药品不良反应监测和药品质量信息反馈系统。

四、药品疗效保证

药品是一种特殊商品，消费市场对药品的需求标准应是疗效好、毒副作用小。与一般日用消费品不同，要求医药企业在生产经营药品时，不仅要在生产过程中严格执行国家有关规定，保证药品质量，而且要在销售过程和消费过程中对消费者负责，指导其科学合理用药，而不能像一般商品那样尽可能地引导消费、扩大销售。消费者使用药品的最终目的是获得身体的康复，所以衡量一种药品是否具有生命力和市场竞争力的标准之一就是其疗效。影响药品疗效的主要因素有药物本身和患者机体两个方面。

1. 药物方面的因素

(1) 药物的构效关系

指药物化学结构与药效的关系，这是药物作用特异性的物质基础。化学结构相近的药物一般能产生相似的作用，称拟似药；产生相反作用的，称拮抗药。药物的化学结构完全相同的光学异构体，其作用可能完全不同。

(2) 药物的量效关系

药物的药理效应，一般是随药物剂量的大小而增减，两者之间的规律性变化，称为量效关系。与此相关的指标有最小有效剂量、治疗量、极量、最小中毒量、致死量等。

(3) 药物与剂型的关系

剂型是药物应用的形式，对发挥药效的影响极大，表现在以下三方面。一是，剂型可改变药物作用的性质，例如硫酸镁口服可作泻下药。而25%硫酸镁注射液10mL，用10%葡萄糖注射液稀释成5%的溶液静脉滴注，能抑制大脑中枢神经，有镇静、解痉作用。二是，剂型能调节药物作用速度，不同剂型，药物作用速度不同。如注射剂、吸入气雾剂，属于速效制剂，可用于急救；丸剂、缓释制剂、植入剂等属于慢效或长效制剂。三是，剂型的改变可降低或消除药物的毒副作用，如芸香油片剂治疗咳喘病，药效发挥慢，且疗效不佳，但改成气雾剂后则药效发挥快，副作用小；某些剂型有靶向作用，如静脉注射乳剂、静脉注射脂质剂等，是具有微粒结构的制剂，在体内能发挥靶向作用；剂型直接影响药效，如药物的晶型、药物粒子的大小不同，会直接影响药物释放，进而影响药效。

2. 机体方面的因素

患者机体方面的差异与药物效应的关系密切，有时能对药物疗效起决定作用，影响因素主要有以下几个方面。

(1) 年龄与性别

年龄的不同对药物的反应有很大差别，老年人生理功能减退，少年儿童生理功能尚不完善，必然会影响药物的吸收、代谢和排泄。性别差异也很明显，如妇女月经期和妊娠期对泻药及强烈刺激性药物敏感，如不注意可引起月经过多或早产、流产的危险。

(2) 个体差异

个体的差异对药物反应不同，如某些高敏性患者、对某些药物产生依赖性和成瘾性的患者、耐药程度不同的患者等。

(3) 遗传因素

遗传因素是影响药物疗效的重要因素，有时起决定作用。体内缺乏某种酶或存在异常酶的先天性生化缺陷，或机体免疫功能发生异常，都可能引起有关药物的代谢障碍。

(4) 病理状态

病理状态能直接影响机体功能和药物作用。如降压药能使高血压患者血压降低，对正常人血压影响不大；肝肾功能障碍者，某些药物的作用会增强或延长，甚至引起中毒。

(5) 精神状态

患者的精神状态与药物疗效和恢复健康有密切关系。乐观情绪对治疗可产生积极影响；而忧郁悲观则不利于治疗，还可能影响药物的疗效。

第二节 医药市场营销

一、市场概述

1. 市场含义

狭义上的市场是买卖双方进行商品交换的场所。广义上的市场是指为了买和卖某些商品而与其他厂商和个人相联系的一群厂商和个人。从经济学角度理解，市场为商品交换关系的总和；从营销角度理解，市场为对某种产品现实和潜在需求的总和。市场的规模即市场的大小，是购买者的人数。

2. 市场构成要素

市场是由人口、购买欲望、购买力三个要素组成的现实有效的市场，三个要素缺一不可。有人口、购买欲望而无购买力，或者有人口、购买力而无购买欲望等情况均无法形成现实有效的市场，只能称为潜在市场。

3. 市场意义

(1) 市场初始意义

市场起源于古时人类对于固定时段或地点进行交易的场所的称呼，当城市成长并且繁荣起来后，住在城市邻近区域的农夫、工匠、技工们就会开始互相交易并且对城市的经济作出贡献。显而易见地，最好的交易方式就是在城市中有一个集中的地方，可以让人们在此提供货物以及买卖服务，方便人们寻找货物及接洽生意。当一个城市的市场变得庞大而且更开放时，城市的经济活力也相对会增长起来。

(2) 市场今日意义

今日的市场是商品经济运行的载体或现实表现。商品经济越发达，市场的范围和容量就越大。市场具有相互联系的四层含义：

① 商品交换场所和领域；

② 商品生产者和商品消费者之间各种经济关系的汇合和总和；

③ 有购买力的需求；

④ 现实顾客和潜在顾客。

市场是社会分工和商品经济发展的必然产物。市场是商品交换顺利进行的条件，是商品流通领域一切商品交换活动的总和。市场体系是由各类专业市场，如商品服务市场、金融市场、劳务市场、技术市场、信息市场、房地产市场、文化市场、旅游市场等组成的完整体系。同时，在市场体系中的各专业市场均有其特殊功能，它们互相依存、相互制约，共同作用于社会经济。

随着市场经济的发展，各类市场都在发展。那么，哪一类市场同人们的生活联系最紧密呢？从现实生活中人们可以直接感受到，商品服务市场与我们的关系最为密切。商品服务市场遍及人们生活的每一个角落，人们常见的大、小商场，各种各样的理发店、家具店、农贸市场、宾馆、饭店等，这些都属于商品服务市场。商品服务市场也是医药营销服务的市场之一。

二、医药市场概述

1. 医药市场含义

医药市场是指个人和组织对某种或某类医药产品现实和潜在需求的总和。即对医药产品的需求构成了医药市场。

2. 医药市场分类

(1) 按医药产品类别分为药品市场、医疗器械市场、保健品市场

① 药品市场按照药品来源分为化学制药市场、中药市场、生物制药市场；按照药品功能分为抗生素、心脑血管、呼吸系统、消化系统、血液系统等药品市场；从药品使用安全管理角度分为处方药市场、非处方药市场；按照药品使用范围和支付方式分为国家基本药物市场、基本医疗保险药物市场、自费药品市场。

② 医疗器械市场根据使用安全性分为一、二、三类医疗器械。第一类为通过常规管理足以保证其安全性、有效性的医疗器械；第二类为对其安全性、有效性应当加以控制的医疗器械；第三类用于植入人体或支持维持生命，对人体具有潜在危险，对其安全性、有效性必须严格控制的医疗器械。

③ 保健品市场可分为一般保健食品、保健药品、保健化妆品、保健用品等。保健食品具有食品性质，如茶、酒、蜂制品、药膳等，具有色、香、形、质要求，一般在剂量上无要求；保健药品具有营养性、食物性天然药品性质，应配合治疗使用，有用法用量要求，带"健"字批号；保健化妆品具有化妆品的性质，有局部小修饰、透皮吸收、外用内效等作用，如霜膏、漱口水等；保健用品具有日常生活用品的性质，如健身器、按摩器等。

(2) 按购买者及购买目的分为医药消费者市场和医药组织市场

医药消费者市场是由最终购买医药产品的消费者组成的，购买目的是满足个人或家庭的消费；医药组织市场是由购买医药产品的医药企事业单位组成的，购买目的是生产、销售或服务。因此，医药消费者市场需求是最根本的，医药组织市场的需求是根据消费者市场的需求派生出来的。

(3) 按营销区域分为国际市场、国内市场，国内市场又分为城市市场、农村市场、城乡结合市场。

(4) 按商品流通环节分为药品批发市场、药品零售市场，药品零售市场包括实体药店和网上药店。

3. 医药市场特点

医药产品的特殊性、需求的时效性和针对性、竞争的局限性、消费的被动性，使医药市场具有专业性强、相关群体主导性强、需求多样化和差异性、产品供应及时性、产品销售有季节性、营销策略有局限性等特点。按医药产品类别划分的部分药品市场、医疗器械市场、保健品市场的特点如表1-1所示。

表 1-1　医药市场的分类及特点

市场分类	市场特点
化学药市场	(1)我国是世界原料药第一大生产国,化学原料药生产厂家集中度高、市场占有率高、原料药市场发展空间大; (2)我国化学制剂药物以仿制为主,利润低,与欧美日发达国家相比企业规模小、数量多,产品低水平重复多
中药市场	(1)中药分为中成药、中药材、中药饮片; (2)中成药国际市场所占市场份额很小; (3)中成药特点、优势和疗效逐渐被认知和认可; (4)服用中药饮片的顾客呈老化趋势,年轻一代更能接受西药; (5)中药材假冒伪劣现象突出,存在重金属含量超标、农药残留等问题
生物制品市场	(1)起步晚(20世纪70年代开始); (2)高投入,高利润; (3)部分产品供不应求
处方药市场	(1)决策者和使用者分离; (2)终端人员专业化:较高的文化层次、专业的医学知识、丰富的文化知识; (3)产品生命周期相对比较长,需市场维护、开发新产品难度大; (4)需求弹性小;对药品价格不太敏感
非处方药市场	与保健品市场接近的非处方市场: (1)疗效可靠、迅速,可以宣传; (2)注重品牌形象的培养; (3)大部分市场份额集中在知名品牌厂家 常见疾病非处方药市场: (1)消费者比较成熟; (2)市场容量大,利润较稳定; (3)竞争激烈,医药企业竞争的主要阵地; (4)市场细化,每个细分市场充斥着大量品牌; (5)市场终端拦截现象严重 与处方药市场特征相似的非处方药市场: (1)不注重包装,缺乏知名品牌; (2)市场空间小,容量小; (3)消费者认知度低; (4)安全性较其他非处方药低
保健品市场	(1)发展迅速,需求旺盛; (2)高利润,高风险; (3)保健品市场发展不成熟:审批容易,投入较少; (4)产品生命周期短
医疗器械市场	(1)集中度较低,且大部分企业规模较小; (2)以生产技术含量较低的中小型产品为主,高端产品基本依赖进口; (3)医疗器械产品的普及率较高,市场需求以产品的升级换代以及创新产品为主,市场规模庞大,增长稳定

三、医药市场营销概述

1. 市场营销含义

现代市场营销学奠基者、美国西北大学教授菲利普·科特勒(Philip Kotler)认为:市场营销就是个人和集体通过创造产品和价值,并同别人自由交换产品和价值,来获得其所需所欲之物的社会和管理过程。市场营销的任务就是识别并满足人类和社会的需要。

市场营销不同于销售、推销、促销。现代管理学之父彼得·德鲁克（Peter F. Drucker）曾指出：可以设想，某些推销工作总是需要的。然而，市场营销的目的就是要使推销成为多余。营销的目的在于深刻地认识和了解顾客，从而使产品或服务完全适合顾客的需要而形成产品的自我销售。

2. 市场营销核心概念

市场营销领域有五个核心概念：顾客需要、欲望和需求；营销供给（产品、服务和体验）；顾客价值和顾客满意；交换、交易和关系营销；市场。每一个概念都建立在它前一个概念的基础上。市场营销核心概念的相关性如图1-2所示。

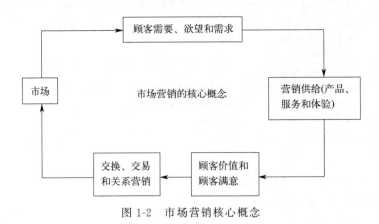

图1-2　市场营销核心概念

（1）**顾客需要、欲望和需求**

需要指个人和组织能够感受到的对物质或精神的匮乏状态。欲望是由需要引起的，是对某种产品的期望、渴望与追求。需求是在一定购买力条件下，欲望的具体化。市场营销的中心任务就是了解顾客的需要及需求，通过开发产品或其他营销手段，引导或满足顾客的不同欲望，使有效需求得以实现，同时实现企业的目标。

（2）**营销供给**

营销供给（产品、服务和体验）是能够满足人们某种需要和欲望的一切有形物品与无形服务。营销人员要有整体产品的概念，它包括产品的实体、产品给顾客带来的效用以及各种产品的延伸及产品所附带的所有无形服务等。

（3）**顾客价值和满意**

顾客对于价值的评价，决定其如何选择产品以及对购买、消费过程的满意程度。顾客价值是指顾客从购买和使用某产品中获得的总价值与为此所付出的总成本之间的差额。其中，顾客从产品和服务中获得的总价值主要包括产品价值、服务价值、人员价值和形象价值等；顾客为购买产品或服务所付出的总成本包括货币成本、时间成本、体力成本和精神成本等。顾客总价值减去顾客总成本的差额即为顾客让渡价值。企业战胜竞争对手的关键就在于能比竞争对手向顾客提供更多的顾客让渡价值。

顾客满意是企业开展营销工作的目标之一，是指顾客对于所获得的产品的效能与对该产品的期望值的比较，若产品的效能等于或高于顾客对该产品的期望值，则顾客会感到满意。相反，则不满意。

知识拓展

满意的顾客对于企业的意义：
① 忠诚于公司更久。
② 购买更多的公司新产品和提高购买产品的等级。
③ 为公司及其产品说好话。
④ 忽视竞争品牌和广告，并对价格不敏感。
⑤ 向公司提出产品或服务建议。
⑥ 由于交易惯例化而比新顾客的服务成本低。

(4) 交换、交易和关系营销

交换是指用一种物品从他人处换取所需要的另一种物品的行为。交易是指买卖双方在货币价值和使用价值上的交换。近年来，营销学者在交易营销的基础上，又提出了"关系营销"的概念。关系营销是指在交易营销的基础上，营销人员还必须与有价值的顾客、分销商、经销商、供应商等建立、保持、加强密切的长期合作关系，这关系到企业的可持续发展。

(5) 市场

一般而言，在某一行业，市场被若干个甚至无数个企业共同瓜分。市场占有率是指某一企业产品或服务的销售量（或销售额）在市场同类产品（或服务）中所占的比重，表明企业的商品在市场上所处的竞争地位。市场占有率越高，表明企业经营、竞争能力越强。

马斯洛需求层次理论把需求分成生理需求、安全需求、社会需求、尊重需求和自我实现需求五类，依次由较低层次到较高层次。马斯洛需求层次理论如下图 1-3 所示。

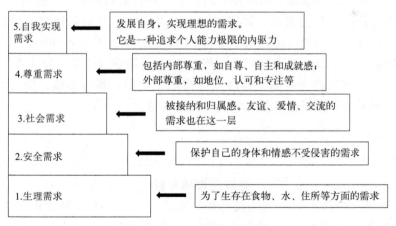

图 1-3 马斯洛需求层次理论

 知识拓展

市场营销与推销的区别

市场营销是企业通过交换满足消费者现实需求或潜在需求的整体性活动，销售的是根据需求组织生产出来的产品，销售是很顺利的；而推销则是销售企业生产出来的产品。菲利普指出:"市场营销最重要的部分不是推销,推销仅是营销的职能之一,而且不是最重要的一个;市场营销的目标就是使推销成为多余。"

3. 医药市场营销含义

医药市场营销是指企业根据医药产品的特点,计划和执行关于服务和创意的观念、定价、促销和分销,在满足顾客需要的同时,企业也获取利润的综合性经营活动。对于该定义的理解,应把握以下几个要点。

(1) 医药市场营销的中心和目的是满足一切现实的和潜在的顾客防病治病的需要。

(2) 开展营销活动时有较多的限制

医药市场营销活动有着市场营销的共性,活动既包括商品生产之前的一系列活动,如市场调研、消费需求研究、新产品开发、市场机会分析、选择目标市场等;又包括商品生产之后的经营活动,如商品定价、分销、广告、人员推销、销售促进等;还包括商品售出之后的活动,如售后服务、售后信息反馈等。但是,医药产品开展销售活动时有着较多的限制,处方药的终端销售,决策权不在使用者,一般掌握在医生手中,医生对药品的购买有很大的影响,这是与其他商品市场有着本质区别的特点,是由药品的专业性决定的。国家市场监督管理总局明确规定,处方药禁止在大众媒介发布广告,广告只能在医药专业媒介发布。任何为诱导顾客消费夸大非处方药和保健品功效的广告都是不允许的,也不允许利用多买折扣、买二送一等促销手段诱导顾客过度购买药品。

4. 医药市场营销特点

由于药品的特殊性,药品市场营销所包括的内容及特点与市场营销不完全相同。这种不同主要表现在以下几个方面。

(1) 目前,药品市场供求除个别品种外均处于一种普遍的供大于求的状况,这种状况使得患者有一个充分选择药品的余地。如感冒患者在选择抗感冒的药物时,以含对乙酰氨基酚、盐酸伪麻黄碱等的解热镇痛药为主,市场上的产品所含成分基本相同,只是生产厂家不同、商品名不同而已,诸如白加黑(拜耳医药生产)、百服宁(中美上海施贵宝生产)、泰诺(上海强生生产)。任何制药企业都处在激烈的市场竞争中,稍有不慎,便会失去市场。因此,医药企业必须充分认识到患者品牌忠诚度的重要意义。

 案例分享

感冒药市场分析

作为非处方药(OTC)的一大组成部分,感冒治疗药品是我国医药产品推广品牌营销中最成功的范例。而随着OTC市场走向规范,竞争加剧,药品零售市场竞争将进入一个崭新的时期。面对新的市场、新的机遇与挑战,众多的生产、销售企业在产品研发、市场开拓、营销组合、经营管理上采取了一系列应对措施。有越来越多的企业在这种背景下加入感冒药战团,如护彤、新康泰克、正源丹等进入市场,正可谓风险与机遇共存。

在激烈的市场竞争中,各医药企业纷纷加大广告投入,利用广告对消费者进行"狂轰滥炸",提高品牌知名度,从而最终影响消费者的购买决定。

> 感冒药是 OTC 药品市场上竞争最为激烈的领域之一，尽管竞争惨烈，但由于该类药品市场空间巨大、技术门槛较低和利润回报丰厚，仍刺激着众多企业争先恐后。从目前的感冒药市场来看，有以下两个突出特点：一是知名品牌主导市场。目前我国感冒药市场上有1000多个品牌，但绝大部分市场份额由人们耳熟能详的十几个品牌所控制，这些品牌之所以广为人知，主要源于其大量的广告投入。二是知名品牌的利益点明确。为树立持久的品牌效应，获得市场的长期利益，主流品牌的感冒药生产企业都确立了独特的利益点，并通过贴近生活、表现亲情的广告手法加以诠释，引起了消费者的强烈共鸣。每个品牌都通过独特的利益点使自身产品与其他竞争产品区分开来，不仅增强了市场竞争力，而且规避了市场风险。
>
> （资料来源：中研网）

(2) 为保护患者权益，政府制定了诸多法律法规，规范药品生产、经营等环节的质量管理，确保药品质量，保护患者利益。法治观念深入到医药生产与经营的每一个细节，这不仅表现在充分的立法上，使企业与患者的行为有法可依；更重要的是人们不再把虚假广告、伪劣药品只看成是普通的不轨经营行为，而认识到这些行为是一种侵犯人权、破坏公平竞争、扰乱市场秩序的违法行为。因此，在这类司法诉讼中，患者的合法权益能得到充分的重视和保护，企业生产经营中的不慎和违规都有可能给企业带来毁灭性的后果。

(3) 患者需求是企业生产经营活动的出发点，只有事先了解患者的发病率、现有药品的作用与不良反应等，才能生产经销适销对路的药品。因此，市场调研是起点，只要从医疗需求出发，生产经营的药品绝大多数是适销对路的。有了这个基础，再配以良好的市场策略和销售服务，把药品销售给患者便能从整体上满足患者的需求，当然最终目标也在于增加利润，但这种利润是一种长期的总利润，并不一定要在短期内获得。在短期内企业为改善环境，提高企业和产品的美誉度，争取市场占有率，可以微利、平价销售。因此可以说，医药企业的经营观念就是药品市场营销观念；药品经营的出发点是满足患者需求；主要手段为整体营销，目标是长期利润；患者需要什么，就提供什么药品，经营适销对路的药品。

药品市场营销是医药企业的一种市场经营活动，即企业从医疗需求出发，综合运用各种科学的市场经营策略，把药品和服务整体地销售给医疗机构与患者，尽可能满足他们的需求，并最终实现企业自身的生存和发展目标。

第三节 医药市场营销环境

一、医药市场营销环境概述

1. 医药市场营销环境含义

医药市场营销环境是指与医药企业经营有关的、影响企业生存与发展的所有内外部客观要素的总和，即医药企业赖以生存的内外部社会条件。它时时刻刻影响和制约着企业的生存和发展。因此，企业在进行营销活动时，必须考察和分析企业所面临的市场营销环境，明确企业营销环境中所蕴含的机会与威胁，以利用机会或规避威胁，主动去适应环境，利用环境条件确保企业更好地生存和发展，谋求和保持企业的外部环境、内部环境和企业目标三者之间的动态平衡。

2. 医药市场营销环境内容

医药市场营销环境的影响因素广泛又复杂，根据影响力和制约力的不同，主要分宏观环境和微观环境两大类。

宏观营销环境又称间接营销环境，是指影响企业生产经营的社会性因素，包括人口、经济、自然环境、技术、政治和文化因素，是企业不可控的因素。宏观营销环境又细分为经济环境、科技环境、社会文化环境、政治法律环境和自然环境等，它们对整个市场具有全局影响力。因此，医药企业在进行市场营销环境分析时，要对外部宏观环境进行科学严谨的调查研究，把不利因素变为有利因素，使营销活动符合环境要求。

微观营销环境又称直接营销环境，指与企业紧密相连、直接影响企业营销能力的各种参与者，包括企业本身、市场营销渠道企业、顾客、竞争者及社会公众。微观环境又可细分为企业内部环境和企业外部环境。企业内部环境是指企业内部各部门的关系；企业外部环境包括原材料、设备、能源的供应商、中间商的活动，竞争对手的活动，以及顾客和社会公众的反应等。

3. 分析医药市场营销环境的意义

环境如水，企业如舟，水能载舟，亦能覆舟。这就要求从事市场营销活动的企业，要经常对营销活动的环境进行分析，把握环境变化的规律和趋势，积极采取相应的措施，主动适应环境的变化，这对于加强和改善企业竞争力、提高企业经营效益、避免经营风险具有重要的意义。

(1) 研究市场营销环境是企业市场营销活动的组成部分

开展市场营销活动的人、财、物、信息等要素都来自营销环境，且企业的产品和服务也只有通过营销环境才能实现其价值，市场营销环境制约着市场营销的投入和产出，从而成为市场营销赖以生存和发展的土壤。研究和分析营销环境，能使企业对具体环境中潜在的机会和威胁有一个清醒的认识，只有充分认识环境，才能更好地适应环境，创造和利用有利因素，避免不利因素，使企业立于不败之地。

(2) 研究市场营销环境有利于企业发现新的营销机会

新的营销机会可以使企业取得竞争优势和差别利益或扭转所处的不利地位。企业市场营销的潜在机会和潜在威胁同时并存于市场营销环境当中，且可能相互转化。好的机会如没有把握住，优势就可能转化为劣势；同时，威胁也可能转化为有利因素，从而使企业获得新生。这里的关键在于：要善于细致地分析市场营销环境，使企业能充分利用自身的优势，抓住机会，化解威胁，使企业在竞争中求生存，在变化中谋稳定，在经营中创效益，充分把握未来，保证企业快速、健康地成长。

(3) 分析和研究市场营销环境是企业市场营销决策科学化的前提

由于营销环境中大部分都是企业所不可控的因素，它们不同程度地影响着企业的发展方向和具体行为，有的因素还直接影响着企业组织结构和内部管理。只有对企业的市场营销环境进行深入调查、整理分类、研究和分析，才能为企业科学正确地作出营销决策提供保证。

二、医药市场营销宏观环境分析

医药市场营销宏观环境是指企业不可控制的、给企业带来市场营销机会和形成环境威胁的外部力量。这些力量主要包括人口环境、经济环境、政治与法律环境、科学技术环境、自然环境以及社会和文化环境。分析宏观环境的目的在于更好地认识环境,并且能够通过企业营销活动努力适应环境及其变化,抓住机会、规避威胁,达到企业营销目标。

1. 社会环境分析

(1) 社会稳定,机遇与挑战并存

我国已进入"十四五"规划的发展期,经济也进入了高速发展的阶段。作为一个发展大国,既面临着赶上新科技革命,实现生产力跨越式发展的历史性机遇,也面临着前所未有的激烈国际竞争。

(2) 与营销有关的法律法规不断完善

近年来,我国陆续制定和颁布了一些法律法规,如《中华人民共和国企业法》《中华人民共和国环境保护法》《中华人民共和国产品质量法》《中华人民共和国涉外经济合同法》《中华人民共和国商标法》《中华人民共和国专利法》《中华人民共和国广告法》《中华人民共和国消费者权益保护法》《中华人民共和国食品安全法》《中华人民共和国反不正当竞争法》《中华人民共和国进出口商品检验法实施条例》等。这些法律法规都会直接或间接地影响企业的营销行为。企业的营销管理者必须熟知有关的法律条文,才能保证企业经营的合法性,并运用法律武器保护企业及消费者的合法权益。

(3) 社会团体不断发展壮大

社会团体是为了维护某一部分社会成员的利益而成立的,旨在影响立法、政策和舆论的各种公众组织。影响企业营销决策的社会团体主要有保护消费者权益以及环境的公众组织。保护消费者权益运动的不断发展,既对违反道德标准、损害消费者利益的企业形成了巨大压力,有力地保护了消费者权益,又保护了优秀企业的经营活动。目前,我国的消费者协会正发挥着日益重要的作用。

2. 经济环境分析

经济环境是影响企业营销活动的主要环境因素,它包括收入因素、消费支出、产业结构、经济增长率、货币供应量、银行利率、政府支出等因素,其中收入因素、消费支出对企业营销活动影响较大。

(1) 消费者收入

收入因素是构成市场的重要因素,甚至是更为重要的因素。因为市场规模的大小,归根结底取决于消费者的购买力大小,而消费者的购买力取决于他们收入的多少。企业必须从市场营销的角度来研究消费者收入,通常从四个方面进行分析,见表1-2。

表1-2 消费者收入类型

收入类型	含义
国民生产总值	它是衡量一个国家经济实力与购买力的重要指标。国民生产总值增长越快,对商品的需求和购买力就越大;反之,就越小

续表

收入类型	含义
人均国民收入	这是用国民收入总量除以总人口的比值。这个指标大体反映了一个国家人民生活水平的高低,也在一定程度上决定了商品需求的构成。一般来说,人均收入增长,对商品的需求和购买力就大;反之就小
个人可支配收入	指在个人收入中扣除消费者个人缴纳的各种税款和交给政府的非商业性开支后剩余的部分,可用于消费或储蓄的那部分个人收入,它构成实际购买力。个人可支配收入是影响消费者购买生活必需品的决定性因素
个人可任意支配收入	在个人可支配收入中减去消费者用于购买生活必需品的费用支出(如房租、水电、食物、衣着等项开支)后剩余的部分。这部分收入是消费需求变化中最活跃的因素,也是企业开展营销活动时所要考虑的主要对象。这部分收入一般用于购买高档耐用消费品、娱乐、教育、旅游等
家庭收入	家庭收入的高低会影响很多产品的市场需求。一般来讲,家庭收入高,对消费品需求大,购买力也大;反之,需求小,购买力也小。另外,要注意分析消费者实际收入的变化。注意区分货币收入和实际收入

(2) 消费者支出

随着消费者收入的变化,消费者支出会发生相应变化,继而使一个国家或地区的消费结构也会发生变化。德国统计学家恩斯特·恩格尔于1857年发现了消费者收入变化与支出模式,即消费结构变化之间的规律性。恩格尔所揭示的这种消费结构的变化通常用恩格尔系数来表示,即

恩格尔系数＝食品支出金额/家庭消费支出总金额

恩格尔系数越小,食品支出所占比例越小,表明生活富裕,生活质量高;恩格尔系数越大,食品支出所占比例越高,表明生活贫困,生活质量低。恩格尔系数是衡量一个国家、地区、城市、家庭生活水平高低的重要参数。企业从恩格尔系数可以了解目前市场的消费水平,也可以推知今后消费变化的趋势及对企业营销活动的影响。

(3) 消费者储蓄

消费者的储蓄行为直接制约着市场消费量的大小。当收入一定时,如果储蓄增多,现实购买量就减少;反之,如果用于储蓄的收入减少,现实购买量就增加。居民储蓄倾向是利率、物价等因素变化所致。人们储蓄目的也是不同的,有的是为了养老,有的是为未来的购买而积累,当然储蓄的最终目的主要也是为了消费。企业应关注居民储蓄的增减变化,了解居民储蓄的不同动机,制定相应的营销策略,获取更多的商机。

(4) 消费者信贷

消费者信贷,也称信用消费,指消费者凭信用先取得商品的使用权,然后按期归还贷款,完成商品购买的一种方式。信用消费允许人们购买超过自己现实购买力的商品,创造了更多的消费需求。随着我国商品经济的日益发达,人们的消费观念大为改变,信贷消费方式在我国逐步流行起来,值得企业去研究。

3. 文化环境分析

(1) 教育状况分析

受教育程度的高低,影响到消费者对商品功能、款式、包装和服务要求的差异性。通常文化教育水平高的国家或地区的消费者要求商品包装典雅华贵,对附加功能也有一定的要求。因此,企业营销开展的市场开发、产品定价和促销等活动都要考虑到消费者所受教育程度的高低,从而采取不同的策略。

(2) 价值观念分析

价值观念是指人们对社会生活中各种事物的态度和看法。不同文化背景下，人们的价值观念往往有着很大的差异，消费者对商品的色彩、标识、式样以及促销方式都有自己褒贬不同的意见和态度。企业必须根据消费者不同的价值观念设计产品和提供服务。

(3) 消费习俗分析

消费习俗是指人们在长期经济与社会活动中所形成的一种消费方式与习惯。不同的消费习俗，具有不同的商品要求。研究消费习俗，不但有利于组织好消费用品的生产与销售，而且有利于正确、主动地引导健康的消费。了解目标市场消费者的禁忌、习惯等是企业进行市场营销的重要前提。

4. 自然环境分析

自然环境是指自然界提供给人类各种形式的物质资料，如阳光、空气、水、森林、土地等。随着人类社会进步和科学技术发展，世界各国都加速了工业化进程，这一方面，创造了丰富的物质财富，满足了人们日益增长的需求；另一方面，面临着资源短缺、环境污染等问题。从20世纪60年代起，世界各国开始关注经济发展对自然环境的影响，成立了许多环境保护组织，促使国家政府加强环境保护的立法。这些问题和机会都是对企业营销的挑战。对营销管理者来说，应该关注自然环境变化的趋势，并从中分析企业营销的机会和威胁，制定相应的对策。

(1) 自然资源日益短缺分析

自然资源可分为两类，一类为可再生资源，如森林、农作物等，这类资源是有限的，可以被再次生产出来，但必须防止过度采伐森林和侵占耕地。另一类资源是不可再生资源，如石油、煤炭、银、锡、铀等，这种资源蕴藏量有限，随着人类的大量开采，有的资源已近处于枯竭的边缘。自然资源短缺，使许多企业将面临原材料价格大涨、生产成本大幅度上升的威胁；但另一方面又迫使企业研究更合理地利用资源的方法，开发新的资源和代用品，这些又为企业提供了新的资源和营销机会。

(2) 环境污染日趋严重分析

工业化、城镇化的发展对自然环境造成了很大的影响，尤其是环境污染问题日趋严重，许多地区的污染已经严重影响到人们的身体健康和自然生态平衡。环境污染问题已引起各国政府和公众的密切关注，这对企业的发展是一种压力和约束，要求企业为治理环境污染付出一定的代价；但同时也为企业提供了新的营销机会，促使企业研究控制污染技术，兴建绿色工程，生产绿色产品，开发环保包装。

(3) 政府干预不断加强分析

自然资源短缺和环境污染加重的问题，使各国政府加强了对环境保护的干预，颁布了一系列有关环保的政策法规，这将制约一些企业的营销活动。有些企业由于治理污染需要投资，影响扩大再生产，但企业必须以大局为重，要对社会负责，对子孙后代负责，加强环保意识，在营销过程中自觉遵守环保法令，担负起环境保护的社会责任。同时，企业也要制定有效的营销策略，既要消化环境保护所支付的必要成本，还要在营销活动中挖掘潜力，保证营销目标的实现。

5. 科技环境分析

科学技术是社会生产力中最活跃的因素，它影响着人类社会的历史进程和社会生活的方方面面，对企业营销活动的影响更是显而易见。现代科学技术发展突飞猛进，对企业营销活动的影响作用表现在以下几个方面。

(1) 科技发展促进社会经济结构的调整

每一种新技术的发现、推广都会给有些企业带来新的市场机会，导致新行业的出现。同时，也会给某些行业、企业造成威胁，使这些行业、企业受到冲击甚至被淘汰。例如，电脑的运用代替了传统的打字机，复印机的发明排挤了复写纸，数码相机的出现将夺走胶卷的大部分市场，等等。

(2) 科技发展促使消费者购买行为的改变

随着多媒体和网络技术的发展，出现了"直播带货""网上购物"等新型购买方式。人们还可以在家中通过网络系统订购车票、飞机票、戏票和球票。工商企业也可以利用这种系统进行广告宣传、营销调研和推销商品。随着新技术革命的进展，"在家便捷购买、享受服务"的方式还会继续发展。

(3) 科技发展推动企业营销组合策略的创新

科技发展使新产品不断涌现，产品寿命周期明显缩短，要求企业必须关注新产品的开发，加速产品的更新换代。科技运用降低了产品成本，使产品价格下降，并能快速掌握价格信息，要求企业及时做好价格调整工作。科技发展促进流通方式的现代化，要求企业采用顾客自我服务和各种直销方式。科技发展使广告媒体多样化，信息传播快速化，市场范围更广阔，促销方式更灵活。为此，要求企业不断分析科技新发展，创新营销组合策略，适应市场营销的新变化。

(4) 科技发展促进企业营销管理的现代化

科技发展为企业营销管理现代化提供了必要的装备，如电脑、电子扫描装置、光纤通信等设备的广泛运用，对改善企业营销管理，实现现代化起了重要的作用。同时，科技发展对企业营销管理人员也提出了更高要求，促使其更新观念，掌握现代化管理理论和方法，不断提高营销管理水平。

 知识拓展

新经济营销

2022年中国医药商业协会及社会科学文献出版社共同出版发行《药品流通蓝皮书：中国药品流通行业发展报告（2022）》。蓝皮书指出，2022年是实施"十四五"发展规划的重要一年。按照商务部发布的《关于"十四五"时期促进药品流通行业高质量发展的指导意见》，药品流通行业将步入高质量发展的重要阶段。药品带量采购常态化、医保支付方式改革、医保谈判药品"双通道"等一系列医改政策出台并推进，加之信息技术和数字技术的蓬勃发展，加速了药品流通行业变革步伐。一些全国性、区域性药品流通企业加快重组并购步伐，药品流通企业大力推进数字化、智能化应用，创新经营服务模式，努力构建药品流通发展新格局。

近年来，国家大力推进实施"互联网＋医疗健康"战略，带来行业模式的创新与格局的改变，医药电商已经在行业中初具规模，面对市场痛点、线上线下融合需求及消费者网络购物习惯不可逆转这三大要点，医药电商未来仍将高速发展。蓝皮书指出，中国医药行业商业化的成熟，必然是以技术驱动整体运营效率和专业服务能力的提升为前提，受新零售、新技术影响，药品零售企业积极创新零售服务模式，通过信息化、智能化赋能，开展特色经营。推出场景营销、无人售药模式，利用数字化营销管理、手机支付、AI机器人等新理念、新技术、新产品打造智慧药房，引领零售药店向更加现代化方向发展。

三、医药市场营销微观环境分析

营销部门的工作是通过满足顾客需求使其满意来吸引顾客，并建立与顾客的联系，但是，营销部门仅靠自己的力量是不能完成这项任务的。它们的成功依赖于公司微观环境中的其他因素——本企业的其他部门、供应商、营销中介、顾客、竞争对手和各种公众因素。这些因素共同构成了医药企业的价值传递系统。

1. 企业内部

企业的营销活动并不仅仅是由营销部门独立参与和完成的。在制定营销计划时，营销部门应兼顾企业的其他部门，如财务、人事、采购、生产、管理等部门，所有这些相互关联的部门构成了公司的内部环境。

在医药市场微观环境中，企业内部环境是完成营销工作的基础，对企业的生存和发展起着决定性作用。高层管理部门负责制定公司的使命、目标、总战略和政策，营销部门则依据高层管理部门的规划来做决策，而营销计划必须经最高管理部门的同意方可实施；财务部门负责寻找和使用实施营销计划所需的资金、核算收入与成本，以便管理部门了解是否实现了预期目标；研发部门负责研制安全而吸引人的产品；采购部门负责供给原材料；生产部门负责生产品质与数量都合格的产品。这些部门都对营销部门的计划和行动产生影响。用营销概念来说，就是所有这些部门都必须"想顾客所想"，并协调一致地提供上乘的顾客价值和满意度。

2. 供应商

供应商是整个顾客价值传递系统中重要的一环，指的是能够提供医药企业生产所需的各种资源的个人或企业。尤其作为药品生产企业，原材料的质量直接决定了药品的质量，供应商的变化对营销有重要影响。营销部门必须关注供应商的供应能力——供应短缺或延迟、工人罢工或其他因素。这些因素短期会影响销售，长期会影响顾客的满意程度，所以医药企业要与供应商保持良好的合作关系，但也不能过分依赖于某个或某几个供应商。

营销部门也必须关注企业主要原料的价格趋势，防止因供应成本上升而使企业产品价格上升，从而影响企业的销售额。

3. 营销中介

营销中介是帮助医药企业将其产品促销、销售、分销给最终消费者的组织。常见的营销中介包括以下几种：药品经销商、货物储运商、营销服务机构、金融机构。

制药商的药品销售渠道曾经实行全国统一规划，省以下统一管理，药品计划调拨，经济统一核算，渠道销售实行"三级批发、一级零售"，层层调拨，通过医院最终到达消费者手中。20世纪90年代左右，最早一批民营医药商业公司开始出现，药品销售渠道开始被整合，医院、药店、诊所都有可能成为同一家医药公司的客户。伴随着中国药品零售市场开放，单体药店涌现，但对药品销售渠道并未形成威胁，通过药品零售市场销售的药品比例也比较小。而连锁药店一出现，则立即成长为一股不可忽视的力量，至1998年步入发展高峰，连锁药店数量达到7万家，2000年连锁药店获批可以跨省连锁，其渠道力量再度增强。随后，伴随着GSP（《药品经营质量管理规范》）认证的实施，至2004年底连锁药店达到了18万家，出现了拥有2667家门店的重庆桐君阁大药房这样的大型连锁药店。

药品经销商能帮助医药企业找到顾客或把产品卖给顾客。他们处在企业和消费者之间，参与商品流通，促进分销及买卖行为的发生，是连接药品生产企业和消费者之间的纽带。由于他们加入流通，使得营销过程趋于科学、合理，明显地促进了经济生活的发展。随着市场经济体制的改革，在中国寻找经销商并不是件容易的事。药品生产企业不能像从前那样从很多独立的小型经销商中任意选择，而必须面对大型且不断发展的销售机构，尤其是许多新崛起的大药店。由于这种大型的销售机构具有门店多、销售量大、覆盖面广、价格低的优势，常常可以操纵交易条件，甚至能将某个药品生产商拒之市场的大门外。

货物储运公司帮助药品生产企业将药品从原产地运到目的地，这一过程包括存储和移送货物。在与仓库、运输公司打交道的过程中，药品生产企业必须综合考虑成本、运输方式、速度和安全性的问题，从而决定运输和贮存的最佳方式。

营销服务机构包括市场调查公司、广告公司、传媒机构和营销咨询公司，它们帮助药品生产企业正确地定位和促销产品。由于这些机构在可信度、质量、服务、价格等方面差异较大，在选择时要慎重。

金融机构包括银行、信贷公司、保险公司和其他机构。它们能够为交易提供金融支持或对货物买卖中的风险进行保险。大多数企业都需要借助金融机构来为交易提供资金。

医药企业不仅要使自己的业绩最好，还要与各类营销中介建立和保持有效的伙伴关系，以使整个系统取得最佳业绩。

4. 顾客

医药企业应当仔细研究其顾客市场。根据购买目的和方式的不同进行划分，市场主要包括以下五种：

① 消费者市场，由个人和家庭组成，仅为了自身消费而购买药品和服务；

② 产业市场，购买产品和服务是为了进一步深加工，或在生产过程中使用，如药厂购买中药材或中药饮片，是将其深加工成药品；

③ 中间商市场，购买产品和服务是为了转卖，以获取利润；

④ 政府市场，由政府机构组成，购买产品和服务用以服务公众，或作为救济发放；

⑤ 国际市场，由其他国家的购买者组成，包括消费者、生产者、中间商和政府。

药品作为一种治病救人的产品，具有和普通产品不同的特点，其顾客也和普通产品的顾客不同。通常认为药品市场的顾客即为患者，指药品的购买者和使用者，患者的范围十分广泛，营销人员应该根据购买目的和需求不同，遵照"患者至上、按需供应"的原则，制定不同的营销策略，把满足患者的需求作为医药企业经营的准则，只有这样才能在激烈的市场竞争中获胜。

特别需要指出的是，药品市场和普通商品市场相比，具有"决策权与使用权分离"的特点。这一点也是与普通商品市场有着本质区别的地方，特别是处方药市场的终端销售，表现为消费者需要什么药、什么品牌、购买数量等问题的决策权不是在买方消费者手中，而是在医生的手里。消费者对药品品种的取舍，在多数情况下，只能根据医生的医嘱进行选择，无法主宰自己的消费行为，尤其是药品的销售主要集中在医院和公费医疗的状况下，医生具有更大的决策权。这也就要求医药企业在药品销售过程中关注医生这样一个特殊群体，充分考虑他们在销售渠道中的独特地位，制定合理的营销策略，提高营销效率。

5. 竞争者

从营销学的观点看，一个企业要想获得成功，就必须比竞争对手做得更好，让顾客更满意，所以说，竞争并不一定是坏事，竞争可以带给企业动力。按照竞争程度由弱到强，可以将企业的竞争对手分为以下四类。

① 愿望竞争者　提供不同产品满足不同需求的竞争者，如抗感冒药制造商和胃药制造商；

② 普通竞争者　提供能够满足同一种需求的不同产品的竞争者，如生产青霉素类、头孢类、大环内酯类产品的企业；

③ 产品形式竞争者　生产同种产品但不同规格、型号、式样的制造商；

④ 品牌竞争者　产品相同，规格、型号也相同，但品牌不同的制造商。

6. 公众

医药企业的微观营销环境还包括各种公众因素。公众是指对一个企业实现其目标的能力有兴趣或有影响的任何团体，具体类型见表1-3。

表1-3　公众类型

公众类型	含义
金融公众	影响一家企业获得资金的能力,主要的金融公众包括银行、投资公司和股东
媒体公众	由发表新闻、特写和社论的机构组成,主要包括报纸、杂志、电台和电视台等
政府公众	管理层必须考虑政府动态,关注政府部门,尤其是对企业经营起直接指导作用的部门,如工商、税务、药品监管等部门
"市民行动"公众	一家企业的营销战略可能会受到消费者组织、环境组织、少数民族组织等的质询,企业的公关部门负责搞好企业与消费者和市民组织的关系
当地公众	每家企业都有像附近居民和社区组织这样的当地公众,大型企业通常都会指定一个专门的社区关系负责人来与社区打交道,如参加会议、回答质询和给公益事业捐赠等
一般公众	企业需要关心一般公众对其产品和活动的态度,企业的公众形象影响其产品的销售
内部公众	一家企业的内部公众包括它的员工、经理和董事会等

大企业往往采用内部通信和其他手段给内部公众传递信息，鼓舞士气。当雇员对自己的企业感觉良好时，他们的积极态度也会影响到外部公众。一家企业在制订针对顾客的营销计划的同时，也应制订针对其主要公众因素的营销计划，若企业希望从每个特定公众那里得到特别的回应，如信任、赞扬、时间或金钱的帮助，就要针对这个公众因素制订一个具有吸引力的营销计划，以实现其目标。

四、医药市场营销环境分析方法

由于市场环境变化的复杂性和多样性使多种因素交织在一起，难以对各种指标进行量化，因此，医药市场环境分析一般采用定性分析的方法。宏观环境与微观环境的分析方法会有所不同。常用的分析方法有专家分析法、SWOT分析法、任务环境分析法及组织内部环境分析法。专家分析法主要是向有关医药保健品市场专家进行相应的咨询和调查，从而得到正确的结论。组织内部环境分析法主要是分析企业各种组织内资源的拥有状况和利用能力，包括组织资源分析、组织能力分析、组织文化分析。下面重点介绍SWOT分析法和任务环境分析法。

1. SWOT 分析法

SWOT 分析法是一种企业内部分析方法,即根据企业自身的既定内在条件进行分析,找出企业的优势、劣势及核心竞争力之所在。其中,S 代表 strength(优势),W 代表 weakness(弱势),O 代表 opportunity(机会),T 代表 threat(威胁),其中,S、W 是内部因素,O、T 是外部因素。按照企业竞争战略的完整概念,战略应是一个企业"能够做的"(即组织的强项和弱项)和"可能做的"(即环境的机会和威胁)之间的有机组合。机会与威胁对比分析如图 1-4 所示。

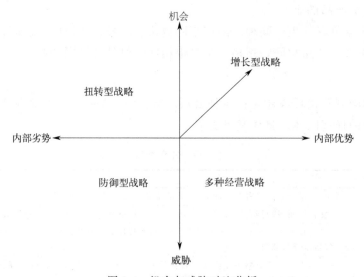

图 1-4 机会与威胁对比分析

随着市场营销环境的改变,企业所面临的机会和威胁都可能在不断地发生变化,今天的机会可能成为明天的威胁,合理的企业战略可以把今天的威胁转化为明天的机会。SWOT 分析评价的步骤如下。

(1) 确认当前的战略是什么。

(2) 确认企业外部环境的变化。

(3) 根据企业资源组合情况,确认企业的关键能力和关键限制。

(4) 按照通用矩阵或类似的方式打分评价。

把识别出的所有优势分成两组,分的时候以两个原则为基础:它们是与行业中潜在的机会有关,还是与潜在的威胁有关。用同样的办法把所有的劣势分成两组,一组与机会有关,另一组与威胁有关。或者用 SWOT 分析表,将识别出的优势和劣势按机会和威胁分别填入表格。

(5) 将结果在 SWOT 分析图上定位。

(6) 战略分析:

① 理想的市场,高机会而且企业内部优势明显,企业易选择增长型战略;

② 冒险的市场,高机会但企业内部弱势明显,企业易选择扭转型战略;

③ 困难的市场,高威胁而且企业内部弱势明显,企业易采取防御型战略;

④ 成熟的市场,高威胁但企业内部优势明显,企业易采取多种经营战略。

以上的变数全要依靠企业充分重视医药保健品市场营销环境的研究分析工作,并及时相应调整营销策略,使医药保健品市场营销环境向有利于企业生存、发展的方向变化,使之成为企业发展的加速力。

2. 任务环境分析法

任务环境分析采用了迈克尔·波特在《竞争战略》一书中提出的行业现有的竞争状况,包括:行业的集中程度、相关产品的差异性、剩余生产能力和退出障碍、产品成本、规模经济和固定成本之间的比例;替代产品和服务的威胁,包括买方成本对替代产品的态度、替代产品的性价比;新进入者的威胁,包括规模经济、资本需求、绝对成本优势、产品差异、分销渠道、政府政策和法律、应对竞争的策略;供应商的议价能力;客户的议价能力,包括买卖双方规模的相对大小和集中度、购买者信息的完全程度、产品差异化的程度、纵向一体化的程度。

第四节 医药购买行为分析

一、消费者市场购买行为分析

1. 相关概念

医药消费者市场是指为了满足其防病治病、维护健康等生理需要,并具有购买医疗保健用品和服务的个人或家庭。医药消费者购买行为是指医药消费者购买医药产品的活动和与这种活动有关的决策过程。

2. 我国医药消费者市场特点

(1) 消费过程有比较多的参与者,且参与者各自充当特定角色

在消费过程中,处方药的使用权和选择权是分离的,医生为患者选药品但自己不消费,患者使用药品但自己无权选择。OTC 药,虽然患者拥有选择权,但其毕竟是用来治病救人的,并且药品知识专业性较强,由于信息的不对称,医生处于优势地位,因此,消费者在购买和使用时,会十分关注医生的意见,且很多 OTC 的首次购买即产生于医生处方,据美国 Scott-Levin 医疗保健咨询公司最近的一份调查显示,约有 50% 的病人根据医生的建议使用 OTC。而在国内,这一比例更高,在某项调查活动当中,约有 80.2% 的被调查者认为,在其购买和使用 OTC 前,医生的推荐对其影响很大。

(2) 药品消费高度理性

消费者购买处方药必须有医生的处方;OTC 品种较多,消费者选购较自由,但消费者有需要时才选择购买,因此药品购买行为是理性的、有计划性的,冲动性消费行为比较少见。另外,药品是特殊商品,价格敏感度低,属部分弹性需求,影响消费者购买药品行为的因素中,疗效和适应证是第一位。

(3) 对在药店购买药品的认知度高

随着医院看病贵、看病难现象的突出,城市居民开始接受"大病进医院,小病进药店"的消费习惯,对一些家庭常用药,如感冒、上火、皮肤外用、肠胃等药品,均能根据自身用药知识和经验,自行购买,所以这些药也是零售市场上销量最大的类别。同时,还有"医院开处方到药店买"的习惯,对于一些慢性疾病,比如湖北常发病肝炎,患者在医院多次购买后,一般都会选择到药店购买,因为药店销售的药便宜。

3. 消费者市场购买行为的影响因素

医药消费者购买行为是指消费者为满足其个人或家庭治病及维护健康而作出购买医疗保健产品的决策,并通过合法手段将决策产品转移到手中的过程。这个概念包含了需要产生、作出决策、实施购买等分过程。企业通过对消费者购买行为影响因素的把握,掌握其购买行为的规律,制定有效的市场营销策略,实现企业营销目标。影响医药保健品购买者行为的因素主要有以下几个方面。

(1) 文化因素

随着消费者文化水平的提高、保健意识的增强,对于预防疾病和身体保健逐渐地重视起来,特别是高收入阶层和中老年人对补充维生素、增强免疫功能、防病强身、提高生活质量的保健品及OTC药品的消费支出增加了。现在的中青年女性更舍得购买减肥和养颜的医药保健产品。

(2) 社会因素

消费者购买行为受到一系列社会因素的影响,如消费者的相关群体、家庭和社会角色与地位。一些消费者会因为角色和地位因素,在选择保健品和非处方药时考虑品牌和档次。

儿童和青少年的OTC药品和保健品消费主要受家庭中父母的影响,因为父母更有经验,一般来说,父母是决策者。他们从父母身上可以学习到一些常见病的诊断和治疗方法。这将影响子女在成人后的消费观念。

白领阶层在选购医药保健产品时,更倾向于知名品牌和声誉好的公司的产品,如合资药品,更倾向于价位高的药品。

(3) 个人因素

消费者对保健品和OTC药品购买决策也受其个人特征的影响,比如消费者对自己的病情变化的感知、对品牌特征的感知、对其他备选品牌的态度,特别是受其年龄所处的生命周期阶段、职业、经济环境、生活方式、个性和自我概念的影响。

成年人或对病情判断力强的人,购买保健品和OTC药品的可能性更大些;自我保健和自我药疗意识强的人、工作节奏快的人、不享受医疗费用报销的人,去药店购药的次数更多。

许多慢性病患者如高血压、慢性胃炎、糖尿病病人等需要长期服药,这些患者在经过几次医生诊治和开具处方后,知道了自己的病情,知道该用什么药,知道该用什么保健品辅助治疗,这些患者可能会直接去社会零售药店和超市购买。

(4) 心理因素

我国消费者的认知受传统中医药文化的影响,普遍认为中药的毒副作用小,许多中药在预防和保健方面作用显著,比西药更安全;中药在一些慢性病的治疗方面可能比西药更有效;中药的作用也全面,可以从根本上治疗疾病。一般的家庭中都会备有三七伤药片、红花油、健胃消食片等一些中成药。而在起效速度方面,普遍认为西药比中药见效快。

(5) 产品因素

产品质量是产品的生命,消费者用药行为目的比较单纯,就是要获得身体的康复,所以衡量药品、保健品是否具有较强的市场竞争力的最重要的标准就是效果。从20世纪90年代中期开始的广告战、人海战、疗效战、原理战、原料战、促销战,让整个保健品产业处处充满着火药味,但现在的消费者谁也不会再细看报箱里的小报了,谁也不会再把路边发的传单放在手里超过五分钟了,谁也不会再那么相信电视广告里的明星了,谁也不会再那么相信商店里的促销员了,而保健品的销量连年递增,因为消费者更看重产品自身的因素了。药品、保健品自身因素主要有以下三个方面。

① 药物的疗效或保健品的功效好,有利于消费者的下次购买,进而有利于该产品的销售。

② 新产品容易被消费者接受的一个原则就是小包装。小剂量、小包装,或者同样疗效剂量越小越有利于销售。

③ 药物的剂型是药物应用的形式,对药效的发挥影响较大且可能影响药物的销售情况,例如:片剂和胶囊的消化利用率比气雾剂的差很多,且没有气雾剂使用方便,这可能就会影响到服用效果和销售情况。

4. 医药消费者行为与决策

消费者行为表面看起来是纷繁复杂的,但也是有规律可循的。为了掌握消费者行为的一般规律,国内外学者在进行大量研究基础上,提出了消费者购买类型和模式等理论。研究消费者购买决策模式,对于更好地满足消费者的需求和提高企业市场营销工作效果具有重要意义。这里我们仅介绍一些典型模式。

(1) S-O-R 模式,即"刺激—个体生理、心理—反应"

该模式表明消费者的购买行为是由刺激所引起的,这种刺激可能来自于消费者身体内部的生理、心理因素,也可能来自于外部的环境。消费者在内外部各种因素的刺激下,就产生了购买动机;继而在动机的驱使下,作出购买商品的决策,并实施购买行为;在实施购买行为后,还会对购买的产品及其服务或品牌作出评价,这样就完成了一次完整的购买决策过程。在这个过程中,刺激和反应是外显的,但中间过程(消费心理)是复杂而且无法看到的,所以消费者心理被称作消费者购买行为的"暗箱"或"黑箱"。

消费者购买行为的"刺激-反应"模式揭示了消费者购买行为的规律,对解释消费者的购买行为具有普遍意义,同时也为企业的产品营销和服务提供了依据。这一模式表明,消费者最终的购买行为取决于内外部刺激及消费者本身的心理过程。也就是说,营销刺激以及其他刺激被消费者认知后,购买者的特征和决策过程导致了购买决策。因此,向消费者提供适当的、符合消费者内在心理活动发生发展规律的刺激,才能比较顺利地促使消费者形成购买决策,最终完成购买。

(2) 尼科西亚模式

1966 年,尼科西亚(Nicosia)在《消费者决策过程》一书中提出这一决策模式,该模式由四大部分组成。

① 信息流程 从信息源到消费者态度,包括企业和消费者两方面的态度。企业将有关产品的信息通过广告等媒介传至消费者,经过消费者的内部消化后,形成态度。

② 信息寻求及方案评估 消费者对商品进行调查和评价,并且形成购买动机的输出。消费者态度形成后,对企业的产品产生兴趣,通过信息收集作为评估准则,因此产生购买动机。

③ 消费者采取有效的决策行为 消费者将动机转变为实际的购买行动,这一过程受品

牌的可用性、经销商因素的影响。

④ 信息反馈　消费者购买行动的结果被大脑记忆、贮存起来，为消费者以后的购买提供参考或反馈给企业。消费者购买产品以后，经过使用对所购买产品产生实际的认知，由使用的满意程度，决定是否再次购买。同时企业也从消费者使用的满意程度和再次购买意向，获得信息的反馈，以作为产品、价格以及渠道和促销策略改进的参考依据。

尼科西亚模式推理严谨，简单明了，对市场营销理论作出了积极贡献。但该模式忽视了外界环境对消费者行为的影响。

(3) EKB 模式

EKB 模式又称恩格尔（Engel）模式，为目前消费者行为模式理论中比较完整而且清晰的一个理论。此模式是由美国的三位教授恩格尔（Engel）、科特拉（Kollat）和克莱布威尔（Blackwell）于 1968 年提出，并于 20 世纪 80 年代修正而成的理论框架，其重点是从购买决策过程去分析，可以说是一个购买决策模式。

恩格尔模式认为：外界信息在有形和无形因素的作用下，输入中枢控制系统，即对大脑引起、发现、注意、理解、记忆与大脑存储的个人经验、评价标准、态度、个性等进行过滤加工，构成了信息处理程序，并在内心进行研究评估选择，对外部进行探索即选择评估，从而产生决策方案。整个决策研究评估选择过程，同样要受到环境因素，如收入、文化、家庭、社会阶层等影响。最后产生购买过程，并对购买的商品进行消费体验，得出满意与否的结论。此结论通过反馈又进入中枢控制系统，形成信息与经验，影响未来的购买行为。EKB 模式认为，消费者的决策程序由五个步骤构成：

问题认知——收集信息——方案评估——选择——购买结果

以上是消费者决策过程中的五个阶段，然而这个过程同样可能受到其他因素的影响，诸如外在的文化、参考群体、家庭的影响以及个人内在的动机、人格形态、人口统计变量等。其中，人口统计变量及人格形态是构成消费者之间购买行为差异的主要因素。

(4) 霍华德-谢思模式

霍华德-谢思模式由学者霍华德（Howard）在 1963 年提出，后与谢思（Sheth）合作，经过修正于 1969 年正式形成。其重点是从四大因素考虑消费者购买行为：刺激或投入因素（输入变量）；外在因素；内在因素（内在过程）；反映或产出因素。

霍华德-谢思模式主要是解释一段时间内的品牌选择行为，通过消费者的学习过程来探讨消费行为，它将购买决策分为三种类型：广泛性问题解决；有限性问题解决；例行性问题解决。

霍华德-谢思模式利用心理学、社会学和管理学的知识，从多方面解释了消费者的购买行为，可适用于各种不同产品和各种不同消费者的购买模式，其参考价值较大。但这种模式过于繁杂，不易掌握和运用。

5. 医药保健品消费者购买决策过程及对应营销技术

(1) 确定购买者的角色

患者是购买决策的参与者，在医药保健产品消费领域，很多时候，患者的购买决策不是由一个人完成的。购买药品的提议和是否购买以及购买什么品牌的决策往往是由不同的人来完成的，人们在一项购买决策过程中可能充当以下角色。

① 发起者　首先想到或提议购买某种药品和医疗服务的人。

② 影响者　其看法或意见对最终决策具有直接或间接影响的人。

③ 决定者　能够对买不买、买什么、买多少、何时买、何处买等问题作出全部或部分最后决定的人。

④ 购买者　实际采购的人或实际付钱的人。

了解不同参与者在购买决策中扮演的角色，并针对其角色地位与特性，采取有针对性的营销策略，有利于较好地实现营销目标。

(2) 确定购买者决策行为的类型

消费者在购买商品时，会因商品属性或所处情境等因素的不同，而投入购买的程度不同。根据购买者在购买过程中参与程度和品牌间的差异程度，可将消费者的购买行为进行分类。依据消费者行为理论，一般可将患者购买决策行为分为习惯型、理智型、经济型、果断型、排斥型、冲动型、喜欢表现型、犹豫型、躲闪型等类型。各种行为类型特点各有不同，作为营销者来说，要有不同的营销策略，如表1-4所示。

表1-4　消费者购买行为类型

消费者类型	购买行为特点	营销策略
习惯型	购买者具备一定的药品知识，或者属于久病成医者，忠诚于一种或数种老牌、名牌产品，习惯于购买自己熟知的常用产品，不轻易购买别种同类产品，更不贸然接受新产品	不需要过度介绍，要做的就是按照顾客需求，迅速拿出顾客想要的医药产品
理智型	购买者非常重视产品的质量、性能、价格和实用性等，往往要经过深思熟虑，不会轻易受其他人的影响	需要具备充足的医药学专业知识，以应对各种疑问，有条理地把产品的突出特点分析、介绍给顾客
经济型	购买者由于经济条件的限制，会十分重视产品的价格，且注重其实用性，即性价比较高的产品	推荐经济实惠的产品，满足此类消费者的需求
果断型	购买者充满自信与决心，对事情有一套自己的看法，自我意识强烈，主观而不易受影响	要先肯定客户的说法，再慢慢加入自己的意见。例如："您的说法一定有道理，我也是这么认为，但是……"
排斥型	购买者对任何人都有排斥感，不亲近别人，也不容易相信别人；对事情的看法第一反应就是排斥，然而一旦排斥的障碍被克服了，就会产生完全的信任	说话要小心，注意不要冒犯顾客，应注重培养这类顾客对自己的信赖及信心，彼此无所顾忌地商谈，达成成交的目的
冲动型	购买者受产品外观质量、广告宣传和营业推广的影响，较少认真考虑产品性价比，不愿做反复的选择比较，接受了宣传刺激或是药店店员的推荐，就会冲动地做出购买决策	应根据其症状，认真负责地为其推荐合适产品。同时告知有效期等信息，避免购买太多造成浪费。如果遇到顾客情绪不好时，要避免激怒对方，顺其自然
喜欢表现型	购买者不管任何时候都喜欢展示自己的意见，喜欢听到旁人的夸奖和称赞，特别喜欢表现而且虚荣	应满足顾客吹嘘的愿望，等待顾客的表现欲望满足后再开始真正的交谈，交谈中也可抓住机会适当吹捧，让顾客觉得自己很有专业知识，再趁机加以说服
犹豫型	购买者对自己缺乏信心，没有完整的自我观念，遇事拿不定主意，不敢做决定，即使做出决定也容易反悔，是优柔寡断型人，购买产品时举棋不定	应用一种不伤其自尊心的方式，暗中替他拿主意、做决定，然后根据其病情需要，有策略地重点介绍某一种产品
躲闪型	该类顾客因患有隐私型疾病或购买隐私类产品时，往往会表现出躲闪、不安的行为	应以专业的知识为其解答疑难问题，以专业人员的身份避免尴尬的窘境，对于超出自身解决能力范围的问题要劝其去正规医院就诊

① 复杂的购买行为　当消费者初次选购价格昂贵、购买次数较少的、冒风险的和高度自我表现的商品时，往往表现为高度介入的购买行为。由于对这些产品的性能缺乏了解，为

慎重起见，他们往往需要广泛地收集有关信息，经过认真学习，产生对这一产品的信念，形成对品牌的态度，并慎重作出购买决定。鉴于医药产品的风险属性，在绝大多数情境下，医药产品的购买都属于复杂购买行为。

② 减少不协调感的购买行为　当消费者高度介入购买，但又无法判断各品牌有何差异时，对所购产品往往产生失调感。因为消费者购买一些品牌差异不大的商品时，虽然他们对购买行为持谨慎的态度，但他们更注重价格、购买时间、地点等因素，而不是花很多精力去收集不同品牌间的信息并进行比较，且从购买动机产生到决定购买之间的时间较短。因为购买时对产品比较不是很全面，消费者购买某一产品后，或因产品自身的某些方面不称心，或得到了其他产品更好的信息，从而产生不该购买这一产品的后悔心理或心理不平衡，这就是购后的不协调感。在医药产品消费领域，购后不协调感的产生还往往源于一般患者对医药知识的缺乏以及服药后希望疾病迅速消除的急迫心理。为了改变这样的心理，追求心理的平衡，消费者常常广泛地收集各种对已购产品的有利信息，以证明自己购买决定的正确性。同时，也和医生沟通或者从其他渠道获得所用药品疗效的相关信息，以便达到心理的平衡。

③ 广泛选择的购买行为　又叫作寻求多样化购买行为。当一个消费者购买的商品品牌间差异大，但可供选择的品牌很多时，他们并不会花太多的时间选择品牌，而且也不专注于某一产品，而是经常变换品种。例如：购买抗感冒药，消费者一般不会特别忠诚于某个品牌。这种品种的更换并非对上次购买不满意，而是希望有所变化。

④ 习惯性的购买行为　消费者有时购买某一商品的动机已经不是因为特别偏爱某一品牌，而是出于习惯。例如：很多日常生活用品价格低廉，品牌间差异不大，消费者购买时，大多不会关心品牌，而是靠多次购买和多次使用而形成的习惯去选定某一品牌。针对这种购买行为，企业要特别注意给消费者留下深刻印象，企业的广告应当强调本产品的主要特点，以鲜明的视觉标志、巧妙的形象构思赢得消费者对本企业产品的青睐。

在医药营销实践中，除了要研究患者的消费类型外，对影响患者购买行为因素的研究也是医药营销的一个重要内容。借鉴消费者行为学理论，并根据医药消费者购买行为的具体情况，我们把影响医药消费者购买行为的有关要素归纳为外在影响因素和内在影响因素，具体包括如文化因素、相关群体、家庭因素、经济因素、心理因素和药物因素等。

(3) 分析购买过程

由于医药消费的急迫性，时间看上去不长，实际上包含着一系列连续的步骤。发现需要是起因，收集信息和比较是决策过程的深化，实际购买是决策的结果，评价是对决策的总结和下一次决策的重要依据。

① 发现需要　引起消费者购买产品的环境：a. 突发性需要，如疾病发作，产生不适的症状等。b. 经常性需要，如疾病多发季节的即将到来，提前考虑购买OTC药品，比如夏季来临，购买治疗蚊虫叮咬的OTC药。c. 无意识需要，比如设在超市的保健品产品展示，促销活动等会引起非计划购买行为发生。

② 信息收集　消费者信息来源有四种：个人来源，如家庭、朋友、邻居和熟人；商业来源，如广告、推销员、经销商、包装、陈列；公共来源，如大众传播媒体、消费者评审组织；经验来源，如使用产品。营销人员应该通过媒体广告、店堂布置、店堂广告、促销和包装，以及人员推销等方式提供给消费者信息。另外，医生、店员、消费者、家人、朋友都可以传递产品信息，所以在营销策划中要重视他们的作用。

(4) 比较评价

① 评价因素　对保健品、药品品牌的评价包括以下因素：功效、安全性、服用方便性、价格、包装、公司声誉等。综合评价高的品牌应该作为购买意图。

② 消费决策关注品牌　药品多为治疗一般疾病的常备药品，如感冒药、止痛药、肠胃药、皮肤药等等，这些药品一般在生产技术上都比较成熟，不具有专利技术方面的竞争优势；而正因为技术工艺的简单，又使此类药品的生产厂家众多，市场上同一种OTC药品往往具有多个品牌，市场竞争异常激烈。保健品也有类似情况，生产厂家众多，同一功效产品往往具有多个品牌。

因为消费者不具备辨别产品内在品质的能力，所以代表产品品质和信念的品牌成为消费者购买药品和保健产品的导向。在广泛决策制定期间消费者倾向于搜寻产品信息，所以用一种品牌促销来中断他们的问题解决过程相对容易。成功的产品销售必须用消费品的营销手段建立产品品牌和促进产品销售。

鉴于品牌对于保健品和药品评价的重要性，因此除了医生意见和自身经验之外，广告实际上成为人们了解药品和保健品的重要来源和影响人们购买决策的重要因素。

(5) 购买决策

消费者在评价阶段可能形成某种购买意图而偏向购买他喜爱的品牌，然而，在购买意图与购买决策之间，可能受到他人的态度影响和未预期到的其他因素影响。

专业人士具有左右医药保健品购买决策的能力，尽管保健品属于食品的范畴，尽管OTC药品无需医生处方，消费者即可在药店购买，OTC药品和保健品越来越接近于一般消费品，但是医药保健品毕竟是用来防病治病的，并且医药保健品知识的专业性较强，还不是一种普及性知识，所以消费者在购买和使用医药保健品时，十分关注专业人士如医生、药剂师、营养师等人的意见。

店员与消费者进行交流是一个重要的市场营销战略。有调查结果表明，药店店员对消费者购买医药保健品的影响大于其他各种广告媒体。值得注意的是，一旦店员向消费者推荐某种药品或保健品时，有74％的消费者会接受店员的意见，这表明在医药保健品消费中店员能起到很大的作用。

(6) 购后行为

医药保健品都有很详细的使用说明书，消费者按照说明书文字就可以很方便地使用，而使用效果是否满意，是否有不良反应发生，首先取决于该产品的选择是否对应一个人的体质，如果购买的OTC药品不对症，治疗效果必然大打折扣，还可能产生不良反应。如果药品选择对症，然后看产品本身的功效和不良反应，是否疗效好、起效快，而不良反应小。保健品是食品，但是，如果选择的保健品不对应一个人的体质及饮食习惯，其保健功效会大打折扣，如一个习惯食用植物油的高血脂体质，深海鱼油几乎没有功效。

消费者如果使用医药保健产品后满意，必然强化他的产品信念，会刺激下次的购买。他们往往会记下上次医生或店员推荐的产品名称，或者直接拿着产品包装盒，指名购买同样的产品。

总之，医药保健品市场营销者只有在了解消费者行为的基础上，制定出使目标顾客的需要和欲望得到满足和满意的营销策略，才有市场成功开发的可能。

二、医药组织市场购买者行为分析

1. 相关概述

医药组织市场是指由医药生产企业、医药批发企业、医药零售企业、医疗机构、政府机构等组织对医药产品的需求和消费所组成的市场。医药组织市场购买行为是指各类医药组织机构确定其对医药产品和服务的需要,并在可供选择的品牌与供应商之间进行识别、评价和挑选的决策过程。医药组织市场一般由产业市场、中间商市场、各级各类医院和诊所市场、政府机构和非营利组织市场等组成。

(1) 产业市场

指购买产品、医药中间体、原辅材料和服务用于进一步加工、制造其他医药保健产品或服务,并用以销售或租赁以获取利润的企业和个人所组成的市场。作为朝阳产业,我国医药保健产业市场发展迅猛,市场规模正在不断扩大。医药保健产业与生命、健康、生活质量等密切相关,是永远成长和发展的产业,其中医药产品的需求弹性较小,医药产业与宏观经济的相关度较低,在经济萧条时期也能保持较高的增长速度。化学制药是我国医药产业的支柱,但目前主要以仿制非专利药品为主。在化学原料药方面,我国由于生产规模大、成本低而具有国际竞争力,是世界上化学原料药主要出口国之一,但我国的药物制剂技术开发研究不够,制剂水平偏低,许多制剂产品剂型少,质量稳定性不高。目前我国药品生产所用的辅助材料品种规格偏少,质量也不稳定。药用制造机械、包装材料的发展也较落后。随着竞争的日趋激烈,新药和新技术的开发和创新成为医药企业的发展动力,这些都为我国医药产业的进一步发展提供了广阔的空间。

(2) 中间商市场

指购买医药保健产品直接用于转卖或租赁以获取利润的企业、机构和个人,由各种医药保健产品批发商和零售商、各级各类医院和医疗诊所等组成。

医药保健品批发商和零售商介于医药生产企业和医药消费者之间,专门从事药品、保健品流通活动。医院、药房及超市药房、保健品专柜是药品、保健品的中转站,我国80%以上的药品都要通过医生处方开给患者。药品毕竟是用来治病救人的,并且药品知识的专业性较强,还不是一种普及性知识,没有医生处方,消费者不能买到处方药。消费者在购买和使用OTC药品及保健品时,也十分关注专业人士如医生、药剂师等人的意见。据美国某医疗保健咨询公司的一份调查显示,约有50%的病人根据医生的建议使用OTC药品和保健品。这就造成了药品、保健品消费者(病人)行为的依赖性,使医生在医药保健产品消费过程中处于一种控制、支配消费的地位。另外,我国公费医疗制度规定,病人应在指定的医院看病和取药,用药的决策权和药费的控制权均掌握在医生手中,所以,医生对药品的消费者有巨大的影响,在整个药品市场中的导向作用是任何人不能替代的。

(3) 医药政府市场和非营利组织市场

指为行使政府职能和履行非营利组织职能而购买医药产品和服务所构成的市场。政府的医疗卫生保健制度、我国的计划生育政策、应对战争和突发性公共卫生事件的要求等,使各级政府部门成为医药产品和服务的购买者。红十字会、慈善机构、救助机构等非营利组织既不同于企业,也不同于政府机构,它们具有稳定的组织形式和固定的成员,独立运作,发挥特定社会功能,以推进社会公益而不以营利为宗旨,也是医药产品和服务的购买者。

2. 医药组织市场特征

(1) 市场需求方面

① 购买者数量少,但购买数量大　一方面,医药组织市场上购买者的数量远比医药消费者的数量少得多,组织市场营销人员比消费者市场营销人员接触的顾客要少得多。国家药品监督管理局药品监督管理统计报告指出,截至2021年9月底,全国共有《药品经营许可证》持证企业60.65万家。其中,批发企业1.34万家,零售连锁总部6658家,零售连锁门店33.53万家,单体药店25.12万家。但与我国由14亿人口组成的潜在医药消费者市场相比,其数量还是显得微不足道。另一方面,组织市场单个用户的购买量却比消费者市场单个购买者的需要量大得多,医药市场上所有药品都要经过它们的手才能形成或销售,每个购买者购买的数量之大,是任何个人消费者所不可比拟和不可想象的。

② 购买者地理位置相对集中　购买者所处位置与国家的经济政策、经济布局、经济条件、自然资源、投资环境等因素密切相关。组织市场购买者往往集中在一定的地理区域,从而导致这些区域的采购量占据整个市场的很大比例。例如:我国的医药企业密集的地区以东部沿海经济发达的地区为主,如江苏、浙江、天津、山东、广东等。大型医药商业企业、零售企业和大型医院都集中在大中城市。

③ 购买者的需求是派生需求,但需求价格弹性小　派生需求也称衍生需求,医药组织市场的需求是从消费者对医药最终产品和服务的需求中派生出来的。医药组织市场购买者的需求最终取决于医药商品市场对最终产品的需求,如对原料药、中间体、化工原料、中药材等的需要,直接来自于药品市场对这些产品的制剂产品的需求并且其需求对其中间产品价格的波动敏感性不大,在短期内更是如此。不像医药消费者,会因为价格的变化而改变需求,但由于经济学上的加速原理,受经济前景和医药科技发展影响较大。

(2) 购买单位方面

① 更多的购买参与者　医药组织市场的购买决策受更多机构和人的影响。大多数企业和医院有正式的采购组织,即采购中心,重要的购买决策一般要由技术专家和高级管理人员共同作出,审批程序复杂、审查严谨。这就要求营销人员也具备良好的专业素质,掌握相应的营销技巧。

② 组织购买属于理性购买,专业性较强　与医药消费者市场不同,医药组织市场购买的理性程度极高,其采购人员都是专业人士,对所要采购产品的性能、质量、规格和技术要求了如指掌,不像消费者市场有那么多的冲动购买。这对营销人员的要求极高,既要具备专业医学、药学知识,又要具备必需的市场营销知识,为了应对受过良好训练的采购人员,供应商必须对其销售人员进行严格培训。

③ 购买具有连续性,业务关系相对稳定　由于医药组织购买技术性强、产品替代性差、质量要求严、需求具有连续性和稳定性,因此经常需从供应厂家直接购买,并且一旦合作成功,其关系会长久维持下去。

(3) 购买决策行为方面

医药组织市场的购买决策类型可以分为三种。

① 直接采购　医药组织市场的购买者往往直接向供应商采购,不经过中间环节,特别是在采购价格昂贵或技术复杂的产品和服务时。

② 购买过程复杂但规范化　一方面,医药组织市场购买常常涉及大量的资金、复杂的

技术、准确的药价成本-效益评估，以及采购中心中不同层次人士之间的人际关系。因此，医药组织市场购买往往要经历较长时间。调查显示，产品销售从报价到产品发送通常以年为单位。另一方面，组织购买过程比较程式化，大宗药品购买通常要求提供详尽的产品说明书、书面采购订单等，对供应商有严格筛选和正式批准的过程。

③ 互惠购买　医药产业市场中的医药原辅材料购买者之间往往相互依存，在采购过程中经常互换角色，即在采购过程中经常互惠采购，即"你买我的产品，我就买你的服务"。有时这种互惠体现在三方甚至更多。

3. 医药组织购买行为的影响因素

医药组织购买行为根据其需要不同，大致分为两大类：一是新任务采购，指为了适应制造新产品或扩大销售品种而增加的需要；二是连续型采购，指由组织正常的生产经营计划所产生的采购需要。医药组织市场的购买行为与医药消费者市场购买行为截然不同。例如：个人消费者经常会因受到众多非技术性的干扰和影响而改变需要，如来自医生和药店店员的建议。医药组织市场则不然，医药组织购买行为的动机比较单纯，表面的目的是保持生产或经营的连续，降低生产经营成本，但根本的目的还是为了获得经济利益。当然绝不是说经济因素是影响其行为的唯一因素，环境因素、社会因素、心理因素等都会对组织购买行为产生影响。按其影响范围可分为四类：环境因素、组织内部因素、人际关系因素及购买参与者个人因素。

(1) 环境因素

环境因素是指影响医药组织市场购买者生产经营的外部环境因素，它包括政治法律、医药科技、市场竞争、经济、人口、社会文化等。在正常情况下，这些外部因素既可以为它们提供市场机会，也可能制造生存障碍，它直接制约着医药组织购买者的经营内容、市场规模，规范着它们的生产经营行为，并用经济的、行政的、法律的、舆论的等手段对他们的市场行为作出公平的评判与选择，只有适者才能生存。因为药品的特殊性，国家的监督管理非常严格，如药事法规对医院进药环节制定有明确而具体的要求。由于医药企业生产经营者与组织购买者存在着一荣俱荣、一损俱损的相生相克的依存关系，所以营销人员必须密切注意这些环境因素的发展变化，对这些影响因素可能对组织购买者的作用方向和力度作出正确的判断，并及时调整营销策略，力求将问题转变成机会。

(2) 组织因素

组织因素是指医药组织市场购买者内部状况对其购买行为的影响。组织市场购买者本身也都是一个一个按照国家有关法律要求组建而成的生产经营企业或机构，就其采购工作而言，它的经营目标、采购政策、业务程序、机构设置、采购制度等都一应俱全。企业营销人员与这些组织客户打交道时，也必须对这些内容进行充分的了解，如医院的进药程序、药事委员会的构成、参与采购工作的所有人员及对供货时间、产品质量、付款时限的具体规定等等，从而规范自我的营销行为并尽量与这些具体的要求相吻合。

(3) 人际因素

人际因素是指组织市场购买者内部的人事关系等，这些也可能影响其采购活动。在这些组织内部，由于参与购买过程的部门和人员较多，所承担的角色和作用各不相同。他们相互之间的关系和影响程度，经常是市场营销人员费尽心机想了解的内容，但这往往也是最难掌握的，因为变化太大，且没有太多的规律性。例如组织与组织不一样，并且每一个人的影响程度也会随他所处的环境条件（如心情、职位、需要等）的变化而变化。对于这些人际因素切不可盲目猜测，而是要深入了解，仔细辨析。市场营销学者提醒营销人员：寻找并满足决策者的需要，是营销成功的关键要素之一。

（4）个人因素

医药组织市场购买经常被认为是"理智的"行为，如医院采购药品。但当供应药品的质量、疗效、价格、服务等相类似时，医院采购人员的个人因素就会产生较大的作用。这些因素通常指采购人员的年龄、收入、教育程度、职位、性格、兴趣、爱好及职业道德、敬业程度、与医药代表的关系等等。人是感情动物，在其决策过程中不可能不掺入感情色彩。所以医药企业营销工作不仅要在药品质量、价格、服务等"硬件"上下功夫，也要在与采购人员经常沟通、建立良好稳固的私人关系等"软件"上做文章。这也验证了"做生意先做人，成功的生意人也是成功做人的人"这一现代营销哲学。

4. 医药保健品组织市场购买行为的参与者

医药保健品组织购买行为以专业性强、参与人员多、机构稳定（医院里只有药剂科专门负责药品的采购工作）等为其特色。研究分析每一个组织购买过程中参与者及其担当的不同角色，有助于企业在营销过程中采用正确促销策略，这对于专门做医院推广工作的医药（厂家）代表而言就显得尤为重要。从采购行为中参与者所承担的任务不同来分析，有以下几种角色。

（1）使用者

他们是实际使用某种药品或服务的人员，或例行采购行为中的仓库有关管理人员。在大多数情况下，由他们首先提出采购要求，并具体提出产品的品种、规格等。

（2）影响者

他们是影响采购决策的人员，如相关科室主任，他们通常对新特药品进行审查把关，协助采购工作正常进行。

（3）决策者

指有权决定产品数量、规格、品种、价格及供货厂家的人。例如药剂科主任、院长。

（4）采购者

指实际完成采购任务的人员。

（5）批准者

指那些有权批准决策者或采购者所提购买方案的人员。如医院药事委员会成员或医院院长。

需要指出的是，在实际采购工作中这些人员的组成或担当的角色经常会变动。首先是不同单位（医院）情况不同，因此营销人员必须具体问题具体分析；其次是医院基本目录药品采购与医院新特药品的采购又有很大区别。肯定地说，在医药营销过程中做新特药品的"进医院、上量"等工作难度最大。

5. 医药组织购买行为的决策过程

药品的采购工作是保证医药公司、零售药店、医院正常经营和杜绝假冒伪劣药品、保证药品质量和患者用药安全的重要环节，因此无论是国家药事法规还是每个医院、医药公司、零售企业都对采购工作制定有严格的规章制度。一般所需采购的药品在数千种左右，其特征是品种多、数量大、周转快。采购工作总的要求：第一，保证全部采购药品的优质和安全有效；第二，根据经营的需要保持一定数量的药品品种和数量，保证基本药品目录中的常用药和主要品种不断货,以供医生和患者选用;第三,按国家有关规定认真做好毒、麻、精神、贵重药品和有效期药品的管理工作。药品采购工作要经过什么样的环节,主要依据采购药品的不同或政策规定的不同而定。现以医院为例介绍说明各类药品的采购、进药过程。组织购买决策过程,是一个从提出需要到购买后感受的复杂过程,组织购买过程可以归纳为以下五个阶段,如图1-5所示。

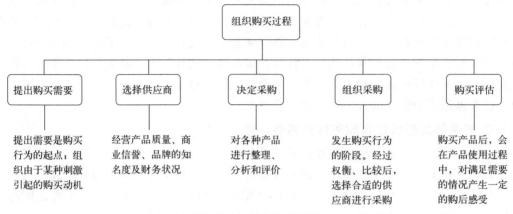

图1-5 组织购买过程图

(1) 提出采购计划

根据有关规定,医疗单位药品采购由药剂科统一管理,其他科室不得自购、自制、自销药品。采购的药品以本院基本用药目录为依据,不得购销与医疗无关的各种生活用品或化妆用品。为保证药品质量,严禁从个人手中或未取得《药品经营许可证》的非法药品经营单位采购药品。药品采购计划,首先由药品仓库有关人员根据库内药品的使用消耗情况及临床需求等,掌握所需药品的品种、规格、数量等,按管理规定制订药品进购计划,填写药品计划申购单,最后由药剂科主任审定签字。

(2) 采购调研

接到采购任务后到具体洽谈前,药品采购人员需进行较为详细的情报调研工作,对有关货源、质量、价格等进行多方的比较对比。由于医疗单位比较重视当地医药经营部门这个货源主渠道,药品生产企业应事先与医药公司签订营销合同,采取合法的促销措施,力争使医药公司把本企业药品作为主打产品。同时,本企业的营销人员(医药代表)也应采用上门推销的方法做好推广工作,帮助医药公司做好医院工作。当然,详细的、印刷精美的企业资料和产品资料(说明书、报价表、有关证明材料)在任何时候都是药品推销中不可缺少的东西。因为它既能提供采购人员想知道的各种信息,又是企业形象和实力的一种体现与拓展。

(3) 采购洽谈

医院采购人员在掌握供应厂商和产品情况的基础上,根据医院采购计划,就药品品种、规格、数量、质量、价格、供货方式、供货时间、结算方式、违约责任等内容进行谈判。

(4) 签订合同

即以法律文书的方式确定供需双方的权利与义务。根据国家规定,只有同时持有"二证"(即《药品经营企业许可证》《营业执照》)才能成为合法的药品供应者,所以药品生产企业在选择药品代理人或医药经营公司之前就应加以注意。

（5）评估履约情况

即药品采购合同履行情况的追踪与评价。一方面，监督医药公司或厂商按合同规定按质、按量、按时供货；另一方面，根据合作情况确定以后是否继续合作。所以医药企业要增强法律意识，严格履行合同，如果必要也应学会用法律武器维护自己的利益。

职业知识与实践技能训练

一、职业知识训练

1. 重要概念

药品　医药市场营销　消费者市场购买行为　医药市场宏观营销环境　医药市场微观营销环境

2. 选择题

（1）单项选择题

① 人们有能力购买并愿意购买某个具体产品的欲望，称为（　　）

A. 需要　　　　B. 欲望　　　　C. 效用　　　　D. 需求

② 使用者是企业实际使用所购买某种产业药品或服务的一些工程技术人员和生产第一线的工人，也是对购买药品的主要（　　）

A. 倡导者　　　B. 影响者　　　C. 决策者　　　D. 评估者

③ 宏观环境和微观环境的关系是（　　）

A. 宏观环境受制于微观环境　　　B. 微观环境受制于宏观环境
C. 二者是并列关系　　　　　　　D. 二者没有关系

④ 不属于宏观环境的因素是（　　）

A. 人口环境　　B. 经济环境　　C. 竞争　　　　D. 技术环境

⑤ 影响消费需求变化的最活跃的因素是（　　）

A. 个人可支配收入　　　　　　　B. 个人可任意支配收入
C. 个人收入　　　　　　　　　　D. 人均国内生产总值

⑥ 恩格尔定律表明：家庭收入越少，在（　　）上的支出占收入的比例就越大。

A. 食品　　　　B. 衣服　　　　C. 住房　　　　D. 旅行

⑦ 企业营销活动中，与企业营销活动发生关系的各种群体的总称是指（　　）

A. 团体　　　　B. 组织　　　　C. 顾客　　　　D. 公众

⑧ 下列有关药品消费者市场说法不正确的是（　　）

A. 是药品市场的基础，是最终起决定作用的市场
B. 大部分消费者都可以对药品的品种、数量和方式进行自主决策
C. 属于非专业购买，购买决策较为简单
D. 具有急迫性、安全性、较强的非自主性的特点

⑨ 处方药消费者购买力的主要影响者是（　　）

A. 执业药师　　B. 朋友　　　　C. 药店营业员　　D. 医生

⑩ 以下有关药品组织市场的特点表述正确的是（　　）

A. 市场的需求属于原发性需求　　　　B. 市场由最终药品消费者构成
C. 市场较分散，多为小型购买　　　　D. 专家购买，购买决策较为复杂

⑪ 消费者的一个完整购买过程是从哪一步开始的（　　）
A. 确定需求　　　B. 筹集经费　　　C. 收集信息　　　D. 决定购买

⑫ 刘女士欲购买一种新减肥药，她对这种药品方面的信息并不了解，对这类购买行为，企业可采取的营销措施是（　　）
A. 提供热情的咨询服务，耐心介绍药品知识
B. 不要有过多的询问和特别的关注
C. 注重药品的包装和柜台陈列等
D. 注意推荐低价且效果不错的药品

（2）多项选择题

① 消费者个体购买行为包括（　　）
A. 发现需求　　　B. 收集信息　　　C. 比较评价
D. 实际购买　　　E. 药效评价

② 影响消费者个体购买行为的因素包括（　　）
A. 文化因素　　　B. 社会因素　　　C. 个体因素
D. 心理因素　　　E. 药品自身因素

③ 医药组织分类包括（　　）
A. 生产者市场　　　B. 中间商市场　　　C. 政府市场
D. 非营利组织市场　　　E. 医院药店

④ 医药组织购买决策的参与者有（　　）
A. 倡导者　　B. 影响者　　C. 决策者　　D. 采购者　　E. 使用者

⑤ 影响市场需求的因素有（　　）
A. 人口状况　　　B. 消费者收入水平　　　C. 商品价格的高低
D. 商品供应情况的变化　　E. 社会文化的高低

⑥ 药品组织市场购买行为的影响因素有（　　）
A. 法律政策等环境因素　　B. 组织内部营销目标等因素
C. 组织中人际关系因素　　D. 购买参与者个人因素　　E. 相关群体因素

⑦ 以下属于药品中间商市场的是（　　）
A. 医药零售企业　　　B. 各级各类医院　　　C. 药品生产企业
D. 药品批发企业　　　E. 药品代理商

⑧ 从消费角度看，人类需要的基本层次应该有（　　）
A. 生理需要　　　B. 安全需要　　　C. 社会需要　　　D. 尊重需要
E. 自我实现需要

⑨ 文化环境所蕴含的因素主要有（　　）
A. 教育水平　　　B. 风俗习惯　　　C. 宗教信仰　　　D. 审美观念

⑩ 企业的营销环境中，属于经济环境的有（　　）
A. 经济发展阶段　　　　　　　B. 地区与行业的经济发展
C. 购买力水平　　　　　　　　D. 环境保护法律

⑪ 科学技术的迅速发展和应用对营销组合策略的产品策略的影响表现在（　　）等

方面。

　　A. 新产品开发的时间在缩短　　　B. 产品价格升高
　　C. 产品更新换代加快　　　　　　D. 生命周期缩短
⑫ 自然资源的分类有（　　　　）
　　A. 可再生资源　　B. 可利用资源　　C. 可更新资源　　D. 不可再生资源
3. 问题理解
（1）影响药品市场的因素。
（2）简述医药组织购买行为的特点。
（3）市场营销环境分析的方法。
（4）医药市场宏观营销环境包括哪些内容？
（5）医药市场微观营销环境包括哪些内容？
（6）简述影响药品消费者购买行为的因素，并且判断相关影响因素与消费者行为之间的关系。
（7）阐述药品消费者购买决策过程五个阶段的划分及各阶段的特点。针对这一过程，药品企业应如何开展营销活动？

二、实践技能训练

（1）实践目的
① 能够辨识分析企业所处的市场营销环境；
② 能提出企业面对营销机会和环境威胁时采取的对策。

（2）实践情景
　　新药是制药业的灵魂，也是制药企业的主要利润来源。某制药企业的新产品开发存在很多问题。首先，该制药企业的研发投入严重不足，研发方面的投入始终在占总销售额的0.5%左右徘徊。国外制药企业的研发费用一般占到当年销售额的15%左右。如默克公司1997年研发投入为17亿美元，1998年研发投入近19亿美元。1998年基因制药企业安进公司的研发费用占销售额的24.5%。其次，了解国际药品市场法规、熟悉国际营销实践的人才匮乏。此外，在各发达国家进行专利申请、药品注册、临床验证的费用较高，难以承受。

　　1999年修订的《新药审批办法》突出了鼓励创新、加强新药保护的立法精神。首先，新"办法"延长了1-5类新药的保护期限，其中一类新药从8年保护期延长到12年保护期，其他各类新药的保护期均有所延长。在新药保护期内只允许取得新药证书的企业生产销售新药，其他企业不得仿制，以保护新药研制生产企业不致遭受激烈的价格竞争。其次，在药品价格管理方面，法规规定新药可以在定价时取得更高的毛利率，以使新药生产企业获得更好的利润。此外，政府为提高本土企业的研发和生产能力，鼓励外国企业与本土企业建立合资公司甚至建立全资子公司，并制定双轨式税收制度，即将外国企业的所得税从33%减至17%，不设置他们用外汇进行投资的上限，对其产品进行优先购买，尤其是遗传工程、疫苗和生物技术产品。

　　国际上新药的开发是个漫长的过程，从注册专利到新药上市一般需十至十二年。按这一时间过程推算，1993年在中国申请专利的药品，要到2003年前后才会上市。因此中美关于知识产权的协议给国内制药企业大约十年的保护期，国内企业可利用这段时间强化自己的新药开发能力。

西方制药企业的主要注意力放在开发新药上,对生产工艺的改进提高相对不够重视。该制药企业虽然新药开发能力差,但长于跟踪仿制,对改进生产工艺、降低生产成本投入较多。目前已经在部分原料药品种上拥有生产成本优势。应该继续强化、突出这一比较优势,提高产品质量标准,尽量提高产品档次,积极参与国际市场竞争。

独辟蹊径,从资源丰富的天然药用植物中寻找新药。利用组合化学的方法,从筛选化合物开始寻找专利新药,其开支之大、周期之长可能是企业难以承受的。但我国有着丰富的天然药用植物,利用现代植物化学、生物化学方法从天然药用植物中寻找新的药用化合物可能是一条捷径。国际、国内都有这方面成功的先例,如抗癌药物紫杉醇是从太平洋冷杉的树皮中提取的,红豆杉树皮中含量也很丰富。我国传统使用的疗效显著的中药材、中成药品种众多,可以探索从中分离出一种或数种单一分子的有效成分,利用现代药理学方法阐明其机理,可能会有所收获。企业可进行这方面的有益尝试。

充分利用国内丰富的基因资源,高起点介入基因技术的新药开发。20世纪70年代,基因技术逐渐发展起来,近年的基因技术发展日新月异,特别是人类基因组计划的完成,为基因组药物的开发提供了可能。我国在基因技术方面与国外的差距相对较小,并且具有丰富的基因资源,因此,集中人力、物力、财力,高起点进入基因制药领域,寻找致病基因,有目的地开发相关治疗药物,可作为该制药企业重点突破的新药开发领域。

(3) 实践实施

① 教师将学生分成若干组,每组4~6人,安排任务;
② 学生按小组讨论完成;
③ 各小组派代表阐述小组观点;
④ 教师和学生对每小组的观点进行改正、修改;
⑤ 教师点评并总结;
⑥ 教师指导学生完成工作页。

(4) 实践成果

① 分析、辨别资料中的制药企业新药开发面临的营销环境;
② 正确分析企业新药开发面临的机会和威胁;
③ 正确分析企业新药开发面临的优势与劣势;
④ 分析企业面对营销机会和环境威胁时采取的对策。

第二章

研究市场：医药市场调研

知识目标 >>>

1. 掌握医药市场调研技能。
2. 熟悉医药市场调研的程序。
3. 熟悉医药市场调研的内容和方法。
4. 了解医药市场调研的作用。

能力目标 >>>

1. 树立市场调研对医药企业发展重要性的认识。
2. 能够根据市场背景设计市场调研方案。
3. 能够根据调研目的和调研内容选择调研方法，收集信息、资料。
4. 能够结合调研内容和调研对象特点设计调研问卷。

价值目标 >>>

1. 具备以"社会福祉为根本的利益相关者共赢"的新时代营销价值理念。
2. 培养学生市场调研技能和综合分析问题的能力。
3. 具备医药市场调研的法律意识和职业道德。
4. 树立爱国主义理想和信念，具备为中国医药企业发展贡献力量的责任感。

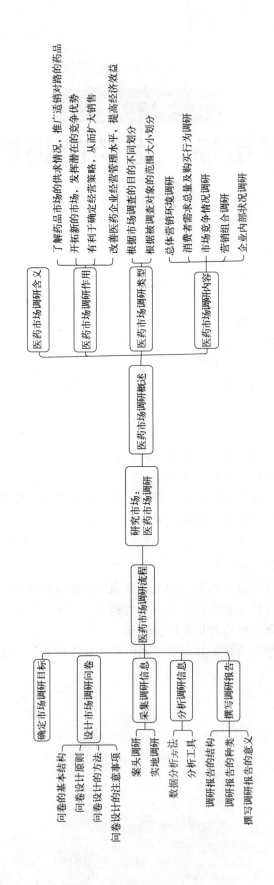

第一节 医药市场调研概述

一、医药市场调研含义

市场营销调研是针对特定的营销问题，采用科学的方法，系统、客观地收集有关营销各方面的信息，并进行分析和研究。营销调研获取的信息可以用来识别与界定营销机会和问题，提出、提炼和评估营销行动，监督营销绩效，增进人们对营销的理解。

一般来说，市场营销调研的内容主要围绕企业营销活动和消费者来展开。把针对消费者的调研称为狭义的市场营销调研，而将针对营销活动所做的调研称为广义的市场营销调研。

广义的市场营销调研涉及营销管理的整个过程。因此，它的研究范围相当广泛。常见的市场营销调研的主要对象包括营销环境、竞争者、消费者行为、产品、价格、促销以及渠道等，如图2-1所示。

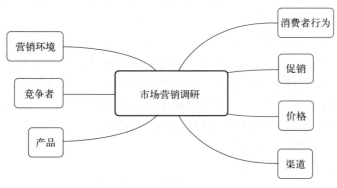

图 2-1 市场营销调研主要对象

二、医药市场调研作用

1. 了解药品市场的供求情况，推广适销对路的药品

通过对药品市场购买力、消费水平、消费结构、消费趋势等的调查，了解市场药品需求总量及需求结构；通过对药品生产、药品库存、进口及其商品需求和货源的调查，了解药品的供应总量，从而有利于了解市场的供求情况和变化规律。

2. 开拓新的市场，发挥潜在的竞争优势

药品的特殊性决定了药品市场不同于其他商品市场。通过市场调查可以使医药企业充分认识药品市场的特征，掌握药品市场的发展规律，发现消费者的潜在需求，从而根据企业本身的实际情况，选择新的市场机会。

3. 有利于确定经营策略，从而扩大销售

通过对药品市场调查，可以进一步分析研究产品适销对路的情况，确定哪些药品能在激烈的市场竞争中站稳脚跟，从而准确有效地采取营销策略。随着科学技术的进步，新技术、

新工艺、新材料被广泛采用，产品的更新换代速度加快，越来越多的新产品被推向市场，但这些新产品能否被消费者所接受，老产品是否还有市场，这除了产品本身的原因外还有营销策略和方法上的问题。

4. 改善医药企业经营管理水平，提高经济效益

药品市场调查是医药企业改善经营管理水平、增强企业活力、提高经济效益的基础。通过市场调查，可以发现企业自身存在的问题，促使企业从经营的购、销、运、存各环节，经营的人、财、物、时间、信息等客观要素，经营管理的层次、部门等不同方面进行调整，改进工作。

三、医药市场调研类型

在药品市场调查中，由于市场调查目的与要求不同，所涉及的市场范围、信息、时间等也就不同，从而形成多种市场调查类型。现介绍几种常见的类型。

1. 根据市场调查的目的不同划分

（1）探索性调查

探索性调查是指企业对需要调查的问题尚不清楚，无法确定应调查哪些内容时所采取的方法。一般处于整个调查的开始阶段。企业只是收集一些有关的资料，以确定经营者需要研究的问题的症结所在。例如，某医药企业近年来销售量持续下降，但公司不清楚是什么原因，是经济衰退的影响，广告支出的不足，销售代理效率低，还是消费者习惯的改变？要想明确问题原因就可以采用探索性调查的方式，如可以从中间商或者用户那里收集资料找出最有可能的原因。至于问题如何解决，则应根据需要再做进一步调研。这种调查一般不必制订严密的调查方案，往往采取简便的方法以尽快得出调查的初步结论即可。如收集现有的二手资料或询问了解调查主题的有关人员。

（2）描述性调查

描述性调查是为进一步研究问题症结所在，通过调查如实地记录并描述收集的资料，以说明"什么""何时""如何"等问题。例如，在销售研究中，收集不同时期销售量、广告支出、广告效果的事实资料，经统计说明广告支出什么时候增加几个百分点、销售量有了多少个百分点的变化等。又如收集某种产品的市场潜量、顾客态度和偏好等方面的数据资料。描述性调查是比较深入、具体地反映调查对象全貌的一种调查活动。进行这类调查必须占有大量的信息情报，调查前需要有详细的计划和提纲，以保证资料的准确性。一般要进行实地调查。

（3）因果性调查

因果性调查是收集研究对象事物发展过程中的变化与影响因素的广泛性资料，分清原因与结果，并明确什么是决定性的变量。例如，销售研究中，收集不同时期说明销售水平的销售量（额）、市场占有率、利润等变量资料，收集不同时期影响销售水平的产品价格与广告支出、竞争者的广告支出与产品价格、消费者的收入与偏好等自变量资料，在这些资料基础上决定这些自变量与某一因变量（如销售量）的关系，其中何者为决定性自变量。因果性调查是在描述性调查的基础上进一步分析问题发生的因果关系，并弄清楚原因和结果之间的数量关系，所用调查方法主要为实验法。

知识拓展

探索性调查、描述性调查、因果性调查区分

探索性调查所要回答的问题主要是"什么";描述性调查所要回答的问题主要是"何时"或"如何";因果性调查所要回答的问题主要是"为什么"。一般先进行探索性调查,然后再进行描述性调查或因果性调查。

2. 根据被调查对象的范围大小划分

(1) 市场普查

市场普查是一种全面调查,是指为搜集一定时空范围的药品市场的全面系统资料,以整个药品市场(某类药品市场)的全部个体为调查对象,对其产品的生产、供应、销售、储存和运输情况在一定时点上的一次性全面调查。如中药材资源普查;企业为了解新药投放市场的效果而进行的普查;库存药品的普查等。

药品市场普查通常采用两种方式:一种是组织专门的普查机构和人员,对调查对象直接调查;另一种是在具有比较完整的统计资料的情况下,利用有关单位内部收集的统计资料进行汇总。

市场普查的优点是所获得的资料完整、全面,但普查所耗费的人力、财力和时间较多,特别是第一种调查方式,不是所有医药企业力所能及的事,一般不常使用,除非被研究总体中单位较少,项目比较简单。

(2) 重点调查

重点调查是指在调查对象总体中,选择一部分重点因素进行的调查。所谓重点因素是指某些或某个对经营活动有较大影响的因素,尽管这些因素在总体中只是一部分,但它们在整个经营活动中起着较大的作用。例如疫情调查就是一种重点调查,为了有效地控制某种疫情,应对影响疫情的有关因素进行分析,同时对控制疫情的有关药物也进行调查,以指导该类药品在一定时间内的生产和销售,从而达到适量生产又能控制疫情的双重效果。

相比于全面调查,重点调查的特点是以较少费用开支和时间,更加及时地掌握基本情况,以利于调查人员抓住主要矛盾,采取措施。重点调查主要在紧急情况下使用。

(3) 典型调查

典型调查是一种专门调查和一种非全面调查。药品市场的典型调查是对药品市场的某些典型现象、典型内容、典型单位进行的调查。它是在对调查总体进行初步分析的基础上,从中有意识地选取具有代表性的典型进行深入调查,掌握有关资料,由此了解现象总体的一般市场状况。

典型调查适用于调查总体庞大、复杂,调查人员对情况比较熟悉,能准确地选择有代表性的典型作为调查对象,而不需要抽样调查的市场调查。典型调查在药品市场调查中经常被采用。

 知识拓展

选择典型的标准

一般可以选择中等或平均水平的调查个体。一般来说,在数量上,如果总体发展条件比较一致,选一个或几个有代表性的典型个体进行调查;当总体较多,而且个体差异较大,则需要把总体按一定的标志划区分类,然后选择调查对象。

(4) 抽样调查

抽样调查即根据随机原则，从调查对象总体中按一定规则抽取部分而进行的调查。在药品抽样调查中，样本可以是某个品种的一部分，也可以是某些品种的一个或多个。例如某企业从外地购进某种药品，需要进行质量和等级检查，这种情况不必将药品全部打开进行全面验收，可采用随机取样，从中抽取一部分进行检查，计算出等级品率以及抽样误差，从而推算出这种药品的质量和等级情况，并用概率表示推算的可靠程度。这种方法既能排除人们的主观选择，又简便易行，是广泛使用的重要方法。

四、医药市场调研内容

营销调研目的不同，调研的具体内容也不尽相同，但就具体企业市场营销情况进行总体、全面的调研而言，营销调研的内容大致包括以下方面。

1. 总体营销环境调研

营销环境分为宏观环境（一般性环境或总体环境）和微观环境（个体环境）。这里的营销环境是指一般性环境或总体环境，包括政治法律、经济、社会文化、人口、自然及科技状况六个因素；微观环境（个体环境）是指与企业的营销活动直接发生关系的组织与行为者的力量和因素，包括供应商、企业（企业内部环境）、营销中介、消费者或客户、竞争者（行业环境）、公众等。总体营销环境因素对个体营销环境因素有制约作用。如总体环境中的人口数量制约着企业消费者和购买者的数目；而经济因素中的国民生产总值、收入、消费趋势、消费结构等对个体都有重要意义。环境因素是动态变化的，这些变化既可为企业带来机会，也可能形成某种威胁，企业应时刻关注环境变化。

2. 消费者需求总量及购买行为调研

有关消费者调研的内容很多，在此主要以消费者需求总量及购买行为调研为例进行详细讲述。

(1) 市场需求总量调研

市场需求总量调研一般从市场容量和一定时期的消费者的购买力两个方面进行。市场容量指在一定地域范围、一定时期内某类商品需求的最大规模，具体包括该产品每年的消费量、购买者的采购频率等。一定时期的消费者的购买力调研主要包括物价水平、居民收入及购买力状况等方面。

(2) 消费者（用户）购买行为调研

消费者（用户）购买行为调研的方向和内容主要包括以下方面。

① 用户的家庭、地区、经济等基本情况，以及其变动情况和发展趋势。

② 社会的政治、经济、文化教育等发展情况，及其对用户的需要将会产生什么影响。

③ 不同地区和不同民族的用户，他们的生活习惯和生活方式有何不同，有哪些不同需求。

④ 消费者的购买动机，包括理智动机、感情动机和偏爱动机。特别是研究理智动机对产品设计、广告宣传及市场销售活动的影响及产生这些动机的原因。

⑤ 用户对特定商标或商品产生偏爱的原因。

⑥ 谁是购买商品的决定者、使用者和执行者以及他们之间的关系。

⑦ 消费者喜欢在何时、何地购买，他们购买的习惯和方式以及他们的反应和要求；影响消费需求的因素、购买动机、心理因素、5W1H分析调研。

⑧ 用户对某种产品的使用次数、每次购买的单位数量及对该产品的态度。

⑨ 新产品进入市场后,哪些用户最先购买,及其购买原因和反应情况。
⑩ 对潜在用户的调查和寻找等。

3. 市场竞争情况调研

商品经济社会是一个竞争激烈的社会,企业要想在竞争中取胜,必须"知己知彼",每个企业都应充分地掌握并分析同行业竞争者的各种情况,认真地分析对方和我方的优点和缺点,做到知己知彼,学会扬长避短、发挥优势的竞争诀窍。

一般从以下几个方面深入掌握竞争者的情况。

(1) 竞争者主要有哪几个?
(2) 竞争者的市场份额及变动趋势如何?
(3) 竞争者的生产能力如何?哪些竞争者准备扩大生产规模?
(4) 竞争者的优、劣势各是什么?
(5) 竞争者在经营特色、产品技术等方面的特点及产品情况如何(包括竞争对手的产品数量、质量及市场占有率等情况)?
(6) 竞争者常用的价格策略、定价方法、变价技巧是什么?
(7) 竞争者用什么渠道策略和促销方式?其推销队伍、广告策略、公关手段、服务水平如何?

此外,还要注重研究竞争形态的变化及升级。网络给市场竞争带来了一股清新之风,网络营销中的竞争要比传统营销中的竞争透明得多,因为网络时代是信息共享的时代,竞争者的各种资讯均可以通过网络被人们轻易掌握。因此,及时获取真实、有价值的信息并正确分析利用、恰当决策,才是未来网络社会中战胜竞争者的最大法宝。

4. 营销组合调研

(1) 产品研究

产品研究是指研究企业现有产品处在产品生命周期的哪个阶段,应采取的产品策略;研究产品的设计和包装、产品使用的原料、产品的销售技巧以及产品的保养和售后服务等。

(2) 价格研究

价格对产品的销售量和企业赢利的大小都有着重要的影响。价格研究的内容包括:哪些因素会影响产品价格?企业产品的价格策略是否合理?产品的价格是否为广大消费者所接受?价格弹性系数如何?等等。

(3) 分销渠道研究

分销渠道研究的内容包括:企业现有的销售力量是否适应需要?如何进一步培训和增强销售力量?现有的销售渠道体系是否高效快捷?如何正确地选择和扩大销售渠道,减少中间环节,以利于扩大销售,提高经济效益?等等。

(4) 促销策略研究

促销策略研究的内容包括:如何正确地运用人员推销、营业推广、公关等促销手段,以达到刺激消费,创造需求,吸引用户竞相购买?如何对企业促销的目标市场进行选择研究;企业促销策略是否合理,效果如何,是否被广大用户接受?等等。

(5) 广告策略研究

广告策略研究的内容包括:如何把广告宣传作为推荐商品的重要手段?如何正确地选择各种广告媒介、投放时机?如何制定广告预算?怎样才能以较少的广告费用取得较好的广告效果?如何确定今后的广告策略?等等。

5. 企业内部状况调研

"知己知彼，百战不殆"是句古训，但它同样适用企业营销，即经营者对于企业内部各方面情况也应十分清楚，使其能为决策提供有效依据。在企业内部各资源要素（人、财、物、技术）中，人是企业营销策略的确定者与执行者，是企业最重要的资源，现代竞争的实质是人才竞争；资金状况与厂房设备等条件是企业进行一切营销活动的物质基础，这些物质条件的状况决定了企业营销活动的规模；企业管理水平高低、规章制度是否完善影响着企业营销机制的工作效率；企业文化和企业组织结构是两个需要格外注意的内部环境要素。

企业内部状况调查具体有企业资源情况分析，产品竞争力分析（质量、技术含量、成本、价格、服务能力、研究和开发新产品能力），财务能力、综合管理能力、价值链活动分析（供、产、销），企业文化分析（企业形象、行为规范、共同的价值观），产品市场占有率（反映竞争力及市场地位）、市场上同类商品的供求调查（主要是供求缺口）以及商品销售情况调查（产品销售曲线、产品处于生命周期的哪个阶段）分析等。

第二节 医药市场调研流程

一、确定市场调研目标

任何调研问卷的作用都是提供营销决策所需的信息，不能提供营销决策所需重要信息的问卷都应该放弃或加以修改。因此，一份有效的问卷必须具有逻辑性，这样才能够更清晰地表达出问卷设计者的要求，最终达到搜集有效信息的目的，具体表现为：能够提供营销决策信息；考虑到被调查者的情况；能够满足调研信息汇总的要求；问题是否具有针对性。

因此，调研问卷设计要点包括：明确调研目的和内容；分析被调研人群特点，问卷设计的语言措辞得当；协同工作，在问卷设计中，为数据统计和分析提供方便；问题数量适当、结构合理、语言文明规范。

调研的目的即"调研究竟是为了什么"，一般而言，调研是为营销提供准确市场信息，为决策提供依据。只有调研的目的明确，营销者才能够真正地进行有效的调研。

 知识拓展

OTC 终端调查

1. 调研问题确定

销售情况变动；网点覆盖率变化；消费者的态度变化等。

2. 调查目标确定

提高销售量；提高产品覆盖率；让消费者迅速接受新产品等。

3. 调查内容确定

产品在被访药店的近三个月及往年同期的销量。被访药店近三个月及往年同期的同类药的销售总量。近期销量增长幅度最大的前三种品牌、品种。畅销的原因是否为价低？广告宣传强劲?现场促销?药效好?包装吸引人?店员推荐的积极性高?供应者的服务好?其他?制约本产品销量增长的原因:价高?广告宣传力度减弱?店员不积极推荐?陈列位置不太好?不进行现场促销?药效不明显?业务员对药店的服务质量差?消费者对产品及竞争品的态度。店员和店长的建议。

启示:不同的调查目的会产生不同的调查内容,因此所设置的问题和目标也会有所不同。针对其他的调查对象,比如医院、分销商和区域医药市场,调查的目的和对消费者调查的目的是不一样的,因此调查内容也不一样。

二、设计市场调研问卷

1. 问卷的基本结构

(1) 标题

说明调查研究主题。

(2) 引言

对调查目的、意义及相关事项的说明。其主要作用是引起被调查者的重视和兴趣,争取他们的支持和合作。其内容包括:调查人员自我介绍,本次调查的目的、意义、酬谢方式。问卷的引言文字应该简洁、准确,语气要谦虚、诚恳,具有吸引力和可读性。

(3) 正文

问卷的主体部分,主要由一个个精心设计的问题与答案组成。

(4) 附录

对调查过程中有关人员和事项的记录。包括:调查人员姓名和编号、调查时间、调查地点,以及被调查者的姓名、地址、电话等内容。

(5) 结束语

在问卷的最后,有向被调查者表示谢意的简短语句。

2. 问卷设计原则

(1) 合理性

指的是问卷必须紧密地与调查主题相关,在问卷设计之初要找出与调查主题相关的要素。

(2) 一般性

问题的设置是否具有普遍意义,这是问卷设计的基本要求。

(3) 逻辑性

问卷的设计要有整体感,这种整体感即是问题与问题之间要具有逻辑性。

(4) 明确性

指问题设置的规范性。规范性指命题是否准确,提问是否清晰明确、便于回答,被访者是否能够对问题作出明确的回答等。

(5) 非诱导性

指问题要设置在中性位置、不参与提示或主观臆断,完全将被访问者的独立性与客观性摆在问卷操作的限制条件的位置上。

(6) 便于整理、分析,需要充分考虑到问卷在调查后的整理与分析工作。

3. 问卷设计的方法

(1) 自由记述式

指不设计供被调查者选择的答案，而是由被调查者自由表达意见，对其回答不做任何限制。

(2) 填答式

把一个问题设计成不完整的语句，由被调查者完成句子的方法。

(3) 二元选择式

又称是非题，它的选择只有两项（一般为两个相反的答案），要求被调查者选择其中一项来回答。

(4) 多元选择式

又称多元选择题，与二元选择式的结构基本相同，只是答案多于两种。

(5) 排序式

指为一个问题准备若干个答案，让被调查者根据自己的偏好程度定出先后顺序。

(6) 利克量表

是由伦斯·利克特根据正规量表方法发展起来的。它的设计方法为：给出一句话让被调查者在"非常同意""同意""中立""有点不同意""很不同意"这五个等级中做出与其想法一致的选择。

(7) 语义差异量表

用两极修饰词来评价某一事物，在两极修饰词之间共有七个等级，分别表示被调查者的态度程度。

(8) 数值分配量表

指调查者规定总数值，由被调查者将数值进行分配，通过分配数值的不同来表明不同态度的测量表。

4. 问卷设计的注意事项

(1) 问卷中问题的用词要精心设计

调查问卷中的问题能否表达得清楚明了，是被调查者能否真实回答问题的关键所在。在设计问题时，尽量少用专业术语，不能有含糊其词的表达。同时，要避免一个句子有两个问题出现，例如，您认为H胶囊的包装和颜色如何？这样的问题回答时容易出现偏差。因此，最好是一个问题阐明一个方面的内容。在设计问题的过程中，需征求调研小组各成员的建议，力争把问题表达清楚，为被调查者的回答创造有利条件。

(2) 确定问题的逻辑顺序

在整个问卷的问题排序上，要遵循一个原则，即对于一般性问题，要先提问，因为这些问题相对简单，被调查者易于回答。同时，这些问题也是被调查者在回答其他问题前的一个热身。思考性问题放在中间，敏感性问题放在最后。这样的顺序，符合人的逻辑思维。当把这些问题按顺序排列完后，重新思考每一个问题的必要性，并且力求把问题减少，同时检查这些问题是否涵盖了调研目标所需的信息。当确认这些问题足以涵盖所有需调研的信息时，才能够最后定稿。

(3) 问卷的平面设计及排版

在整个问卷的平面设计中，避免看上去杂乱，要对每一部分的问题进行区隔，力求排版整齐，有层次感，满足被调查者的心理感受。

（4）问题有效性

在设计问卷问题时应注意，避免一般性的问题，避免诱导性的问题，避免不确切的词汇，避免提出可能令人难堪的问题，避免问时间太久远的事情。

调查问卷在整个调研过程中的作用重大，一份有效的调研问卷是经过调研人员及公司主管多次讨论、修正的结果，在问题设计过程中，要进行多次研究，并最终形成问卷。形成问卷的过程，也是对所调研的问题进行梳理的过程，能达到调研目的的问卷就是合理的问卷，当然，运用科学的方法设计的问卷会更有效。

三、采集调研信息

信息资料的来源有两个：第一手资料，即调研人员通过现场实地调研搜集到的未经分析、整理的资料；第二手资料，即他人搜集并经过整理的资料。市场营销调研收效如何，主要取决于是否很好地掌握了现有资料。但有时仍需实地调查，取得原始资料，这就先要确定调查方法，即明确是搜集第一手资料，还是第二手资料；用什么方法来调查；由谁提供资料；在什么时候、什么地方调查；要调查多少次，等等。

1. 案头调研

（1）案头调研概念

所谓案头调研，就是指搜集整理与该产品有关的文献资料。如果我们准备购买降血脂Ⅰ号药，为了减少市场盲目性，我们的调查主要回答好以下10个问题：

① 所有的降血脂药全球年销售额共有多少？

② 所有的降血脂药在中国市场的年销售额共有多少？

③ 在所有的降血脂药中，在中国市场销量位于前二、前三位的西药品牌是什么？年销售额各是多少？占市场份额各多少？是哪个厂家生产的？这个厂的规模与实力如何？企业性质或类别是什么？

④ 在所有的降血脂药中，在中国市场销量位于前二、前三位的中药品牌是什么？年销售额各是多少？占市场份额各多少？是哪个厂家生产的？这个厂的规模如何？企业性质或类别是什么？

⑤ 位于前二、前三位的降血脂西药、中药以及我们欲购买的降血脂药的价格如何？成人每天正常服用一个月需要花费多少钱？平均每天支出各需多少钱？

⑥ 销量位于前二、前三位的降血脂西药、中药的疗效与副作用比较。

⑦ 这几种销售成功的降血脂药的运作模式各是什么？策划出的利益诉求点是什么？运用了哪些广告制胜的模式？还有哪些失误、遗漏或不足？

⑧ 我们将要购买的降血脂Ⅰ号药的疗效、副作用，与销量位于前二、前三位的降血脂西药、中药相比，有哪些优势与劣势？理论上有没有突破？如何扬长避短？

⑨ 降血脂Ⅰ号药的营销级别是多少级？从理论上看，我们有几种策划方法，可以使得它的营销级别得以提升？哪种方法看起来更好？或者可以得到什么独特的利益诉求点？

⑩ 经过营销策划，有没有实现对现在市场上销售最成功的降血脂药的超越？超越后，其他降血脂药有可能用什么办法进行反击？我们的对策是什么？近期有没有潜在的尚未显现的强有力的竞争对手会出现？经过系统策划后，降血脂Ⅰ号药预期可以在全国的市场份额中

占有多大的比例？年销售额可达到多少？依据是什么？什么时间可以达到这一目标？

(2) 案头调研二手资料中的外部来源

处方药二手资料的外部销售资料来源主要有四种。

① 艾美仕市场研究公司　艾美仕市场研究公司的数据采用抽取样本城市和样本医院得出的数据进行放大，其涵盖的城市有168个，医院数量700多家。外资制药企业多采用艾美仕的数据。

②《中国医院药品商情》　这是国内有关医院用药情况较为详细的统计数据。该数据统计的城市为：北京、上海、广州、哈尔滨、沈阳、天津、石家庄、南京、杭州、济南、西安、郑州、武汉、长沙、成都、重庆。这16个城市中共有230多家医院进入统计范围，其中样本医院的筛选分层系统采取随机抽样的方法。

③《中国医药统计年报》　这是国家每年出版的医药方面的统计年鉴之一，该年报分为综合册、化学制药分册、中药和生物制药分册、医疗器械分册，每个分册都含有主要经济指标、主要制剂品种产量、新药批准情况、临床用药分析、销售领先品种等，是国家目前比较权威的医药统计资料。

④ 东一信达《中国医药健康产业系列市场研究报告》　一些专业研究咨询机构会自主开发一些医药市场方面的专业行业研究报告，如东一信达医药市场研究中心定期更新的《中国医药健康产业系列市场研究报告》。这些报告会综合国家、行业协会及统计机构披露的数据进行总结分析，得出相关结论和趋势性预测。通常这类报告分类详细，可以为医药企业和咨询公司所采纳。

案头调研的优点是花费少、快捷、省事，有利于决策者迅速地对欲购买的新产品有一个"大势把握"。但它也有缺点：案头资料可能已经过时，不能作为当前作决策的依据；案头资料可能不准确，也不能作为决策的依据；有些资料搜集不到。

2. 实地调研

实地调研包括：药店调研、医院药房调研、医生调研、病人调研（或潜在消费者调研）、疗效与副作用的实际情况调研及策划水平调研。

(1) 销售企业购买药品前的调查

① 药店调研　某医药公司准备购买一种降血压的新药，先调查一个大药店、两个中等大的药店。直接和药店的药师、药士或其他知情人士交谈，以获得该药店降血压药中，月销量分别处于前三位的西药和中药的第一手资料。用同样方法再调查分析第二药店、第三药店的降血压药的情况。把从三个药店得来的调查材料综合一下，看看可以得出什么结论？

② 医院药房调研　调查两个大医院、一个社区门诊部。分别和住院部药房和门诊部药房的负责人或负责统计的人交谈，以弄清楚该医院的降血压药月销量分别处于前三位的西药和中药的基本情况。用同样的方法再调查分析第二医院与某社区门诊部的降血压药的用药情况，然后把所得的材料综合一下，看看可以得出什么结论。

③ 医生调研　医生调查抽样要求：大医院心脑血管医生占1/2左右；大医院老年病或老年保健医生占1/4左右；社区医生占1/4左右；老、中、青医生各占1/3左右。共调查30个左右医生即可，不必做300个大样本的调查，小样本即可，这样既快又省钱，而且对准确性也没有什么大影响。主要搞清楚以下几个问题：a. 这个医生常爱给病人开哪种（1种或2～3种）降血压药？为什么？b. 他对医院里销量位于前三位的降血压西药和中药的疗效

与副作用是怎么评价的？优、缺点各是什么？c. 他对药店里销量位于前三位的降血压西药和中药的疗效与副作用是怎么评价的？优、缺点各是什么？d. 他认为老年病人对哪一种或哪几种药更加青睐？为什么？还有哪些遗憾或不满意？e. 他心目中最好的降血压药是什么样的？最后总结一下，通过对这些医生的调查，可以得出哪些结论？

对医生进行调研很重要，因为他们每个人都接触了许多病例。企业生产的药，许多都是通过他们到达病人的手中，他们和病人直接接触，最有发言权。

④ 病人调研　以调查30个高血压病人为例，主要搞清楚以下几个问题：a. 他经常服用哪一种降血压药？为什么？b. 他对销量较高的降血压西药是怎么看的？c. 他对销量较高的降血压中药是怎么看的？d. 他对这些降血压药还有哪些不满意或遗憾？e. 他心目中最好的降血压药是什么样的？最后总结一下，通过对30个病人的调查，可以得出哪些结论？

如果新产品是保健品，则需要对潜在消费者进行调研。

⑤ 疗效与副作用的实际情况调查　疗效、副作用关系到药品的"生命"，副作用太大的药品，病人也不容易接受。为了防止文字申报材料中的水分太多，我们必须要进行实际的疗效与副作用的调查，以获得第一手资料。做30个病例的小样本就可以，不需要做300个病例的大样本。可以和主要竞争品牌进行对照观察。因为只有"知彼知己"，才能"百战不殆"。

⑥ 策划水平调查　主要搞清楚以下几个问题：a. 主要竞争品牌降血压药的药名、产品包装、用药说明、价格定位是什么？还有哪些不足？主要竞争品牌降血压药的广告媒体选择与广告投入情况怎样？有哪些失误？b. 主要竞争品牌降血压药的运营模式是什么？c. 主要竞争品牌降血压药的独特利益诉求或独特卖点是什么？选得准不准？还有哪些不足？我们如何超越？

(2) 医生处方行为与态度的研究方法

在医生处方行为和态度研究中，常用定性研究的方法：如医生深度访谈和小组座谈会，为了能够了解某种药物处方的频率，还可以结合一种定量研究的方法——医生处方抄录。

① 医生深度访谈　是医生处方行为研究中经常采用的一种定性研究方法，是一种无结构的、直接的、一对一的个人访问。在访问过程中，需要访问员掌握高级技巧，通过医生了解想要的信息。通常一次医生深度访谈需要花费至少30～60分钟或更多的时间。医生深度访谈的优点是获得的资料比较全面，没有对问题答案的限制。虽然访问员事先有一个粗略的访问提纲并试图按提纲进行访问，但在问题的具体措辞和访问顺序上会受到医生反应的影响，在访问过程中有很多机会评价所获得的资料或答案的可信度，并且访问的弹性非常大，对于医生的回答，如果不清楚还可以重复询问及对问题做解释，从而明白医生对问题的真正看法。医生深度访谈适合了解一些复杂的问题，所以访问技术十分关键。

深度访谈的缺点是成功与否完全取决于访问员的访问技巧和医生的配合程度。深度访谈的结果和数据常常难以分析，因此需要专业的心理学家来协助解决数据问题。另外，深度访谈占用的时间和花费较多；并且在一个研究中，医生样本量会受到很大的限制。

医生深度访谈有别于对其他消费者的面访或深访，必须由具有专业背景的访问员来实施，甚至有时需要研究人员亲自进行，这是由医药类项目的特殊性造成的，即被访者具有以下特点。

a. 医生工作的忙碌性。由于医生工作都很忙，没有很长的空闲时间来接受访问，并且在医生办公室进行访问，环境嘈杂，病人时常进出办公室，同时，主任级医生或许会经常接听电话,因此,访问很难在安静的环境中进行。除非将医生约出,但这不仅增加了项目执行难度,同时需要企业支付更多的费用。

b. 医生的专业性。访问的问题多为疾病或药物问题,访问员没有专业的医药知识很难和医生进行沟通和交流。另外,专业性差的访问员也很难被医生接受,从而不愿说出很多实质性的问题,使访问的目的难以达到。

c. 医院管理的严格性。如果被访问的医生是在门诊的诊室工作,接触的容易程度将提高,但访问难度增加,如果病人很多,医生将很难接受访问。住院部的医生访问相对容易,但由于医院管理严格,非探视时间外部人员很难进入,因此与医生接触的难度亦大大增加。

② 医生小组座谈会 医生小组座谈会是医生处方行为研究中另一常用的定性研究方法。根据项目的具体要求,选择符合标准的医生8~12人为一组,在主持人的引导下,对某一研究主题进行深入探讨。

医生小组座谈会具有的优点是:参与的医生之间的互动作用可以激发新的思考和想法,这是一对一的面谈所达不到的。而且,群体的压力可以使激进者把自己的想法控制得更现实些。参与者之间积极的互动作用还意味着,对委托商而言,通过小组座谈会来获得第一手的医生信息比通过一对一的面谈更为快捷和有趣。

第二个优点是可以使公司的产品经理、市场部经理甚至研发人员直接坐在单面镜后面观察与医生的访谈过程,并直接了解获知相关信息,了解医生的想法和观点,即医生想要的有关产品信息和推广信息,这是一对一的面访所达不到的。

相对于深度访谈来说,医生小组座谈会,对于主持人的要求更为严格。除常规项目所需要的主持人应具备的条件外,还需要有一定的专业要求,即医药背景与主持人经验完美结合。这样的人才目前来说很少,如果不是专业的医药市场研究公司很难拥有这样的人才。因此,一般的市场研究公司大多不建议客户进行医生的小组座谈会,而常常是采用医生深度访谈的定性研究方法。

但同任何研究方法一样,定性研究也存在着一些缺点和局限性,定性调研能够提供有帮助和有用的信息,但它还是受到了一些调研者的轻视。

第一个局限性在于营销组合的细微差别即会决定营销工作的成败,而定性调研不能像大范围的定量调研一样区分出这种差别。

第二个局限性是定性调研并不一定能反映出调研者感兴趣的人群。很难说由10个医生组成的小组能够代表所有的医生,或者代表某一医院的医生,小样本以及自由讨论这两点会使得在同一定性调研中出现多种不同的倾向。另外,接受定性调研的人总是不受限制地讲述他们所感兴趣的事。小组中的主导人物可能会使得整个小组的讨论与调研者所关注的主题仅有一点点相接近的地方。如某个医生小组座谈会中如有一位某类疾病的国家级学术带头人,当他与其他医生坐在一起的时候,会不知不觉地谈论起某种疾病及其治疗,这可能与题目关系很小;或者碍于他的权威,很多人不想多讲话,或只讲官话、套话,这些都将极大地影响项目得出真实的结论。因此只有一个非常有经验的调研人员才能将讨论重新引回主题,同时又不压制讨论者的兴趣、热情和表达自己的意愿。

定性调研的最后一点不足在于,大量自称是专家的定性调研人员根本没有受过正式的培训却亦能进行工作。因为在市场调研领域中没有一个相关的认证组织,所以任何人都可以称自己是定性调研专家。不幸的是,毫无戒心的委托商很难分辨调研者的资格或是研究结果的质量。相反，组织高质量的定量调研则需要接受广泛的知识培训。所以，在定量项目中要想滥竽充数也是非常困难的。

③ 医生处方抄录　在医生处方行为研究中，为了能够得出某些定量结论，经常使用的研究方法是医生处方抄录。通过抄录医生处方，可以对医生访谈（包括小组座谈会）研究得出的结论进行验证和补充，并能够得出某种药物的市场份额和市场容量的统计数据，结合二手资料的研究，充分了解和分析竞争态势。由于医生处方抄录是定量研究，所以抽样样本的设置和分布显得尤为重要，尽量保证其抽样覆盖性及抽样科学性，通过使用功能先进的大型统计分析软件，可保证数据的可信度及有效性。

四、分析调研信息

1. 数据分析方法

（1）时间序列分析法

① 移动平均法　从时间序列的第一项数值开始，按一定项数求序时平均数，逐项移动，边移动边平均。这样，就可以得出一个由移动平均数构成的新的时间序列。它把原有历史统计数据中的随机因素加以过滤，消除数据中的起伏波动情况，使不规则的线型大致上规则化，以显示出预测对象的发展方向和趋势。移动平均法又可分为简单移动平均法、加权移动平均法、趋势修正移动平均法和二次移动平均法。

② 指数平滑法　又称指数修正法，是一种简便易行的时间序列分析方法。它是在移动平均法基础上发展而来的一种分析方法，是移动平均法的改进形式。

（2）回归分析法

时间序列分析法仅限于分析一个变量，或一种经济现象，而我们所遇到的实际问题，往往涉及几个变量或几种经济现象，并且要探索它们之间的相互关系。如成本与价格及购买力与收入等数量上都存在着一定的相互关系，质量和用户满意度之间存在着一定的因果关系。对客观存在的现象之间的相互依存关系进行分析研究，测定两个或两个以上变量之间的关系，寻求其发展变化的规律性，从而对市场进行推算和预测，称为回归分析。回归分析是通过规定因变量和自变量来确定变量之间的因果关系，建立回归模型，并根据实测数据来求解模型的各个参数，然后评价回归模型是否能够很好地拟合实测数据。如果能够很好地拟合，则可以根据自变量做进一步预测。回归分析法也就是根据系统观测到的时间序列数据，通过曲线拟合和参数估计来建立数学模型的理论和方法。

（3）相关分析法

对于测定两个或两个以上相关现象之间的因果关系，我们通常考虑运用相关分析、回归分析和方差分析。其中，相关分析和回归分析适合于因变量和自变量均为连续变量的情况，如质量和用户满意度之间的相关关系。相关分析研究的是现象之间是否相关以及相关的方向和密切程度，一般不区别自变量和因变量。

（4）方差分析法

在相关分析和回归分析中，往往要求自变量和因变量均为连续变量，而对于因变量为连续变量、自变量为分类变量的情况，一般要使用方差分析法。例如，如果我们要分析不同年龄或不同收入的被调查者对产品的满意情况是否有明显的差异，或者说年龄或收入对用户满意度有没有影响，就不能用上面提到的相关分析或回归分析，而只能用方差分析法。又如，要测定高收入、低收入和中等收入的被调查者对某品牌的用户满意度是否有显著性差异,如果对高收入和低收入、低收入和中等收入、中等收入和高收入的被调查者进行两两比较,这样会显得十分烦琐,因此,我们常用综合性更强的方差分析法进行分析。

(5) 聚类分析法

聚类分析是"物以类聚"的一种统计分析方法,用于对事物类别的面貌尚不清楚,甚至在事前对总共有几类都不能确定的情况的分析。聚类分析法大致可分为如下几种。

① 系统聚类法　先将 n 个元素(样品或变量)看成 n 类,然后将性质最接近(或相似程度最大)的 2 类合并为一个新类,得到 $n-1$ 类,再从中找出最接近的 2 类加以合并,变成 $n-2$ 类,如此下去,最后所有的元素全聚在一类中。

② 分解聚类法　分解聚类程序与系统聚类相反。首先所有的元素均在一类,然后用某种最优准则将它分成 2 类,再用同样准则将这 2 类各自分裂为 2 类,从中选择使目标较好的 1 个,这样由 2 类变成了 3 类。如此下去,一直分裂到每类中只有 1 个元素为止。有时即使是同一种聚类方法,因聚类形式(即聚类的定义方法)不同也会有不同的停止规则。

③ 动态聚类法　开始将 n 个元素粗糙地分成若干类,然后用最优准则进行调整,一次又一次地调整,直到不能调整为止。

④ 有序样品聚类法　将 n 个样品按某种因素(时间、年龄或地层深度等)排序,要求必须是次序相邻的样品才能聚为一类。

聚类分析法既可对样品进行聚类,也可以对变量(指标)进行聚类。对样品进行聚类,称为 Q 型聚类。对消费者的收入与消费习惯进行分析常用聚类分析法。聚类分析法本质上是寻找一种能客观反映元素之间亲疏关系的统计量,然后根据这种统计量把元素分成若干类。

2. 分析工具

对搜集来的数据进行处理和分析,常用 Excel 或 SPSS 软件。这里利用 Excel 对搜集来的数据进行处理、分析,并插入到 Word 文档或 PPT 文档中。

(1) 曲线图

曲线图是用一个单位长度表示一定的数量,根据数量的多少,描出各点,然后把各点用线段顺次连接起来,即利用线段的升降来说明现象的变动情况的图形。曲线图主要用于表示现象在时间上的变化趋势、现象的分配情况和两个现象之间的依存关系。曲线图不但可以表示出数量的多少,而且能够清楚地表示数量增减变化的情况,可分为简单曲线图和复合曲线图。简单曲线图用于描述一段时间内的历史状况及发展趋势,复合曲线图用于描述两个或两个以上变量一段时间内单个变量的历史状况及发展趋势。如图 2-2 所示,该曲线图即为简单曲线图。

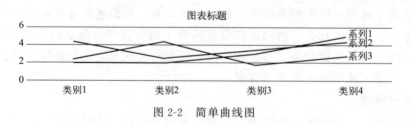

图 2-2　简单曲线图

某药品近 5 年的销售情况统计见表 2-1,将表中的数据录入新建的 Excel 工作表中,并选用相应的图形。图形参数设置调整好后,复制、粘贴在相应的 Word 文档及 PPT 文档中,其结果如图 2-3 所示。

表 2-1　某药品近 5 年的销售情况　　　　　　　　　　　　　　单位：万元

地区	2018 年	2019 年	2020 年	2021 年	2022 年
北京	500	539	522	570	564
上海	310	331	342	359	339
深圳	411	451	439	460	459
广州	539	566	561	579	588
浙江	677	689	692	704	741

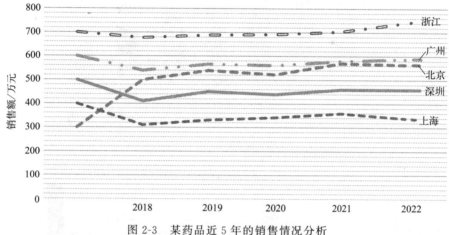

图 2-3　某药品近 5 年的销售情况分析

（2）饼图

在工作中如果需要分析市场份额或市场占有率，一般都是通过各个部分与总额相除来计算，这种比例表示方法很抽象。现在我们可以使用一种饼形图表工具，直接显示各个组成部分所占比例，效果更加形象、直观，如图 2-4 所示。

（3）柱形图

柱形图是利用相同宽度的条形的长短或高低来表现数据的大小与变动。柱形图可以清楚地表现各种不同数值资料相互对比的结果，常用于经营业绩成果的比较，或发展趋势的比较。柱形图可分为简单柱形图（图 2-5）和复合柱形图（图 2-6）。简单柱形图适用于说明一段时间内一个变量的变化情况，复合柱形图适用于说明两个或两个以上变量的对比关系。

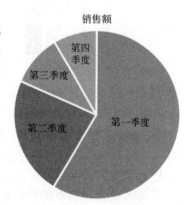

图 2-4　简单饼图

（4）其他图形

此外，还有一些其他常用的图形，如散点图、面积图、高低图、控制图、雷达图等，这里不再详细介绍。

五、撰写调研报告

市场调研的结果应以调研报告的形式表现出来，通过报告向营销管理人员或者机构提出有关营销决策的主要调研结果。调研报告通常包括调查对象的基本情况、对所调查问题做出的分析和说明、调查者的结论和建议。

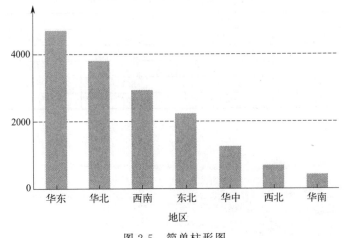

图 2-5 简单柱形图

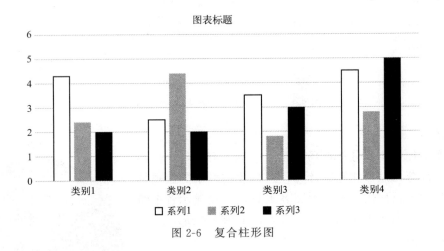

图 2-6 复合柱形图

1. 调研报告的结构

(1) 封面

封面通常包括三方面内容：标题，须准确揭示调研报告的主题思想，要简单明了、高度概括、题文相符；调研单位或负责部门的名称，可以添加电话、电子邮箱等联系方式；呈送调研报告日期。

(2) 目录

目录应列出报告的主要章节和附录部分，以及其所在页数，以方便、尽快阅读所需内容。如果内容不多，也可以省去目录。

(3) 前言

前言是对调研报告主体部分的高度概括和总结，以便企业的决策者或主管在繁忙的工作中能迅速地了解调研成果。主要包括：调研目的、调研方法、过程安排、组织情况、调研结果的简单陈述，以及调查对象的基本情况等。

(4) 正文

正文是调查报告的核心部分，一般包括三个方面的内容。

① 基本情况　即调查对象过去和现在的客观情况，如发展历史、市场布局、销售情况等。要真实地反映客观事实，但不等于对事实的简单罗列。

② 分析与结果　对调查所收集的材料进行科学的分析，包括原因分析、利弊分析和预测分析，如"某产品滞销原因分析""某药品利弊的分析"等，从分析中得出结论性意见。

③ 结论与建议　是调查报告的主要目的，在事实的基础上得出问题的结论，并提供建议。

(5) 附录

附录是调研报告主体中包含不了或没有提及，但与调研过程有关的各种资料，包括调查问卷及说明、数据统计图表、参考文献及资料来源、其他支持性技术资料。

2. 调研报告的种类

(1) 专题报告

专题报告又称技术性报告，撰写时应该注意尽可能详细，凡在原始资料中所发现的事实都要列入，以便其他专门人员参考。一项专业形式的报告应该详述每一个研究步骤，以及使用"标准差"这样的专业词汇。

(2) 一般性报告

一般性报告又称通俗报告，适合那些只关心研究结果而无兴趣于研究技术的读者。因阅读者人数众多、水平参差不齐，故应力求条理清晰，并避免过多引用术语。为了提高阅读者的兴趣，报告要注重吸引力。

3. 撰写调研报告的意义

能否撰写出一份高质量的调研报告，是决定调研本身成功与否的重要环节。市场调研报告撰写的意义归纳起来有三点。

① 市场调研报告是市场调查所有活动的综合体现，是调查与分析成果的有形产品。调查报告是将调查研究的成果以文字和图表的形式表达出来。因此调查报告是市场调查成果的集中体现，并可用作市场调查成果的历史记录。

② 市场调查报告是通过市场调查分析，透过数据现象分析数据之间隐含的关系，使我们对事物的认识能从感性认识上升到理性认识，更好地指导实践活动。

③ 市场调查报告是为社会、企业、各管理部门服务的一种重要形式。市场调查的最终目的是写成市场调查报告呈报给企业的有关决策者，以便他们在决策时作参考。一份好的调查报告，能对企业的市场活动起到有效的导向作用。

实践项目1　区域医药市场环境调研

一、实践目的和要求

了解影响区域医药市场的各种环境因素及其影响方向和程度大小，锻炼自己对医药市场环境的调研能力和对环境机会及威胁的综合分析能力。

二、实践情景

假如你是 DX 医药商业公司专门负责各种抗癌化疗药品销售的业务员。抗癌化疗药品属于处方类药，主要终端客户是大中型医院，功能是：可减轻癌症患者的痛苦，延长其生命。每一疗程的化疗费用因药物的有效性不同而有较大差异，一般在 1000～5000 元之间。你为了能顺利开发本市（或本地区）的市场，增加销售业务量，首先需要调查和分析当地的抗癌化疗药品的市场环境，弄清哪些是有利因素，哪些是不利因素，以及这些有利和不利因素的影响程度。

三、实践步骤

区域医药市场环境调研的步骤见图 2-7。

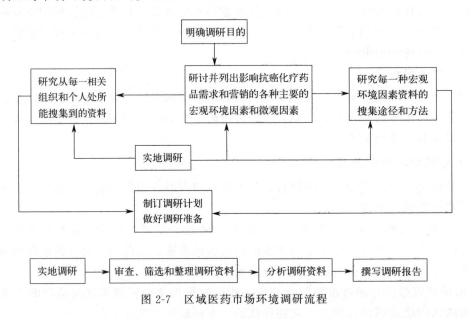

图 2-7　区域医药市场环境调研流程

1. 明确调研目的

即找出在当地影响抗癌化疗药物销售的各种有利因素和不利因素，并弄清其影响程度，以便采取相应对策，及时和充分利用机会，尽量避免甚至消除各种威胁。

2. 通过讨论分析，列出影响抗癌化疗药品需求和营销的各种主要的宏观环境因素和微观因素

（1）一般来说，影响本地区抗癌化疗药品需求和营销的宏观环境因素包括以下三点。

① 相关法规和政策。

② 人口方面的因素，具体包括：本地区的户籍人口总数、非户籍常住人口数、流动人口数、享受医保或公费医疗的人口数等。

③ 居民购买力方面的因素，具体包括：年人均可支配收入水平及增长率、高中低各层次收入的人口数及其变化状况、个人储蓄余额及其增长率等。

（2）微观环境因素是指影响本地区抗癌化疗药品需求和营销的各种组织和个人的情况，具体包括以下三点。

① 患者及其家属的经济状况和态度。
② 本地区的大中型医院的数量和规模大小。
③ 竞争者、供应厂商、卫生局、技术监督局、税务局、物流公司、新闻单位、医药协会等的情况。

3. 研究每一种宏观环境因素资料的搜集途径和方法，以及从每一相关组织和个人处所能搜集到的资料内容及方法（见图2-8）

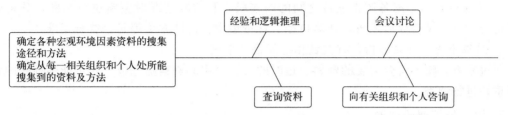

图2-8　确定搜集资料的途径和方法

比如，搜集人口方面资料的途径包括：当地统计局、公安局户籍管理处、网络、医疗保险管理部门等。从卫生局能搜集到的资料是：各种相关法律、政策规定，医院总体情况及各家医院、医药商业公司的信息等。搜集第二手资料的方法可以是直接索取、复印、摘录、购买等。搜集第一手资料可采用访谈调查方法。

4. 制订调研计划，做好调研准备

由于此项调研的内容较多，综合性较强，因此要制订周密的调研计划，做好充分准备。
（1）分区划片，合理确定调研路线，尽量减少交叉、重复等无效路程。
（2）统筹安排调研时间，提高调研效率。
（3）准备好调研工具，如名片或介绍信、记录工具、复制所需的软盘或移动硬盘等。

5. 实地调研

在调研过程中，可能会发现新的较大的影响因素、新的搜集资料的途径和方法，以及从相关组织和个人处查询到其他许多新资料。这时就需要及时进行补充性调研。

6. 审查、筛选和整理调研资料

资料审查的内容和方法，见图2-9。

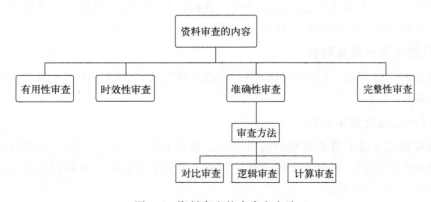

图2-9　资料审查的内容和方法

(1) 资料审查的内容

根据调查目的和要求,从四个方面对所搜集的资料进行审查:每一份资料是否有价值、是否符合时效性要求、是否完整无缺、是否准确可靠。

(2) 审查资料是否准确可靠的方法

① 对比审查 将从不同渠道、利用不同方法搜集的资料加以对比分析,根据各种渠道的可信度、各种方法的科学性加以判断。

② 逻辑审查 根据各调查项目之间的内在联系和实际情况对资料进行判断,分析资料是否符合常理,是否前后矛盾,计算口径、计量单位、统计方法等是否符合要求。

③ 计算审查 计算分析各有关数据之间是否平衡。

通过审查,将不符合需要的资料、过时的失去效用的资料筛选掉。对可能不准确的资料则要重新进行调查。

7. 讨论分析调研资料

(1) 将资料按照对抗癌化疗药品需求和营销的影响,分为正影响即机会因素和负影响即威胁因素两类。

比如,宏观因素中的机会因素可能是当地居民年人均可支配收入比周边地区高、增长速度快,而不利因素可能是禁止处方类药品进行广告宣传和在药店销售的政策规定。

微观因素中的机会因素可能是当地一家肿瘤医院准备扩大其规模,而不利因素可能是这家医院新聘任了一位主管进药的药剂科主任,而他过去对本公司的印象不太好。

(2) 分析研究每一因素的影响大小。

例如:当地享受医疗保险和公费医疗的人数比过去增长了75万,增长率达30%,这可能使抗癌化疗药品的需求量增长11%左右。而由于自然灾害的影响,当地农民的收入出现了负增长,这可能使农民患者对该药品的需求减少8%。

(3) 将各种机会因素和威胁因素综合起来进行分析,得出结论。

8. 撰写调研报告并向领导汇报调研分析结果

四、操作要点及注意事项

1. 搜集最新资料

市场需求在变,市场环境也在变,过时的资料如人口资料、居民购买力资料、政策法规等可能没有任何价值。所以要注意搜集最新资料。

2. 尽可能全面地搜集资料

应通过各种信息渠道、利用各种机会、采取各种方式广开信息源,大量搜集各方面有价值的信息资料。

3. 要有针对性地搜集资料

在本课题训练步骤中所要搜集的资料很多是第二手资料,第二手资料的特点之一是,它是针对其他目的形成的,因此在兼顾全面的同时,必须要有目的、有针对性地重点搜集与调查项目关系最密切的资料。

4. 调研的经济性

在选择调研对象、确定搜集资料的途径和方法时,适当考虑成本,力争以最少的费用获取所需要的信息资料。

5. 用访谈调查法搜集第一手信息资料进行分析。

实践项目 2　咳嗽药市场的初步分析和研究

一、摘要

1. 研究背景

咳嗽是呼吸系统疾病的主要症状表现，呼吸科门诊患者中，70%～80%的患者都会有咳嗽症状。此外，随着自然环境及气候的变化，咳嗽的发病比例有不断上升的趋势。因此，止咳类产品拥有庞大的消费人群。专家预测，止咳祛痰平喘药品市场是未来20年内最具有发展潜力的十大药品市场之一。

2. 临床引起咳嗽症状的最常见疾病分析和消费者需求及特点。

3. 分析研究市场上常用品牌咳嗽药的特点及目标人群和医院用药情况。

4. 对盐酸氨溴索沙丁胺醇片和磷酸二甲啡烷市场前景的分析探讨。

二、临床疾病分析与咳嗽类药消费特点

（一）临床疾病分析

由于工业化空气污染、气候变化、吸烟以及人口老龄化等因素，呼吸系统疾病发病率持续增高，因此有着庞大的患者人群。在卫生部公布的2008年两周患病率的前十名中，呼吸系统疾病占据4位，分别是急性上呼吸道感染（1.82%，第二位），急性鼻咽炎（1.54%，第三位），流行感冒（0.44%，第九位），慢性阻塞性肺疾病（0.41%，第十位）。而在居民慢性病患病率前十位中，慢性阻塞性肺疾病排在第七位（0.69%）。下面对引起咳嗽的最常见原因或疾病进行分析和探讨。

1. 上呼吸道感染

上呼吸道感染90%以上属于病毒感染，常见的有：

（1）普通感冒（或流行感冒）

咳嗽多由于病毒对呼吸道黏膜的刺激而引起反射性咳嗽，是机体的一种自然防御。一年四季均可发生，以冬春季节为多，各类人群均可患病，尤其小儿多见，初期多表现为干咳，如有支气管感染则伴有咳嗽、咳痰，在治疗感冒时常搭配中枢性镇咳药如右美沙芬进行镇咳治疗，缓解症状。

（2）病毒性咽炎、喉炎

此类疾病也是上呼吸道感染中最常见的疾病，常表现为干咳，伴有声音嘶哑等症状，也是由于病毒感染导致黏膜炎性反应，局部抵抗力下降，并可伴发细菌感染，治疗上多采用镇咳药。

从门诊就诊情况来看，上呼吸道感染疾病占大部分，是最常见的多发病种，其相关治疗用药需求数量较大。

2. 感冒后咳嗽

当感冒本身急性期症状消失后，咳嗽仍然迁延不愈，临床上称为感冒后咳嗽。除了呼吸道病毒外，其他呼吸道感染亦可能导致此类咳嗽，有文献统称为感染后咳嗽。目前对感冒后咳嗽的发病机制及本质尚不清楚，但临床上确实存在这类患者，而且极为常见。

引起感冒的常见病毒有鼻病毒、冠状病毒、流感病毒、副流感病毒、呼吸道合胞病毒等，其中以鼻病毒和冠状病毒最为常见。由于感冒后咳嗽发生在感冒症状消失后，因此感冒后咳嗽与病毒感染本身无直接关系，而可能是由于感染引起的气道非特异性炎症、气道上皮损伤脱落、上皮下感觉神经暴露、黏膜充血水肿、炎性细胞浸润和炎性介质释放，从而刺激咳嗽感受器。少数患者可能会存在短暂性气道高反应性。

患者多表现为刺激性干咳或咳少量白色黏液痰，可以持续 3~8 周，甚至更长时间。治疗上根据有痰、无痰分别采用镇咳和化痰止咳类药物。

3. 急性支气管炎

发病初期常有急性上呼吸道感染的表现，而后出现咳嗽、咳痰，常为刺激性呛咳，小量黏液性痰，伴有胸骨后不适或钝痛，随病程发展，可出现咳嗽加剧，咳痰增多，呈黏液性或黏液脓性，有的可有痰中带血、气促等，也是临床常见的呼吸道疾病。本病多由细菌感染导致，如链球菌、肺炎球菌、金黄色葡萄球菌等，治疗上采用的方法为抗菌、化痰止咳及对症治疗。

4. 慢性阻塞性肺疾病（COPD）

简称慢阻肺，是一种慢性气道阻塞性疾病的统称，主要指具有不可逆性气道阻塞的慢性支气管炎和肺气肿两种疾病。

在中国，约有超过 3800 万患者求医，每分钟我国有 2.5 个人死于慢性阻塞性肺疾病，每年更有 100 多万人死于此病，慢性阻塞性肺疾病的死亡率超过了冠心病。主要表现为慢性咳嗽、喘息、气短或呼吸困难等症状。本疾病往往构成"三部曲"即慢性支气管炎-肺气肿-肺心病，往往反复发作，相关药品的人均消耗量较大。在我国，慢性呼吸道疾病是城市的第四位死亡原因，在农村则为第一位，其中慢性阻塞性肺疾病占 60%。15 岁以上人口中慢性阻塞性肺疾病的患病率为 3%，对 40 岁以上人口而言，这一患病率则上升到 8%。而且需要特别指出的是，随着吸烟人数的增加、大气污染日益严重以及人群的老龄化，慢性阻塞性肺疾病的发病率将越来越高。

以上疾病是呼吸系统发病率最高的疾病群，占呼吸系统疾病的 80%，这些疾病的症状都是以咳嗽、咳痰或喘息为主要表现，也是咳嗽类药物的针对对象。

（二）消费特点分析

1. 咳嗽的季节性与人群特点

（1）咳嗽发病的季节性

秋冬时分，天气寒冷干燥，粉尘污染严重，这段时间是流感、肺炎、感冒、哮喘等呼吸系统疾病的多发季节，因而导致咳嗽用药需求增加异常明显。

（2）易感人群及其特点

由于儿童和老年人机体免疫功能差，这两类人群呼吸系统疾病发病率很高。

老年人止咳要注意排痰。老年人在剧烈咳嗽时服用镇咳药，有时候咳嗽止住了，但是痰未排出，这可能会造成危险。故老年人应该使用一些能祛痰的止咳药，并要多喝水稀释痰液。

对婴幼儿不能随意使用止咳药。婴幼儿呼吸系统尚未发育成熟，咳嗽反射较差，如果使用止咳药不当，会引起患儿缺氧或出现意外。小儿咳嗽适合选用兼有祛痰、化痰作用的药，糖浆优于片剂，糖浆服用后附着在咽部黏膜上，服用时不要用水稀释，也不用用水送服。

2. 价格跨度大，10～20元最受欢迎

由于止咳药市场大，品种多样，价格也随着多样化。在药店售卖的止咳药，价格从几元到几十元不等，那么，最受消费者欢迎的是哪个价位呢？

大多数消费者会认为太便宜的药疗效不好，因此，几元钱的止咳药销量很少。而价格太高，消费者又难以接受。而且消费者在购买药品之前都有一个心理定价，如此一来，使得10～20元的止咳药成了市场的宠儿。

3. 剂型多样化，糖浆颗粒优势明显

止咳药不仅是品种多样，剂型也不少。据了解，目前市面上的剂型有糖浆剂、颗粒剂、口服液剂、片剂、丸剂、胶囊以及针剂。剂型如此多样，可供消费者选择的面也比较广，但是，糖浆剂和颗粒剂是最容易被消费者接受的剂型。

4. 季节影响销售，冬季比平常提升50%

由于冬季是呼吸道疾病的高发季节，止咳药在冬季也迎来了销售的高峰。不少药店都表示，止咳药在冬季销量增加非常明显。

三、目前市场上使用较多的咳嗽类药品分析

（一）OTC咳嗽类药品分析

1. 京都念慈菴蜜炼川贝枇杷膏

主要成分：川贝母、枇杷叶、南沙参、茯苓、化橘红、桔梗、法半夏、五味子、瓜蒌子、款冬花、远志、苦杏仁、生姜、甘草、杏仁水、薄荷脑，辅料为蜂蜜、麦芽糖、糖浆。

主要功效：润肺化痰，止咳平喘。适用于伤风咳嗽、痰稠、痰多气喘、咽喉干痒及声音嘶哑。

主要特点：对痰多咳嗽、喉痛、声音沙哑和因为睡眠不足、吸烟饮酒过多所导致的喉咙干哑或虚火上升，均有显著的功效。不但可以保护喉咙，而且能够润肺养颜、清热降火。

本品为传统药方，历史悠久，主要针对现代人生活节奏快、昼夜颠倒、交际应酬频繁，又常吃煎炸食物，所导致的虚火上升、喉干肺燥。

产品规格及价格：300毫升（40元左右）、150毫升（23元左右）、75毫升（8.2元左右）。

2. 克咳胶囊及糖浆

(1) 克咳胶囊

主要成分：麻黄、罂粟壳、苦杏仁、石膏、莱菔子、桔梗、甘草。

主要功效：止嗽，定喘，祛痰。用于咳嗽，喘急气短。

目标市场：成年人群。

产品定位：夜咳。

消费洞察：夜晚咳嗽影响自己及他人休息，克咳胶囊含有中枢镇咳成分，抑制迷走神经，可以很快止咳。

产品价格：8~10元。

(2) 克咳小儿止咳糖浆

主要成分：甘草流浸膏、桔梗、橙皮酊、氯化铵，辅料为蔗糖、苯甲酸钠。

主要功效：祛痰，镇咳。用于小儿感冒引起的咳嗽。

目标市场：3~12岁儿童。

产品定位：专治小儿咳嗽。

消费洞察：孩子的健康在每个家庭都是最受重视的，大人咳嗽了也许可以忍忍不吃药，但家长绝不会让自己的孩子忍一忍的。同时，孩子吃药也是家长最谨慎的一件事，小儿专用药会赢得他们的首选。

产品规格及价格：90毫升（7~9元）。

(3) 克咳感冒止咳糖浆

主要成分：柴胡、葛根、金银花、连翘、黄芩、青蒿、苦杏仁、桔梗、薄荷脑。

主要功效：解表清热，止咳化痰。用于感冒或流感发热，头痛鼻塞，伤风咳嗽，咽痛，肢痛。

目标市场：感冒咳嗽患者。

产品定位：治感冒，止咳嗽。

消费洞察：咳嗽绝大部分是由感冒引起的，克咳感冒止咳糖浆的价值在于它融合了感冒药和咳嗽药两种药的功效，不仅止咳，还治感冒，克咳感冒止咳糖浆的"二合一"，更好地满足了消费者的需求。

产品规格及价格：100毫升（20元左右）。

3. 急支糖浆

主要成分：鱼腥草、金荞麦、四季青、麻黄、紫菀、前胡、枳壳、甘草。

主要功效：清热化痰，宣肺止咳。用于治疗急性支气管炎、感冒后咳嗽、慢性支气管炎急性发作等呼吸系统疾病。

产品特点：消炎、止咳、祛痰三者结合，疗效卓越；纯中药制剂，抗菌效果显著，对耐药菌和病毒同样有效；可不用或少用抗生素，避免抗生素的副作用和耐药性；无单纯止咳所引起的排痰不爽、炎症消除难、胸闷等不良反应。

本品取名"急支"，似为急性支气管炎的简称，从功效上看，也是针对气管炎的急性发作。

产品规格及价格：100毫升（7元）。

4. 桂龙咳喘宁胶囊

主要成分：桂枝、龙骨、白芍、生姜、大枣、炙甘草、牡蛎、黄连、法半夏、瓜蒌皮、苦杏仁（炒）。

主要功效：止咳化痰，降气平喘。用于外感风寒、痰湿阻肺引起的咳嗽、气喘、痰涎壅盛等症；急、慢性支气管炎见上述证候者。

产品特点：主要针对慢性支气管炎、哮喘。

产品价格：16元左右。

5. 沐舒坦（盐酸氨溴索）

主要功效：黏液溶解剂，能增加呼吸道黏膜浆液腺的分泌，减少黏液腺的分泌，从而降低痰液黏度，促进肺表面活性物质的分泌，增加支气管纤毛运动，使痰液易于咳出。适用于急、慢性支气管炎，哮喘，支气管扩张，肺结核等引起的痰液黏稠、咳痰困难。

产品特点：溶解；排出；保护。

"沐"是沐浴，令肺部感受沐浴般的舒爽；舒坦谐音"舒痰"，排除积痰的意思。

产品规格及价格：片剂30毫克×20片（28元左右），口服液100毫升（30元左右），缓释胶囊75毫克×10粒/盒（45元左右）。

（二）医院常用的咳嗽类药品分析

1. 镇咳类

(1) 生物碱类

主要应用于剧烈的刺激性干咳，也可用于中等强度的疼痛，作用持续时间4～6小时，久用成瘾，应控制使用。不良反应：少数患者能发生恶心、呕吐，大剂量可致中枢兴奋、烦躁不安。

(2) 右美沙芬

中枢性镇咳药，强度与可待因相等，但无成瘾性，用于各种干咳，复方感冒药中多见，临床使用广泛。不良反应：偶有头晕、嗳气。

(3) 喷托维林（咳必清）

人工合成的非成瘾性中枢镇咳药，强度为可待因的1/3，有阿托品样作用和局部麻醉作用，能松弛支气管平滑肌和抑制呼吸道感受器，适用于上呼吸道感染引起的急性咳嗽。不良反应：偶有轻度头痛、头昏、口干、便秘等。青光眼患者禁用。

(4) 苯丙哌林

非成瘾性镇咳药，能抑制咳嗽中枢，也能抑制肺及胸膜牵张感受器引起的肺-迷走神经反射，具有平滑肌解痉作用；是中枢性和末梢性双重作用的强效镇咳药，镇咳作用比可待因强，镇咳作用可维持4～7小时，可用于各种原因引起的刺激性干咳。不良反应：轻度口干、头晕、胃部烧灼感、皮疹。

(5) 苯佐那酯（退嗽露）

丁卡因的衍生物，有较强的局部麻醉作用，抑制肺牵张感受器及感觉神经末梢，镇咳作用可维持3～4小时，对干咳、阵咳效果良好。不良反应：轻度嗜睡、头晕、鼻塞、过敏性皮炎。

2. 祛痰药

(1) 溴己新

裂解黏痰中的黏多糖，抑制其合成，使痰液变稀，也有镇咳作用。适用于慢性支气管炎、哮喘、支气管扩张痰液黏稠不易咳出者。不良反应：少数患者可感胃部不适，偶见转氨酶升高。消化性溃疡、肝功能不良者慎用。

(2) 羧甲司坦

本品为黏液稀化剂，可使黏液中黏蛋白的双硫链（S—S—）断裂，使其黏度降低，有利于痰液排出，服药后4小时见效。用于慢性支气管炎、支气管哮喘等引起的痰液稠厚、咳痰困难、肺通气功能不全。不良反应：恶心、胃部不适、胃肠道出血。慎用于胃及十二指肠溃疡患者。

(3) 吉诺通（标准桃金娘油肠溶胶囊）

主要成分：标准桃金娘油。

适应证：黏液溶解性祛痰药，适用于急、慢性鼻窦炎和支气管炎，亦适用于支气管扩张、慢性阻塞性肺疾病、肺部真菌感染、肺结核、硅沉着病等。并可在支气管造影后使用，以利于造影剂的排出。

不良反应：本品安全性好，临床使用日益增多，即使在使用大剂量时亦极少发生不良反应。极个别有胃肠道不适及原有的肾结石和胆结石的移动。偶有过敏反应，如皮疹、面部浮肿、呼吸困难和循环障碍。

(4) 复方甘草片

主要成分：每片含甘草流浸膏粉112.5毫克、阿片粉4毫克、樟脑2毫克、八角茴香油2毫克、苯甲酸钠2毫克。

药理作用：甘草流浸膏为保护性镇咳祛痰剂；阿片粉有较强镇咳作用；樟脑及八角茴香油能刺激支气管黏膜反射性地增加腺体分泌，稀释痰液，使痰易于咳出。上述成分组成复方制剂，有镇咳祛痰的协同作用。

适应证：用于镇咳祛痰。

2009年销售情况最好的止咳药提及率前五位的分别是：中药类——京都念慈菴蜜炼川贝枇杷膏、太极集团的急支糖浆、贵州益佰的克咳胶囊、上海雷允上的半夏露、北京同仁堂的止咳糖浆，提及率分别为40%、17.3%、11.4%、5.9%、5.0%；西药类——勃林格殷格翰的沐舒坦、奥美制药的奥亭止咳露（可待因、麻黄碱、氯苯那敏等）、惠氏集团的惠菲宁（美敏伪麻）、现代药业的右美沙芬悬浮液（小眉）及广州白云山的咳特灵（小叶榕、氯苯那敏），提及率分别是31.8%、9.1%、8.6%、5.9%、5.5%。

四、关于盐酸氨溴索沙丁胺醇片、磷酸二甲啡烷胶囊/颗粒的分析

1. 对盐酸氨溴索沙丁胺醇的认识

① 盐酸氨溴索是临床使用频率很高的化痰药，其主要机理是作用于呼吸道分泌细胞，调节黏液细胞和浆液细胞的分泌，促进浆液分泌增多，裂解黏液蛋白，使痰液变稀容易咳出；同时其可增加呼吸道纤毛运动的频率和强度，有利于痰液的排出；并且还有一定的镇咳作用。临床上多用于慢性支气管炎、喘息性支气管炎、慢性阻塞性肺疾病、肺炎、肺脓肿等的祛痰治疗。本品不良反应少，主要为轻微的胃肠道反应，安全性较好。

② 沙丁胺醇为临床上常用的平喘药，属于β2受体激动剂，有松弛支气管平滑肌的作用。主要用于喘息性支气管炎、慢性阻塞性肺疾病、哮喘的急性发作控制等。不良反应主要表现为心悸、头晕、手指震颤等。心脏病、甲亢患者慎用。

从两个药的使用来看，如果合在一起可能能更好地发挥化痰、止咳、平喘的作用，对于慢性阻塞性肺疾病、喘息性支气管炎、哮喘的急性发作等疾病应该有着良好的疗效，尤其对于患者来说服用更方便。

2. 对磷酸二甲啡烷的认识

本品属于非成瘾性中枢镇咳药，抑制延脑咳嗽中枢，作用是可待因的两倍，也大于右美

沙芬，其对肠道无抑制作用，不会导致便秘。主要用于上呼吸道感染，肺炎，肺结核，急、慢性支气管炎，硅沉着病，肺癌等引起的咳嗽。研究表明本品对婴幼儿和儿童伴随咳嗽的急性呼吸系统疾病的临床有效率为81%。禁忌：糖尿病患者；对本品过敏的患者。

以上两种药物在临床上都有着广泛的应用前景，但是个人认为磷酸二甲啡烷的使用有限，因为它面临着诸如喷托维林、右美沙芬、苯丙哌林的挑战，这些药物使用时间长，疗效确切，安全性好，价格便宜，能够满足常见病、多发病的治疗需求。而盐酸氨溴索沙丁胺醇的特点可以概括为：化痰又平喘，适用于多种伴有咳、痰、喘的疾病，如以中老年患者为主，发病率居高不下，伴有咳、痰、喘的疾病的反复发作以及难以治愈的慢性阻塞性肺疾病，往往需长时间用其来控制病情。还有对于发病率逐年增加的哮喘也有很好的应用价值。

五、产品规划思路

1. **西药类：**镇咳药；化痰药；平喘药。
2. **中药类：**按中医辨证论治分为风寒袭肺；风热犯肺；燥邪伤肺；痰湿蕴肺；痰热蕴肺；肺阴不足。
3. **中西结合类。**
4. **儿童专用类。**

六、总结

① 从临床疾病发生率来看，止咳化痰平喘类药物有着广阔的市场前景和消费需求。无论对于急性、慢性咳嗽还是干咳、湿咳，咳嗽类药物都有着良好的应用价值。

② 从 OTC 市场和医院市场来看，咳嗽类药物可分为三大类：西药、中成药、中西结合药。它们各自有着自己的特点。相对来说西药起效快，可迅速缓解症状，疗效确切，但是患者对它的副作用有所顾虑，尤其是需要长期使用的患者。中成药副作用小，更加安全，OTC消费者更愿意接受，但是起效缓慢是它的不足之处。而中西结合药具有西药起效快，迅速缓解症状的优点；又有中药综合、持久作用、较为安全的优点，是值得重视的一个种类。市场上品牌类咳嗽药从方药组成来看，都是一些常见的止咳化痰平喘类中药，并无特殊；从功效来看，针对的疾病也是常见病、多发病，如感冒咳嗽，急、慢性支气管炎，喘息性病症以及跟季节有关的干咳等。从实际使用情况来看，患者疗效反应不一，没有产品宣传得那么好。

③ 盐酸氨溴索沙丁胺醇和磷酸二甲啡烷分别为化痰止咳平喘药、中枢性镇咳药。它们都有着广泛的使用，但是考虑到现有的药物竞争以及老年、儿童的用药特点，磷酸二甲啡烷的使用受到了一定的限制。而盐酸氨溴索沙丁胺醇则对于前面所述的高发疾病，如慢性阻塞性肺疾病、喘息性支气管炎、哮喘急性发作等都有着明显的针对性，个人认为是值得考虑的一个品种。唯一一点不足的是，盐酸氨溴索和沙丁胺醇都是临床使用很普遍的药，无法估计两药合在一起能否引起消费者的关注。

【案例点评】 本案例材料充实，论点分析准确，能对企业市场活动提供有效的导向作用。

职业知识与实践技能训练

一、职业知识训练

1. 重要概念

医药市场调研　医药市场调研类型　调研内容　调研流程　调研报告

2. 选择题

（1）单项选择题

① 解决"是什么"的调查类型是（　　）

A. 探索性调查　　B. 描述性调查　　C. 因果性调查　　D. 预测性调查

② 最常用的实地调查法是（　　）

A. 询问法　　　　B. 观察法　　　　C. 实验法　　　　D. 文案法

③ 关于面谈询问法的特点，表述不正确的是（　　）

A. 平均费用不高　　　　　　　　　B. 问卷回收率低

C. 影响回答的因素很难了解和控制　D. 投入人力较多

④ 按年龄、性别、收入、家庭生命周期、受教育程度等为标准的细分市场属于（　　）

A. 人口细分　　B. 心理细分　　　C. 地理细分　　　D. 行为细分

⑤ 以下不属于邮寄调查优点的是（　　）

A. 费用低　　　B. 不受空间限制　C. 信息反馈周期长　D. 回收率高

⑥ 问卷设计的首要步骤是（　　）

A. 进行必要的探索性调查　　　　B. 设计问卷项目

C. 把握调查的目标和内容　　　　D. 收集和研究相关资料

⑦ 书面市场调查报告撰写的内容不包括（　　）

A. 目录　　　　B. 调查背景资料介绍

C. 建议　　　　D. 调查预算

⑧ 二手资料的不足在于（　　）

A. 搜集不方便　B. 费时　　　　C. 成本高　　　　D. 时效性较差

⑨ "在过去一周内您是否购买或使用过感冒药"属于（　　）

A. 事实性问题　B. 行为性问题　C. 动机性问题　　D. 态度性问题

⑩ 通过电话、传真、电子邮件、信件等方式传递调查问卷，进行某种产品的购买意向调查，属于（　　）

A. 询问法　　　B. 观察法　　　C. 实验法　　　　D. 二手资料法

⑪ 以下不是二手资料的信息来源的是（　　）

A. 公司内部资料　B. 发放的问卷调查　C. 报刊书籍　　D. 政府工作报告

⑫ 调查人员对某一具体事物进行直接观察、如实记录的方法是（　　）

A. 实验法　　　B. 询问法　　　C. 重点调查法　　D. 观察法

⑬ （　　）是市场调查报告的主要部分。

A. 目录　　　　B. 扉页　　　　C. 正文　　　　　D. 摘要

⑭ 留置问卷法的问卷下发和收回工作由（　　）

A. 调查者完成　　B. 被调查者完成　　C. 问卷设计者完成　D. 资料整理者完成

（2）多项选择题

① 询问法包括（　　）

A. 面谈询问　　　　B. 电话询问　　　　C. 邮寄询问

D. 留置问卷　　　　E. 网上询问

② 实地调查法主要包括（　　）

A. 询问法　　　　　B. 文案法　　　　　C. 观察法

D. 实验法　　　　　E. 探索法

③ 广义的市场抽样调查方法主要包括（　　）

A. 随机抽样　　　　B. 非随机抽样　　　C. 任意抽样

D. 主观抽样　　　　E. 被动抽样

④ 以下能提高邮寄调查应答率的方法是（　　）

A. 发追踪函　　　　B. 问卷设计要有吸引力

C. 附带回函信封及邮资　D. 事先电话沟通

E. 事后回访

⑤ 面谈调查法的优点主要有（　　）

A. 可以深入了解各种市场现象，同时能保证调查资料的可靠性比较高

B. 可以当面询问所有问题

C. 可以调动调查双方的积极性和主动性

D. 费用比较低

E. 成功率较低

⑥ 根据购买商品目的不同，市场调查可分为（　　）

A. 批发市场调查　　B. 消费者市场调查

C. 产业市场调查　　D. 居民消费调查

3. 问题理解

（1）市场调查的程序包括哪些步骤？

（2）问卷设计时需要注意的问题有哪些？

（3）新产品上市前做销售市场调查有什么好处？

（4）市场营销调研的一般步骤有哪些？

（5）一手资料是否比二手资料更可靠？

二、实践技能训练

1. 案例分析

JNSJ药店以顾客需求调研突围市场

一、调查背景

本调查以杭州JNSJ药业有限公司（以下简称杭州JNSJ药业）萧山店为研究对象。杭州JNSJ药业位于杭州萧山金城路金菜街，生产和经营冬草铁皮丸、野生冬虫夏草、姬松茸、燕窝、灵芝、山参、天山雪莲等系列中药保健产品。JNSJ药店店内药品丰富、服务周到，根据个人情况制定保健食品和定期、长期地提供健康信息和咨询服务的会员制度。本次调查研究的目的就是通过对前来JNSJ萧山专卖店的顾客的需求进行获取和分析，进而对现

有的药店服务进行改进、创新和提升。

二、顾客需求调查

1. 调查概述

了解顾客需求的方法有很多，如市场调研领域常用的问卷法、访谈法。本文在上述两种方法的基础上，结合创新设计方法中的情境研究的方法、统计学方法和药店服务的特点，提出了一个面向药店顾客的需求获取和分析的过程。

本次调查从2022年3月10日到2022年3月21日，历时11天，采用拦截式调研的方法对顾客进行拦截调查，共拦截了144名顾客，其中有127名顾客完成了问卷，所以我们本次调查问卷的回收率为88.2%，这个样本量达到了调研的基本要求。

2. 问卷调查

问卷设计采用封闭式和开放式问题相结合的方法。问卷问题分为两种类型：封闭式问题和开放式问题。前者主要为选择或判断客观问题、具体问题，简单省时并且回收率高；后者不限定问题回答范围，多为主观题目，更容易充分表达被调查者的意见。采用半结构化问卷可以在信息可信度和探索性之间达成一个平衡。这是由本次研究的目的主要是"获取顾客需求"的特性决定的。

（1）问卷项目

本问卷包括8个主体问题和4个背景信息问题。主体问题包括：

① 您来药店的目的是什么？

② 您在购药的时候会选择药店吗？

③ 您觉得影响您选择药店的因素有哪些？

④ 您知道的药店服务有哪些？（请说出您最关注的3个）

⑤ 在下面20个服务中，请选择5个您觉得非常必要的服务。

⑥ 请您在上题选取的5个服务中选出1个您认为最重要的服务。

⑦ 您觉得上述服务中还有什么地方做得不够吗？

⑧ 您是否觉得还有什么服务是您期望的，却没有列在这里？

上述8个主体问题中：第一题是了解顾客光顾药店的目的或动机，这是本次问卷的重要基础。第二题和第三题期望可以了解顾客是否会选择药店，或者说是对特定药店的忠诚度如何，以及产生这样的选择性购买的原因。第四题是调查顾客对于药店服务的直观记忆的情况，进而了解顾客对药店服务的一种主观的感受。第五题和第六题让顾客选择他们认为必要的5个服务项目和最重要的1个服务项目，其目的是了解顾客对药店服务的期望而不是现状。第五题采用封闭式问卷方式，尽量追求客观数据。第七题和第八题采用开放式问卷方式，主要是通过顾客对现有服务的意见和对未来服务的期望，了解顾客期望，探寻顾客的深层次需求。这个题目的结论更多的是和后文访谈所获得的需求在一起，构成顾客的服务需求列表。

（2）问题统计情况

对这些被调查的顾客进行了统计，第一是顾客的职业构成，其中副总经理占31%、总经理助理或秘书占24%、经理或董事长占21%、公务员占7%、其他占17%。经分析之后及营业员的说明，得知这个群体主要是一些老总的夫人。这是本次调研的一个重要发现之一，即商人的夫人是本专卖店的重要群体之一。第二是顾客光顾药店的目的或动机，其中购买药品占48%、咨询用药知识占26%、购买保健食品占14%、看病占7%、了解健康知识占 2%、其他占 3%。从数据中发现，购买药品和保健食品是顾客来药店的最主要的原因，这也是顾客去大多数药店的基本动机。第三是顾客对药店品牌的依赖程度，其中 72% 的顾客认为他们会选择药店，这个结论证明药店的差异性的确是存在的，而这个差异性可能成为药店竞争的重要因素。第四是顾客选择药店的因素，其中有 53% 的顾客认为是药品质量、有 51% 的顾客认为是药店的品牌、有 47% 的顾客认为是药店服务、有 46% 的顾客认为是药品品种、有 41% 的顾客认为是药品价格、有 14% 的顾客认为是药店环境。第五是顾客对药店服务项目的关注程度，关注药学咨询的顾客占 68%、关注导购服务的顾客占 62%、关注配套服务的顾客占 45%、关注会员制服务的顾客占 33%、关注 24 小时售药服务的顾客占 15%。

3. 情景访谈

在访谈中构建情景可以为双方交流建立一个平台，发掘顾客的需要和需求，以减少出现理解上的错误。

整个访谈从 2022 年 4 月 1 日到 2022 年 4 月 15 日，其中的 5 天在杭州进行，共对 5 个顾客进行了访谈。在访谈过程中填写访谈故事记录表，根据记录表整理成故事，经情景访谈后形成最终的访谈对象故事表。

4. 调查资料整理与分析

本次调查以药店顾客为核心，在药店服务和顾客需求理论分析基础上，通过问卷调查和情景访谈等方法获取信息，本次的调查所得的结论如下。

（1）顾客需求是药店设置和实施一切服务活动的基础，获取和分析顾客需求并在此基础上满足顾客需求不仅能更好地为顾客服务，而且还能促进药店的赢利和发展。

（2）药店顾客的需求包括多种层面，是真正地从顾客角度着想。

（3）通过问卷调查发现，药学咨询服务、导购服务和 24 小时售药服务是顾客认为最重要的服务。因为问卷所列服务和问题是从一般的传统药店的服务借鉴而来，所得结果在一定程度上对传统药店具有借鉴意义。

（4）在分析时，应考虑药店服务的特殊性，采用如情景化访谈更为深入的研究方法，才能得到有针对性的研究结果。

（5）以会员制为基础、以顾客活动为主体、由健康管理师实施的服务模式和内容设计，经过实际运用，取得了较好的效果，证明了本次调查研究的可行性。

三、市场开发策略

通过调查顾客对药店的关注程度和需求，杭州 JNSJ 药店也采取了相应的面向顾客的药店服务设计。

1. 建立会员制

JNSJ 萧山专卖店在设计会员卡时充分考虑顾客尊贵的特点和其独特的感受，会员卡分为"幸福卡"和"长寿卡"，分别定位为 60 岁以下的中、青年和 60 岁以上的老年人，以便实施不同的服务，会员卡购药可以打折并进行积分，积分到一定额度可以兑换相应的礼品甚至升为 VIP 会员。同时，会员卡可以让顾客体验到会员的个性化服务。

2. 量身定制产品方案

此项服务属于会员制服务的重要内容。在功能上可根据顾客提供的健康档案，然后由药店健康管理师为顾客制订个性化的药品、保健食品方案，并在服务过程中根据顾客的用药习惯和喜好，由健康管理师全程指导用药。在情感和价值方面，为顾客制订多种产品方案供顾客备选，突出个性化，同时也减少"强迫使用"的感觉。

3. 定期跟踪顾客用药情况

跟踪用药情况的服务主要体现在：根据顾客提供的健康档案、购药信息或用药方案，有健康管理师跟踪用药；按周期跟踪，健康管理师在顾客购买药品后的1周或半个月进行连续跟踪；用短信、E-mail等方式跟踪顾客；跟踪同时还能对药店顾客进行相关用药指导和提供季节性、个性化的健康保健信息。

在跟踪的过程中，最好由专人负责。由健康管理师全面负责这个方面的工作，并根据药店顾客反馈的信息，对相关服务进行必要的调整，使其更加完善。

4. 专业的健康咨询

可在药店内聘请驻店执业药师或富有经验的相关人员提供专业的健康咨询服务，药店的咨询服务包括药品信息、用药指导、药品贮存、养生保健等相关信息；也可由名医、专家面对面定期驻店为顾客提供咨询服务，或者由专业的健康管理师为会员提供热线咨询；同时，还可由健康管理师开通电话或网上咨询服务，由专人解答疑问，以避免出现尴尬。

随着中国特色社会主义市场经济体制的不断深入和市场竞争的日益激烈，如何把握顾客的需求必定是一个非常重要的课题，对于相关问题的解决，必定会使中国药店发展更上一层楼。

四、调查问卷

药店顾客需求调查问卷

您好，这是一份有关药店服务的问卷调查。我们希望通过您的观点，帮助我们进一步改进药店服务，不涉及任何测试和您的隐私方面的因素。您的宝贵意见，将成为我们进一步改进的重要依据。

1. 您来药店的目的是（请在□中打钩，可多选）
□购买药品　　　　□购买保健食品　　　　□咨询用药知识
□了解健康知识　　□看病　　　　　　　　□其他

2. 您在购药的时候会选择药店吗？
□会，转到第3题
□不会，转到第4题

3. 您觉得影响您选择药店的因素有哪些？
□药品品种　　　　□药品质量　　　　□药品价格
□药店环境　　　　□药店品牌　　　　□药店服务
□其他_____

4. 您知道的药店服务项目有哪些？（请说出您最关注的3个）
_____　　_____　　_____

5. 在下面20个服务中，请选择5个您觉得非常必要的服务。
□导购服务　　　　　　□24小时售药服务　　　　□电话购药与邮购药品服务
□隐私保护　　　　　　□医疗器械免费体验服务　□药学咨询服务
□一般性的医疗检查服务　□医疗门诊服务　　　　　□中药加工服务
□会员制服务　　　　　□网上药店　　　　　　　□投诉
□休息区　　　　　　　□便民伞　　　　　　　　□卫生间
□免费饮水服务　　　　□社区服务　　　　　　　□其他
□意见箱　　　　　　　□存包

6. 请您在上题选取的 5 个服务中选出 1 个您认为最重要的服务。
_____
7. 您觉得上述服务中还有什么地方做得不够吗？
_____
8. 您觉得还有什么服务是您期望的，却没有列在这里的？
_____

为了便于我们的统计，请您告诉我一下您的一些基本情况：
性别：□男　　　　　□女
年龄：□18 岁以下　　□18～23 岁　　□24～34 岁　　□35～44 岁
　　　□45～60 岁　　□60 岁以上
您的职业是：_____
您是否有医保卡？　　□有　　□无

思考与讨论：
① 本次调研采用了情景访谈的方法，请说出情景访谈方法的优缺点？
② 通过本次调研你了解了杭州 JNSJ 药店的药店服务，你觉得还应有哪方面的改进？
③ 如果你是调查者，你会设计什么样的调研方案？请举例并设计调查问卷。

2. 实践项目

我国感冒药市场营销环境调查

一、实践目的
① 进行医药企业感冒药市场营销环境的要素分析；
② 将调查资料整理、分析后撰写调查报告；
③ 提高医药市场营销环境调查和分析的技能。

二、实践情景

中国经济的持续平稳发展、巨大的现实和潜在市场能力、日益老龄化的人口结构、人民群众逐渐提高的自我保健意识、无所不在的传媒渗透力、政府对非处方药的宣传和政策扶持，大大地促进了非处方药市场的发展。随着药品分类管理办法的实施，卫生体制、医疗保险体制、药品流通领域等的改革，对医药行业产生着巨大的影响，药品零售市场正成为制药企业竞争的热点，以非处方药市场为主的制药企业怎样面对这样的市场环境，又如何开拓零售市场这一问题值得探讨。作为非处方药（OTC）的一大组成部分，感冒治疗药品是我国医药产品推广品牌营销中最成功的范例。而随着 OTC 市场走向规范，竞争加剧，药品市场竞争将进入一个崭新的时期。面对新的市场、新的机遇与挑战，众多的生产、销售企业在产品研发、市场开拓、营销组合、经营管理上采取了一系列应对措施。医药市场环境风云变幻，有越来越多的企业在这种背景下加入感冒药战团，不断有新药进入市场，正可谓风险与机遇共存。

假设你是市场调研机构或企业的一名调查员，请你在目前这种大市场背景下，对感冒药市场营销环境做一个调查，为医药企业制定决策提供有力的依据。

三、实践步骤

【第一步】明确感冒药市场营销环境调查的目的，设计调查方案。

找出影响感冒药销售的各种有利因素和不利因素，了解其影响程度，为利用环境机会、避免环境威胁、采取相应对策提供依据。

根据营销环境调查的目的，确定好调查的对象。不但要确定将哪些个人或组织、机构作为营销环境调查的对象，而且要确定被调查对象的规模，在此基础上确定一定的抽样技术和调查方法，并设计好调查方案。

【第二步】调查前的准备工作。

企业应根据调查目的，对企业微观营销环境和宏观营销环境进行考察，收集与企业营销战略规划有关的主要营销环境信息。根据收集信息的需要设计调查问卷，准备调查工具，组建调查队伍，进行调查前的人员培训工作。

一般来说，宏观环境主要包括：相关法规政策，营销区域内的人口因素、购买力因素，营销区域内大中型医院的数量、规模和药店的数量、规模等。微观环境主要包括：患者及其家属的经济状况和态度，供应商、中间商、竞争者及其产品营销情况，卫生局、税务局、新闻媒体等的情况。

【第三步】实施调查。

本项目内容的调查方法，采用询问法调查方式收集第一手资料。结合文案调查，采用上网查询、直接索取、复印、摘录、购买等方式收集二手资料。根据不同资料收集方法的特点，组织开展调查，并注重过程监控管理，保证资料的可靠性。

【第四步】资料整理分析。

对调查资料进行整理分析，审查资料的准确性和可靠性，做到定性和定量分析相结合，分析营销环境因素的变化对企业可能造成的影响，分析可能受到的威胁以及可以利用的机会。

例如：宏观环境中的机会因素可能是当地居民的收入水平较周边地区提高快，而不利因素可能是出现药品降价、市场原材料涨价等因素；微观环境中的机会因素可能是当地一家终端药店扩大规模，不利因素可能是有一竞争品牌的同类型感冒药产品出现等。

对于威胁与机会的判断必须客观、准确，这对于企业营销战略的构想与决策至关重要。

【第五步】撰写调查分析报告。

针对未来环境可能出现的威胁和机会，结合企业的现状，提出适应未来环境变化的设想，为企业制定营销战略提供有价值的参考性意见，形成营销环境调查分析报告。

四、实践成果

从确定调查方案、实践分工、具体实施调查到调查报告的撰写，主要由学生小组自己负责。教师在实践中起到指导作用，实践结束时，进行实践交流，师生共同评价实践成果。

考核内容：是否按时完成实践项目，有无明显缺陷，在调查中有无创新，全组成员参与情况等。

第三章

目标营销：STP 策略

知识目标 >>>

1. 掌握医药产品市场细分的方法和医药市场定位步骤。
2. 熟悉目标市场选择、市场定位的模式及策略。
3. 熟悉市场细分的标准及步骤。
4. 了解 STP 核心内涵。

能力目标 >>>

1. 能够完成医药产品市场细分有效性评估。
2. 能够根据目标市场模式，判断企业适用的目标市场模式。
3. 能够塑造医药产品独特形象。
4. 能够为企业产品进行市场定位。

价值目标 >>>

1. 具备以"社会福祉为根本的利益相关者共赢"的新时代营销价值理念。
2. 培养学生 STP 技能、综合分析问题的能力、团队协作与沟通能力。
3. 具备医药产品市场 STP 的法律意识和职业道德。
4. 树立爱国主义理想和信念，具备为中国医药企业发展贡献力量的责任感。

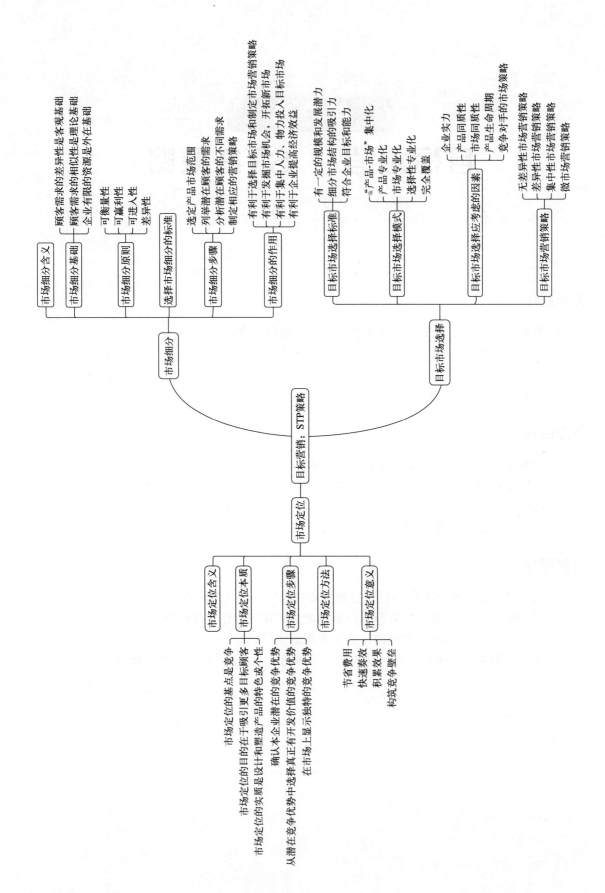

第一节 市场细分

一、市场细分含义

市场细分是 STP 策略的 S 部分，即是把有共同需求的消费者归为一类，因此市场细分是以需求为导向的，它的主要依据是消费者的共同需求。市场细分的目的是找到有共同需求的消费者，即目标对象。这样才能集中所有的营销手段和资源进行有目的的"攻击"，才能创造出符合这群消费者共同需求的产品形象，解决营销学中"5W"中的第一个即"Who"的问题。

二、市场细分基础

1. 顾客需求的差异性是客观基础

顾客需求的差异性是指不同的顾客之间的需求是不一样的。在市场上，消费者总是希望根据自己的独特需求去购买产品，我们根据消费者需求的差异性可以把市场分为同质性需求和异质性需求两大类。同质性需求是指由于消费者的需求的差异性很小，甚至可以忽略不计，因此没有必要进行市场细分。而异质性需求是指由于消费者所处的地理位置、社会环境不同，自身的心理和购买动机不同，造成他们对产品的价格、质量、款式上需求的差异性，这种需求的差异性就是市场细分的基础。

2. 顾客需求的相似性是理论基础

在同一地理条件、社会环境和文化背景下的人们形成有相对类似的人生观、价值观的亚文化群，他们需求特点和消费习惯大致相同。正是因为消费需求在某些方面的相对同质，市场上绝对差异的消费者才能按一定标准聚合成不同的群体。所以消费者的需求的绝对差异造成了市场细分的必要性，消费需求的相对同质性则使市场细分有了实现的可能性。

3. 企业有限的资源是外在基础

现代企业由于受到自身实力的限制，不可能向市场提供能够满足一切需求的产品和服务。为了有效地进行竞争，企业必须进行市场细分，选择最有利可图的目标细分市场，集中企业的资源，制定有效的竞争策略，以取得和增加竞争优势。

三、市场细分原则

企业进行细分市场的目的是通过对顾客需求差异予以定位，来取得较大的经济效益。众所周知，产品的差异化必然导致生产成本和推销费用的相应增长，所以，企业必须在市场细分所得收益与市场细分所增成本之间做一权衡。由此，我们得出有效的细分市场必须具备以下特征。

1. 可衡量性

指各个细分市场的购买力和规模能被衡量的程度。如果细分变数很难衡量的话，就无法界定市场。

2. 可赢利性

指企业新选定的细分市场容量足以使企业获利。

3. 可进入性

指所选定的细分市场必须与企业自身状况相匹配，企业有优势占领这一市场。可进入性具体表现在信息进入、产品进入和竞争进入。考虑市场的可进入性，实际上是研究其营销活动的可行性。

4. 差异性

指细分市场在观念上能被区别并对不同的营销组合因素和方案有不同的反应。

四、选择市场细分的标准

消费者市场的细分变量主要有经济变量、地理变量、人口变量、心理变量和行为变量五类，如表3-1所示。产业市场的细分变量，有些与消费者市场的细分变量是相同的，如地理变量、追求的利益、使用者情况、使用率、对品牌的忠诚度等。但除上述细分变量外，产业市场营销者还运用用户的行业类别、用户规模等变量对产业市场进行细分。

表3-1 消费者市场细分变量

细分变量	具体变数	举例
地理变量	所在地区	北方市场、南方市场
	城市规模	大城市、中等城市、小城镇
	地区人口密度	城市、郊区、乡村
	气候	热带气候市场、海洋气候市场
人文变量	年龄	婴儿市场、老年人市场
	性别	男性市场、女性市场
	婚姻状况	单身、已婚
	家庭规模或生命周期	1人家庭、2人家庭、3人家庭
	收入	2000元/月、2000~5000元/月……
	职业	公务员、教师、白领、蓝领、灰领
	教育程度	初中、高中、大学
心理变量	生活方式	朴素型、时髦型、享受型
	个性	创新型、冲动型、谨慎型
	态度	积极主动、消极被动；乐观、悲观
	追求利益（动机）	性价比、服务、质量、经济实惠、名望
行为变量	购买动机	基本生活、生活享受
	购买频率	每月购买、每年购买
	品牌偏好	高档品牌、中档品牌
人口变量	(1)行业:应把重点放在哪些行业?	
	(2)公司规模:应把重点放在多大规模的公司?	
	(3)地理位置:应把重点放在哪些地区?	
经营变量	(1)技术:应把重点放在顾客所重视的哪些技术上?	
	(2)使用情况:应把重点放在经常使用者,还是较少使用者、首次使用者或从未使用者身上?	
	(3)顾客能力:应把重点放在需要很多服务的顾客身上,还是只需少量服务的顾客身上?	
采购方法	(1)采购职能组织:应将重点放在那些采购组织高度集中的公司上,还是那些采购组织相对分散的公司上?	
	(2)权力结构:应侧重那些工人和技术人员占主导地位的公司,还是财务人员占主导地位的公司?	

续表

细分变量	具体变数	举例
采购方法	(3)与用户的关系 (4)总的采购政策 (5)购买标准	应选择那些现在与我们有牢固关系的公司,还是追求最理想的公司? 应把重点放在乐于采用租赁、服务合同、系统采购的公司,还是采用密封投标等贸易方式的公司上? 是选择追求质量的公司、重视服务的公司,还是注重价格的公司?
情况因素	(1)紧急 (2)特别用途 (3)订货量	是否应把重点放在那些要求迅速和突击交货或提供服务的公司? 应将力量集中于本公司产品的某些用途上,还是将力量平均花在各种用途上? 应侧重于大宗订货的用户,还是少量订货者?
个性特征	(1)购销双方的相似点 (2)对待风险的态度 (3)忠诚度	是否应把重点放在那些其人员及其价值观念与本公司相似的公司上? 应把重点放在敢于冒风险的用户身上,还是不愿意冒风险的用户身上? 是否应该选择那些对本公司产品非常忠诚的用户?

 知识拓展

家庭生命周期细分

单身阶段：年轻、不住在家里。几乎没有经济负担,新观念的带头人,易受娱乐导向影响。一般购买厨房用品和家具、汽车模型、游戏设备以及度假。

新婚阶段：年轻、无子女。经济比下一个阶段要好,购买力最强,尤其是耐用品购买力很强。一般购买汽车、冰箱、电炉、家具以及度假。

满巢阶段：与子女同住。家庭用品采购的高峰期,流动资产少,不满足现有经济状况。储蓄部分钱,喜欢新产品,如广告宣传的产品。一般购买洗衣机、烘干机、电视机、婴儿食品、玩具娃娃、手推车、雪橇和冰鞋。

空巢阶段：年长的夫妇,无子女同住。拥有自己的住宅,经济富裕有储蓄,对旅游、娱乐、自我教育尤感兴趣,愿意施舍和捐献,对新产品无兴趣。

鳏寡阶段：收入锐减,对医疗用品特别关注,特别需要得到关怀、情感和安全保证。

五、市场细分步骤

1. 选定产品市场范围

公司应明确自己在某行业中的产品市场范围,并以此作为制定市场开拓战略的依据。

2. 列举潜在顾客的需求

可从地理、人口、心理等方面列出影响产品市场需求和顾客购买行为的各项变数。

3. 分析潜在顾客的不同需求

公司应对不同的潜在顾客进行抽样调查,并对所列出的需求变数进行评价,了解顾客的共同需求。

4. 制定相应的营销策略

调查、分析、评估各细分市场,最终确定可进入的细分市场,并制定相应的营销策略。

六、市场细分的作用

1. 有利于选择目标市场和制定市场营销策略

市场细分后的子市场比较具体,比较容易了解消费者的需求,企业可以根据自己经营思想、方针及生产技术和营销力量，确定自己的服务对象，即目标市场。针对较小的目标市场，便于制定特殊的营销策略。同时，在细分的市场上，信息容易被了解和得到反馈，一旦消费者的需求发生变化，企业可迅速改变营销策略，制定相应的对策，以适应市场需求的变化，提高企业的应变能力和竞争力。

2. 有利于发掘市场机会，开拓新市场

通过市场细分，企业可以对每一个细分市场的购买潜力、满足程度、竞争情况等进行分析对比，探索出有利于本企业的市场机会，使企业及时作出投产、异地销售决策或根据本企业的生产技术条件编制新产品开拓计划，进行必要的产品技术储备，掌握产品更新换代的主动权，开拓新市场，以更好适应市场的需要。

3. 有利于集中人力、物力投入目标市场

任何一个企业的资源即人力、物力、资金等都是有限的。通过细分市场，选择了适合自己的目标市场，企业可以集中人、财、物等资源，去争取局部市场上的优势，然后再占领自己的目标市场。

4. 有利于企业提高经济效益

通过市场细分，企业可以面对自己的目标市场，生产出适销对路的产品，既能满足市场需要，又可增加企业的收入；产品适销对路可以加速商品流转，加大生产批量，降低企业的生产销售成本，提高生产工人的劳动熟练程度，提高产品质量，全面提高企业的经济效益。

第二节　目标市场选择

市场细分有助于公司识别不同市场的机会。公司通过市场细分后，根据自己的任务、目标、资源和特长等权衡利弊，然后决定进入哪个或哪些细分市场。公司决定进入的细分市场，就是该公司的目标市场。所谓目标市场是 STP 策略的 T 部分，就是指公司经过比较、选择后决定作为自己服务对象的相应的细分市场。目标市场可以包括一个、多个或全部的细分市场。

一、目标市场选择标准

1. 有一定的规模和发展潜力

企业进入某一市场是期望能够有利可图，如果市场规模狭小或者趋于萎缩状态，企业进入后难以获得发展，此时，应审慎考虑，不宜轻易进入。当然，企业也不宜以市场吸引力作为唯一取舍，特别是应力求避免"多数谬误"，即与竞争企业遵循同一思维逻辑，将规模最大、吸引力最大的市场作为目标市场。大家共同争夺同一个顾客群的结果是，造成过度竞争和社会资源的无端浪费，同时使消费者本应得到满足的一些需求遭受冷落和忽视。现在国内很多企业动辄将城市尤其是大中城市作为其首选市场，而对小城镇和农村市场不屑一顾，很可能就步入误区，如果转换一下思维角度，一些目前经营尚不理想的企业说不定会出现"柳暗花明"的局面。

2. 细分市场结构的吸引力

细分市场可能具备理想的规模和发展特征，然而从赢利的观点来看，它未必有吸引力。迈克尔·波特（Michael Porter）于 20 世纪 80 年代初提出五力分析模型，对企业战略制定产生全球性的深远影响。波特认为有五种力量决定整个市场或其中任何一个细分市场的长期的内在吸引力，简称波特五力模型。五种力量是：同行业竞争者、潜在的新参加的竞争者、替代产品、购买者和供应商。

(1) 细分市场内激烈竞争的威胁

如果某个细分市场已经有了众多的、强大的或者竞争意识强烈的竞争者，那么该细分市场就会失去吸引力。如果该细分市场处于稳定或者衰退阶段，生产能力不断大幅度扩大，固定成本过高，撤出市场的壁垒过高，竞争者投资很大，那么情况就会更糟。

(2) 新竞争者的威胁

如果某个细分市场可能吸引会增加新的生产能力和大量资源并争夺市场份额的新的竞争者，那么该细分市场就没有吸引力。问题的关键是新的竞争者能否轻易地进入这个细分市场。如果新的竞争者在进入这个细分市场时遇到森严的壁垒，并且遭到细分市场内原有公司的强烈报复，他们便很难进入。保护细分市场的壁垒越低，原来占领细分市场的公司的报复心理越弱，这个细分市场就越缺乏吸引力。某个细分市场的吸引力随其进退难易的程度而有所区别。根据行业利润的观点，最有吸引力的细分市场应该是进入的壁垒高、退出的壁垒低。在这样的细分市场里，新的公司很难打入，但经营不善的公司可以安然撤退。如果细分市场进入和退出的壁垒都高，其利润潜量就大，但也往往伴随较大的风险，因为经营不善的公司难以撤退，必须坚持到底。如果细分市场进入和退出的壁垒都较低，公司便可以进退自如，获得的报酬虽然稳定，但不高。最坏的情况是进入细分市场的壁垒较低，而退出的壁垒却很高。于是在经济良好时，大家蜂拥而入，但在经济萧条时，却很难退出。其结果是大家都生产能力过剩，收入下降。

(3) 替代产品的威胁

如果某个细分市场存在着替代产品或者有潜在替代产品，那么该细分市场就会失去吸引力。替代产品会限制细分市场内价格和利润的增长。公司应密切注意替代产品的价格走向。如果在这些替代产品行业中技术有所发展，或者竞争日趋激烈，这个细分市场的价格和利润就可能会下降。

(4) 购买者讨价还价能力加强的威胁

如果某个细分市场中购买者的讨价还价能力很强或正在加强，该细分市场就没有吸引力。购买者设法压低价格，对产品质量和服务提出更高的要求，并且使竞争者互相斗争，所有这些都会使销售商的利润受到损失。如果购买者比较集中或者有组织，或者该产品在购买者的成本中占较大比例，或者产品无法实行差别化，或者顾客的转换成本较低，或者由于购买者的利益较低而对价格敏感，或者顾客能够向后实行联合，购买者的讨价还价能力就会加强。销售商为了保护自己，可选择议价能力最弱或者转换销售商能力最弱的购买者。较好的防卫方法是提供顾客无法拒绝的优质产品供应市场。

(5) 供应商讨价还价能力加强的威胁

如果公司的供应商如原材料和设备供应商、公用事业、银行、公会等，能够提价或者降低产品和服务的质量，或减少供应数量，那么该公司所在的细分市场就会没有吸引力。如果供应商集中或有组织，或者替代产品少，或者供应的产品是重要的投入要素，或转换成本高，或者供应商可以向前实行联合，那么供应商的讨价还价能力就会较强大。因此，与供应商建立良好关系和开拓多种供应渠道才是防御上策。

3. 符合企业目标和能力

某些细分市场虽然有较大吸引力，但不能推动企业实现发展目标，甚至分散企业的精力，使之无法完成其主要目标，这样的市场应考虑放弃。另外，企业还应考虑自身的资源条件是否适合在某一细分市场经营。只有选择那些企业有条件进入、能充分发挥其资源优势的市场作为目标市场，企业才会立于不败之地。

现代市场经济条件下，制造商品牌和经销商品牌之间经常展开激烈的竞争，也就是所谓的品牌战。一般来说，制造商品牌和经销商品牌之间的竞争，本质上是制造商与经销商之间实力的较量。在制造商具有良好的市场声誉、拥有较大市场份额的条件下，应多使用制造商品牌，无力经营自己品牌的经销商只能接受制造商品牌。相反，当经销商品牌在某一市场领域中拥有良好的品牌信誉及庞大的、完善的销售体系时，利用经销商品牌也是有利的。因此进行品牌使用者决策时，要结合具体情况，充分考虑制造商与经销商的实力对比，以求客观地作出决策。

二、目标市场选择模式

1. "产品-市场"集中化

"产品-市场"集中化也叫单一市场集中化，是最简单的模式。公司选取一个细分市场，生产一种产品，供应单一的顾客群，进行集中营销，如图3-1所示。例如，服装公司只生产儿童服装。小公司由于资源条件有限，常常采用单一市场集中化模式，但是采用这种模式的公司风险比较大。为了分散风险，现在的公司往往采用各种专业化模式。

2. 产品专业化

产品专业化是指公司同时向几个细分市场销售同一种产品，如图3-2所示。例如，电冰箱厂的产品为电冰箱，它可以生产家庭用电冰箱、饭店餐馆用电冰箱以及科研单位和医院实验室用电冰箱。这种模式的潜在风险在于，该产品某天可能被采用一种全新技术的产品取代。

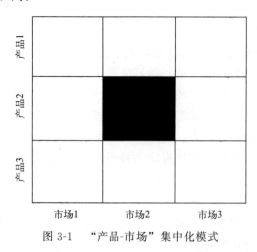

图3-1 "产品-市场"集中化模式

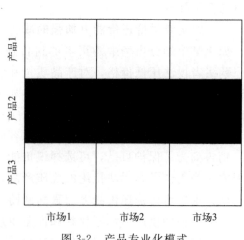

图3-2 产品专业化模式

3. 市场专业化

市场专业化是指公司集中满足某一特定顾客群的各种需求，如图 3-3 所示。例如，许多电器公司专门生产各种家用电器，从电冰箱、洗衣机、空调到电视机、家庭组合音响，等等。这种模式的潜在风险在于，该顾客群可能会削减开支或缩小规模。

4. 选择性专业化

选择性专业化是指公司有选择地进入几个不同的细分市场，如图 3-4 所示。从客观上讲，每个细分市场都具有吸引力，而且符合公司的目标和资源水平。这些细分市场之间很少或根本不发生联系，但在每一个细分市场上公司都可能盈利。这种多细分市场战略在分散公司风险方面具有很大的优势。

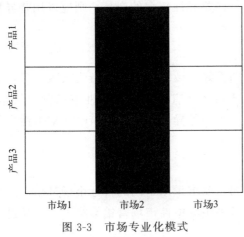

图 3-3　市场专业化模式

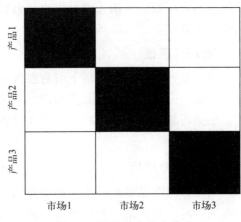

图 3-4　选择性专业化模式

5. 完全覆盖

完全覆盖是指公司试图为所有顾客提供其所需的全部产品，如图 3-5 所示。这是比较典型的某些大公司为谋求领导市场而采取的战略。例如，丰田汽车公司在汽车市场、可口可乐公司在软饮料市场采用的便是这种模式。

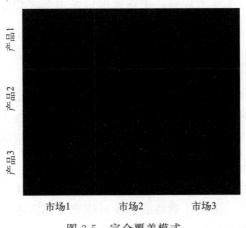

图 3-5　完全覆盖模式

三、目标市场选择应考虑的因素

1. 企业实力

企业实力是选择目标市场策略时考虑的首要因素。如果企业资金雄厚、规模大、技术力量强、设备先进、原材料能源供应条件好、有能力覆盖所有的市场面，则可采用无差异性市场营销策略或差异性市场营销策略；反之，如果实力较弱，特别是小型企业，则采取集中性市场营销策略较为有效。

2. 产品同质性

产品同质性是指产品在性能、特点等方面的差异性的大小。对于同质产品或需求上共性较大的产品，一般宜采用无差异性市场营销策略；一些差异性较大的产品，则应采用差异性市场营销策略或集中性市场营销策略。

3. 市场同质性

市场同质性是指如果市场上所有顾客在同一时期偏好大致相同，购买行为大致相近，并且对市场营销刺激的反应也基本相同，则可视为同质市场，宜采用无差异性市场营销策略；反之，如果市场需求的差异较大，则为异质市场，宜采用差异性市场营销策略或集中性市场营销策略。

4. 产品生命周期

产品生命周期是指产品所处的生命周期阶段不同，要求采用不同的目标市场策略。产品处于投入期时，宜采用无差异性市场营销策略，也可采用集中性市场营销策略。当产品进入成长期和成熟期后，宜采用差异性市场营销策略。

5. 竞争对手的市场策略

竞争对手的市场策略是指企业所采用的目标市场策略应与竞争者有所区别。如果竞争对手实行无差异性市场营销策略，则企业应采用差异性市场营销策略；如果竞争对手实行差异性市场营销策略，则企业应采用集中性市场营销策略或更深一层的差异性市场营销策略。但是，如果企业面临的竞争对手实力较弱，企业就可以采用与之相同的市场策略，然后，凭借实力击败竞争对手。

四、目标市场营销策略

企业对目标市场的选择还需要考虑其市场策略问题，即决定采取何种市场营销策略进入目标市场，直至占领该目标市场。可供企业选择的目标市场策略主要有四种，即无差异性市场营销策略、差异性市场营销策略、集中性市场营销策略、微市场营销策略。

1. 无差异性市场营销策略

无差异性市场营销策略也称为整体性市场营销策略，即企业只提供一种产品，采用单一的营销策略来开拓整个市场。采用此策略的企业只注重市场需求的共性，不需要进行市场细分，无须关注市场间的需求差异性。

无差异性市场营销策略的最大优点是成本的经济性。单一品种大批量的生产经营有利于降低单位产品成本，获得规模效益；同时，大批量产品销售能节省大量的调研、产品开发、产品宣传、管理等费用，从而取得较佳的经济效益。

无差异性市场营销策略的缺点也非常明显，即产品的适应性较差。随着市场营销环境的不断变化，消费者经济收入水平的不断提高，一种产品很难适应消费者需求多样化、个性化的发展趋势，也很难充分满足消费者的不同需求；同样，当同类企业均采用这种策略时，必然要形成激烈的竞争。

2. 差异性市场营销策略

差异性市场营销策略是指把整体市场按照消费者需求的差异性，细分成需求与欲望大致相同的若干细分市场，然后根据企业资源及营销实力选择其中部分细分市场作为目标市场，并为各目标市场设计不同的产品，采取不同的营销组合策略，满足不同目标顾客的需要。

差异性市场营销策略的最大优点是市场适应力强。有针对性地满足具有不同特征的顾客群的不同需求，有利于增强企业竞争力，提高企业信誉，扩大销售额。

当然，差异性市场营销策略由于产品品种增多，批量减少，以及销售渠道、广告宣传的扩大化与多样化，导致企业的生产成本上升，营销费用急剧增加，并使管理工作复杂化。可见，目标市场细分程度并非越细越好，也并非产品越多越好，企业要根据自己的客观条件权衡得失并做出决策。

3. 集中性市场营销策略

集中性市场营销策略又称为密集性市场营销策略。它是指在细分市场的基础上，从中选择一个或少数几个细分市场作为目标市场，集中企业的资源和实力，经营一类产品，实施一套营销策略，以求在部分市场上争取较高的市场份额，获得明显优势。

集中性市场营销策略主要适用于资源有限的中小企业或是初次进入新市场的大企业。这一市场营销策略能够发挥企业的资源优势，集中资源在小市场获得营销成功；由于目标市场集中，能更深入地了解目标市场的需求，生产出更加适销对路的产品；可实行生产专业化，有利于提高产品质量和生产效率，树立企业形象和品牌形象；而营销组合的单一，可大大节约生产成本和营销费用，增加利润。

但是，集中性市场营销策略经营风险较大，如果目标市场的需求情况突然发生变化，如消费者偏好突然改变，或是市场上出现了更强有力的竞争对手，企业可能陷入困境。

4. 微市场营销策略

差异化和集中化市场营销都是根据不同细分市场需求来调整营销组合，并没有根据单个消费对象的需求来进行营销组合调整。

微市场营销策略是指根据特定个人或特定地区的需求来调整营销组合策略。要注意的是，微市场营销不是寻求每一个个体能否成为顾客，而是寻求每一个消费者身上的个性。它包括本地营销和个人营销。

(1) 本地营销

本地营销是根据当地顾客群的需求，调整营销策略组合，如品牌、促销等。本地营销由于规模的降低而可能带来生产成本和营销成本的上升，物流配送也可能存在问题；另外，如果不同地区的策略差别太大，还可能会影响企业品牌的整体形象。但随着技术的发展，面对地区人口特点和生活方式的明显差异，本地营销是一种更为有效的营销方式。

(2) 个人营销

极端情况下，微市场营销可变成个人营销，即根据单个消费者的需求和偏好来调整产品及营销策略。个人营销也称为一对一营销、定制营销或单人市场营销。现实生活中常见的裁缝为顾客量体做衣，鞋匠为单个顾客定做鞋子，木匠根据顾客需求制作家具，等等，都是个人营销的体现。随着新技术的不断应用，特别是互联网技术的应用，使个人营销成为可能并被广泛使用，不仅在消费者市场而且在生产者市场也同样如此。

第三节 市场定位

企业在市场细分的基础上，选定目标市场之后，还要确定如何服务这个市场，也就是说还必须进行市场定位，为企业及其产品在市场上树立鲜明形象，塑造一定特色，并争取目标顾客的认可，即 STP 策略的 P 部分。

一、市场定位含义

"定位"是美国营销策略专家杰克·特劳特于 20 世纪 60 年代首先提出的革命性的传播新法，现已成为营销理论的主流。特劳特认为，定位不是去创造新而独特的东西，而是去操纵原已在人们心中的想法。消费者的心是营销的终极战场。定位，不是要琢磨产品，而是要对顾客心中的想法下功夫，要发掘顾客内心的需求。如企业和消费者都认为对香皂的需求就是去污，洗干净，而真正的干净即杀菌，消费者却无法表达出来，但这正是他们内心的需求，舒肤佳香皂杀菌的定位无疑打开了消费者的心门。

美国著名营销学专家菲利普·科特勒指出：定位就是对公司的产品进行设计，从而使其能在目标顾客心目中占有一个独特的、有价值的位置的行动。

不难看出，定位指出了产品制胜的关键所在，即我们的产品至少有一个在消费者看来竞争对手所没有或明显优于竞争对手的优势，解决了说什么（what）的问题，从定义中也可看出一个有效定位的三个必备条件：

① 针对目标消费者；

② 独特的，即大家都不具备的或第一个说出来的，如舒肤佳的"杀菌"，乐百氏纯净水的"层净化"；

③ 有价值的，即产品的定位是符合目标消费者需求的，如对于牙痛者来说能使牙齿洁白的牙膏价值不大。

二、市场定位本质

1. 市场定位的基点是竞争

市场定位的过程就是识别差别、发现差别、显示差别的过程。企业通过调查研究市场上相互竞争的各个品牌的地位、特色和实力，可以进一步明确竞争对手和竞争目标，发现竞争双方各自的优势与劣势。在目标市场与竞争者相区别，从而树立企业的形象，取得有利的竞争地位。

2. 市场定位的目的在于吸引更多目标顾客

消费者不同的偏好和追求都与他们的价值取向和认知标准有关。企业只有通过了解购买者和竞争者两方面的情况,从而确定本企业的市场位置,进一步明确企业的服务对象,才能在目标市场上取得竞争优势和更大效益。企业在市场定位的基础上,为企业确立形象,为产品赋予特色,从而对相应的顾客群体产生吸引力,是当代企业的经营之道。

3. 市场定位的实质是设计和塑造产品的特色或个性

企业通过市场定位,可以确认现在所处的地位,即产品、品牌能在多大程度上对应市场需求;比较和评价竞争者与本企业的产品和品牌在市场上的地位;抢先发现潜在的重要市场位置;了解和掌握应该追加投放新产品的市场位置,以及现有产品重新定位或放弃的方向等;设法在自己的产品、品牌上找出比竞争者更具竞争优势的特性或者创造与众不同的特色,从而使产品、品牌在市场上占据有利地位,取得目标市场的竞争优势。

三、市场定位步骤

1. 确认本企业潜在的竞争优势

这一步的中心任务是要了解:目标市场上的消费者需要什么?这些需要是否得到了满足?满足的程度如何?目标市场上的竞争者的产品定位如何?本企业能为目标顾客做些什么?了解了这些问题,企业就可确定自己的潜在竞争优势在何处。

2. 从潜在竞争优势中选择真正有开发价值的竞争优势

一个企业的竞争优势是本企业能够胜过竞争者的能力。这种能力既可以是现有的,也可以是潜在的。一般情况下,企业要通过分析、比较自己与竞争者在经营管理、技术开发、市场营销、产品等方面的强弱,然后选出适合本企业的优势项目。

3. 在市场上显示独特的竞争优势

企业要积极主动地通过一系列的宣传促销活动,将其独特的竞争优势准确地传播给潜在顾客,引起顾客对本企业及产品形象特征的注意和兴趣,使他们熟悉、认同、喜欢、偏爱本企业的市场定位,以使企业的竞争优势对顾客的购买行为产生影响。

四、市场定位方法

如果一家公司的产品或服务与其他公司的产品或服务类似,那么它是无法取得成功的。一家公司可以通过对自己的产品或服务进行定位和差异化,来获取竞争优势。市场定位的方法如表3-2所示。

表 3-2 市场定位方法

方法	简介	案例
初次定位	新成立的公司初入市场、公司新产品投入或产品进入新市场时,公司必须从零开始,运用所有的市场营销组合,使产品特色确定符合所选择的市场目标	红罐王老吉在消费者心中原有的定位是"药茶""药茶"是"药",无须也不宜经常饮用
重新定位	公司变动产品特色,改变目标顾客对其原有的印象,使目标顾客对其产品新形象有一个重新认识的过程	红罐王老吉将"药茶"重新定位为"预防上火的饮料" 饮料就可以经常喝。广告语:怕上火,就喝王老吉

续表

方法	简介	案例
针对式定位（又称竞争性定位、对峙性定位）	公司选择靠近现有竞争者或与现有竞争者重合的市场位置，争夺相同的目标顾客群，彼此在产品、价格、渠道和促销等各方面差别不大	沃尔玛与家乐福的定位、麦当劳与肯德基的定位都属于针对式定位，它们的定位趋同，争夺相同的目标顾客群
回避性定位（又称创新式定位）	公司回避与目标市场上的竞争者直接对抗，将其位置确定为市场"空白点"，开发并销售目前市场上还没有的某种特色产品或服务，开拓新的市场领域	7-Eleven便利店为顾客提供最大的便利，靠地点、时间（全天候24小时）和"贴心服务"的便利性取胜

五、市场定位意义

1. 节省费用

今天人们每日接受的新产品、新资讯与日俱增，而消费者只能接受有限的信息，要使产品形象根植于消费者心中，成本越来越高。而定位是运用所有的营销手段只传播一个清晰独特的概念，当从所有的途径得到的都是一个声音时，定位就已深入人心。

2. 快速奏效

定位能够以较快的时间直接在人们心目中占据一个有价值的位置，从而影响购买决策。

3. 积累效果

一旦定位确立，必将进行长期持续的投资，日积月累后定位在消费者的心目中将越来越牢固，它的回报必定是良好稳固的品牌资产。

4. 构筑竞争壁垒

随着定位在人们心目中的建立与加强，消费者会视其为某个产品领域的首选品牌，从而成为强势品牌，有效遏制了其他品牌的进入与发展。

职业知识与实践技能训练

一、职业知识训练

1. 重要概念

市场细分　目标市场　市场定位

2. 选择题

（1）单项选择题

① 市场细分的概念最早由（　　）提出。

A. 菲利普·科特勒　B. 温德尔·史密斯　C. 马斯洛　D. 亚当·斯密

② 按年龄、性别、家庭规模、家庭生命周期、收入、职业等为基础细分市场是属于（　　）

A. 地理细分　　B. 心理细分　　C. 人文细分　　D. 行为细分

③ 按购买者的态度、购买动机进行细分属于（　　）
A. 地理细分　　　B. 心理细分　　　C. 人文细分　　　D. 行为细分
④ 洗发水有的重在去头屑，有的重在黑发、润发，这种细分是按（　　）标准划分的。
A. 地理环境　　　B. 人口环境　　　C. 消费心理　　　D. 行为因素
⑤ 企业生产不同的产品满足特定顾客群体的需要，即面对同一市场生产不同的产品，属于（　　）模式。
A. 密集单一型市场　B. 产品专业化　　C. 选择性专业化　　D. 市场专业化
⑥ 具有多品种、小批量、多规格、多渠道、多种价格和多种广告形式的营销组合等特点企业一般采用（　　）
A. 无差异策略　　　B. 产品专业化策略　C. 差异化策略　　D. 集中性策略
⑦ 集中性策略的优点是（　　）
A. 成本经济性　　　　　　　　　　B. 降低企业经营风险
C. 集中企业优势　　　　　　　　　D. 有利于新产品推广
⑧ 某药厂只生产抗微生物药，满足被微生物感染患者的需求。该目标市场模式为（　　）
A. 市场集中化　　　B. 产品专业化　　C. 市场专业化　　D. 选择专业化
⑨ 企业市场定位是把企业产品在（　　）确定一个恰当的地位。
A. 顾客心目中　　　　　　　　　　B. 产品质量上
C. 市场的地理位置上　　　　　　　D. 产品价格上
⑩ 实力较弱的企业一般采用（　　）。
A. 无差异性市场营销策略　　　　　B. 集中性市场营销策略
C. 差异性市场营销策略　　　　　　D. 规模化市场营销策略
⑪ 如果医药企业选择的目标市场属于同质市场，企业对目标市场宜采用（　　）。
A. 无差异性市场营销策略　　　　　B. 集中性市场营销策略
C. 差异性市场营销策略　　　　　　D. 专业化市场营销策略
⑫ 企业市场定位是把企业产品在（　　）塑造一个特殊的形象。
A. 消费者心目中　　B. 产品质量上　　C. 市场的地位上　　D. 产品价格上
⑬ 企业避开与竞争者直接对抗，将自己的产品定位在与竞争对手不同的位置，发展当前市场上没有的某种特色产品，开拓新的市场，这种市场定位策略为（　　）。
A. 创新定位　　　　B. 迎头定位　　　C. 避强定位　　　D. 重新定位

（2）多项选择
① 药品市场细分的因素有（　　）
A. 地理因素　　　　B. 心理因素　　　C. 人文因素
D. 行为因素　　　　E. 法律因素
② 药品市场细分的方法有（　　）
A. 单一变量细分法　B. 系列变量细分法　C. 心理因素细分法
D. 多个变量综合细分法　E. 空间变量细分法
③ 目标市场策略包括（　　）
A. 无差异策略　　　B. 产品专业化策略　C. 差异化策略
D. 集中性策略　　　E. 消费者分析策略

第三章　目标营销：STP策略

④ 药品市场定位的方向有（　　　）
A. 使用者定位　　　　B. 利益定位　　　　C. 质量和价格定位
D. 药品用途定位　　　E. 竞争定位

⑤ 目标市场选择的模式有（　　　）
A. 密集单一型市场　　B. 产品专业化　　　C. 选择性专业化
D. 市场专业化　　　　E. 完全覆盖

⑥ 在细分消费者市场的标准中，属于人口因素的有（　　　）
A. 个性　　　　　　　B. 职业　　　　　　C. 收入
D. 家庭规模　　　　　E. 爱好

⑦ 按购买行为细分消费者市场要考虑消费者（　　　）等因素。
A. 对商品利益的追求　B. 对商品的忠诚程度　C. 购买动机
D. 所处的购买阶段　　E. 对商品的态度

⑧ 消费者心理细分的依据是（　　　）
A. 消费者生活方式　　B. 消费者的个性　　　C. 消费者的购买动机
D. 消费者的消费能力　E. 品牌忠诚度

⑨ 市场定位是指（　　　）
A. 产品在市场上所处的位置
B. 产品在消费者心目中所处的地位
C. 产品的销售对象选择
D. 产品的销售渠道选择
E. 选择目标市场

⑩ 影响目标市场营销策略选择的因素有（　　　）。
A. 竞争对手策略　　　B. 市场同质性　　　　C. 产品同质性
D. 企业实力　　　　　E. 产品生命周期

⑪ 市场定位策略有（　　　）。
A. 创新定位策略　　　B. 迎头定位策略　　　C. 避强定位策略
D. 重新定位策略　　　E. 共享定位策略

3. 问题理解

（1）市场细分的作用有哪些？

（2）STP营销的三个步骤是什么？

（3）分析影响企业目标市场战略选择的因素，并简述目标市场营销战略的三种模式与优缺点。

（4）联系企业营销实例，分析企业进行市场定位的策略，并论述市场定位的意义。

（5）为什么说市场细分是制定目标市场营销战略的关键环节？

（6）简述回避性定位的含义。

二、实践技能训练

1. 案例分析

案例：某医药公司的转型尝试，从早期的药妆店，到现在中心卖场的中医馆，以及在高校附近开的书店。据总经理介绍，其一直在多元化转型上进行不断地尝试，早期进行药妆店尝试时，曾经一度陷入亏损局面，经过几年时间的摸索，公司才确立了以中医馆为主的经营模式，现在已设立了8家中医馆，并逐步培养起当地居民使用中成药或中药饮片的习惯。现在中心店中医馆的月销售额达到了近万元。同时该医药公司还开设了医疗器械中心店，经营面积共$1000m^2$，月销售额在2万元左右。药品不是快速流通的产品，成本的持续上涨逼迫药店进行转型。而转型最重要的是市场基础。所谓隔行如隔山，很多时候我们看到了转型的方向，却无法把握住机会。从现在整个市场的消费习惯来看，药店在转型中开发的不是未来的市场，而是在开发顾客的需求，这导致药店在转型中处于非常被动的状态。

问题：该医药公司的转型成功说明了什么？请进行分析阐述。

2. 实践项目

××霉素市场定位方案

一、实践目的

分析目标市场定位，选择合适的市场定位策略。

二、实践情景

市场分析：××霉素属于大环内酯类抗生素，抗菌谱广，临床上主要用于呼吸道感染及淋球菌、衣原体、支原体导致的生殖器感染、软组织感染等。从市场的角度来看，××霉素的上市面临着众多的困难和阻力。

（1）一般性抗感染用药市场已被广谱抗菌的老牌抗生素如青霉素类等牢牢占领，无论是医院还是零售终端，氨苄青霉素、羟氨苄青霉素始终都是治疗常规感染的首选。这些药品最初是通过医院销售的优势而带动零售的，受医生权威推荐的影响，这一类药品品牌在消费者心中留下了深刻的印象。要改变消费者的观念，需要一定的时间。作为要求在短期内成功上市的××霉素来讲，不宜在这一细分市场上与上述老牌品种硬拼。

（2）治疗深度感染和交叉感染的市场又被作用强劲的头孢菌素类抗生素如头孢拉定、头孢氨苄等品种所占领，这些品种因作用明显，已成抗生素中的王牌。而且，由于竞争的激烈和成本的下降，头孢菌素类抗生素的价格一路下滑。新药品如进入这一细分市场，必定利润微薄而导致投入与产出不相称。因此，××霉素也不宜定位于这一市场。

（3）用于治疗呼吸道感染和软组织感染是××霉素的主要功能之一，而这一细分市场又被众多的其他大环内酯类抗生素如乙酰螺旋霉素、麦迪霉素等所占领，并且价格不高，利润相对较低。显然××霉素进入这一市场也是很不合适的。

由此看来，面对已经瓜分得七零八落的市场，××霉素只能独辟蹊径，找出市场的薄弱点和空缺点，强势进入，才能在激烈的市场竞争中突出重围，获得成功。

市场定位：为确保策划的科学性和市场推广的万无一失，我们对抗生素药品的临床趋势及在OTC市场的状况进行了一次全面的调查。精心设计的问卷很快被回收，通过归类和数据处理，来自医生、店员和消费者方面的调查结果在证明了上述分析准确的同时，我们得到了一个意外的收获：在抗生素的细分市场上，专用于治疗性传播疾病的抗生素非常少，在国内形成品牌的几乎没有，但是这一细分市场却具有非常大的市场潜力。××霉素恰恰具有对淋球菌、支原体、衣原体等导致性传播疾病的病原微生物有较强杀灭作用。经过讨论，我们决定将××霉素定位为一个专用于治疗性传播疾病的抗生素药品。

受传统观念的影响，一些中成药、西药如果兼有治性病的功效时，往往在说明书上"犹抱琵琶半遮面"地附加一句"也可用于泌尿系统感染"。但是，由于很多消费者医学知识有限，根本就不明白泌尿系统感染包括哪些病，有何症状。针对治疗性传播疾病这一细分市场的现状，经过一番论证，我们在决定××霉素的广告诉求时从加强与患者的有效沟通出发，选择了"明线"的方式，即既打破传统，又顾及消费者的面子。于是，在坚持以药理学为依据，集中力量突破重点的战略目标下，将××霉素的广告诉求定位为：强效杀菌，淋病克星。

三、实践实施

① 教师将学生分成若干组，每组4~6人，安排任务；
② 学生按小组讨论完成；
③ 各小组派代表阐述小组观点；
④ 教师和学生对每小组的观点改正、修改；
⑤ 教师点评并总结；
⑥ 教师指导学生完成工作页。

四、实践成果

① ××霉素是如何进行市场细分的？
② ××霉素目标市场选择在哪里？
③ ××霉素的市场定位是什么？

第四章

设法盈利：定价策略

知识目标 >>>

1. 掌握常用的医药产品定价方法。
2. 熟悉常用的医药产品定价策略及其优、缺点。
3. 了解影响医药产品定价的主要因素。
4. 了解医药企业定价目标。

能力目标 >>>

1. 树立科学医药产品市场定价理念。
2. 能够在不同时期、不同情况下灵活运用各种产品定价策略。
3. 能够分析影响医药企业价格制定的因素。
4. 能够结合当下环境、营销条件、营销目标，提出相应的调整产品价格的措施。

价值目标 >>>

1. 具备现代医药营销思维和诚信意识。
2. 培养学生主动观察、积极思考、独立分析和解决问题的习惯。
3. 具备良好医药营销职业理想和职业情感。
4. 树立爱国主义理想和信念，具备为中国医药企业发展贡献力量的责任感。

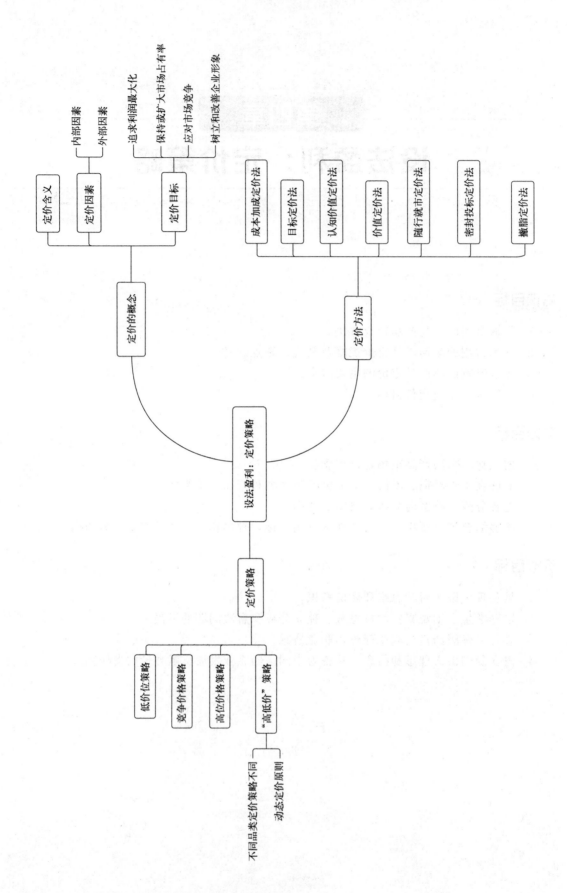

第一节　定价的概念

一、定价含义

价格定位就是营销者把产品、服务的价格定在一个什么样的水平上,这个水平是与竞争者相比较而言的。企业的价格定位并不是一成不变的,在不同的营销环境下,在产品的生命周期的不同阶段上,在企业发展的不同历史阶段,价格定位可以灵活变化。

二、定价因素

药品价格实行政府定价和企业自主定价。列入国家基本医疗保险药品目录和国家基本医疗保险药品目录以外有垄断性生产、经营的药品,实行的是政府定价或政府指导价。实行市场调节价的药品及保健品,当企业要将其新产品投入市场时,或将某些产品通过新途径投入市场或新的市场时,或者竞争投标时,都必须给产品制定适当的价格。为有效开展市场营销活动,促进销售收入的增加和利润的提高,受市场供求关系等因素影响,还需要对已经制定的价格进行调整。价格是医药市场营销组合中十分敏感而又难以控制的因素,它直接关系着市场对产品的接受程度,涉及生产者、经营者、消费者等各方面的利益。

1. 内部因素

(1) 企业营销战略

在营销实践过程中,营销人员总要先设计营销战略,然后再确定这一战略的实施和营销组合。所以,价格必须与所制定的营销战略一致。营销战略包括市场细分和产品定位,营销战略决策并不是具体的定价规则,而是为决定价格应该高还是低提供总体的指导。市场细分决策会影响价格,因为价格在各个细分市场上会有很大的差别,经济学家称之为价格歧视,即根据各个细分市场的价格弹性和敏感性对它们采取不同的价格。即使在同一目标细分市场上也会存在巨大的价格差异,这是因为顾客对某些产品或供应商很忠诚,他们将价格看得比其他因素低,如可靠性、售后服务等。在某些行业里,价格可见性很低,比如处方药相对于非处方药的价格可见性低。竞争的密集性在各个细分市场之间不同,供应商的数目越多,价格越集中在标准价格附近。所以,对价格决策者而言,了解各个不同细分市场的价格敏感度及营销战略,主动选择目标细分市场的价格弹性空间是很重要的。

(2) 服务决定价格

"价格=产品价值+服务",这是营销学和经济学的常识。目前药店都是成本加成定价,但如果所有产品全部用成本加成定价,那是错误的。产品本身的档次、品质、质量只是定价的一个因素,连锁药店的价格体系还有另外一个因素,那就是服务。

超值的会员服务可以给价格加分,而目前大家都把会员卡做成低价打折,偏离了初衷,亟待从会员低价打折中走出来;差异化的、系统的、专业的医学和药学服务与指导,可以提高整体产品的价格体系。你得学会让消费者为此买单,比如请来真正的高水平医生是需要费用的，消费者须购买指定的产品到一定金额，才能来听专业的疾病预防知识讲座。

那么，怎样依靠服务提升产品价格带？一要靠店员坚持不懈地学习药学知识、医学知识、联合用药知识来达成；二要靠采购人员了解供应商的整体状况，采购到优质名牌产品，这些也许和高毛利自营品种有一些冲突，但也不完全冲突。

(3) 差异化决定价格

最好的竞争策略是不与人竞争，药店差异化的根本是品类差异化，当你销售的东西别人没有时，定价权就是你的了，因为消费者无从比价。因此药店差异化不仅是竞争策略，也是价格策略之一，差异化的品类可以给企业带来高的价格体系和高利润。

(4) 品牌决定价格

同仁堂药店销售的产品，大多是自己公司生产的，尽管价钱不菲，但是一般消费者都没觉得它贵，就算觉得贵也都能接受。这就是连锁的品牌定位决定它可以卖高价。同时，例如一瓶相同的啤酒，在大排档、五星酒店、商超自购，价格完全不一样，同一个东西，价格的差异是怎样产生的呢？其实就是场所决定了价格。

因此，连锁门店的品牌价值、商圈位置都决定了其价格体系和定位。装修与购物环境的档次，也决定了价格体系，例如商圈和写字楼以及高档社区内的店，是服务有钱人和忙碌的白领商务人士的，定价应偏高。起码一店一策的策略，在不同门店的价格体系设置上是成立的。

2. 外部因素

(1) 市场需求

① 市场需求受诸多因素影响，但主要是受人口、购买力和购买动机的影响 购买力就是顾客的支付能力，它受收入和物价水平的制约。传统的做法是：首先制造产品，然后根据成本来定价。现代营销学提倡的做法则是：首先分析消费者的支付能力，确定产品价格的范围，再制造相应的产品来满足顾客的需求。购买动机反映了消费者对医药产品的向往程度。消费者的意愿强度不同，对于愿意支付的价格就有较大差别。例如儿童药品，消费者大多愿意接受质优价高的药品。因此，企业应根据消费者对药品的需求强度来选择价格水平。

② 需求价格弹性反映了药品价格的变化对需求量变化的影响 如果某类药品需求量会随着价格的变化而变化，说明需求价格弹性较大，如名贵中药材，对这类药品，企业可以采用降价的方式来促进销售。反之，某些药品价格的需求量对价格反应比较迟钝，如处方药，对于这类药品，企业降价对销售额影响不大。

(2) 市场竞争

企业在制定价格时，不仅要考虑消费者，还要考虑竞争者。市场竞争格局与竞争对手的价格策略对企业定价有着极大的影响。中国医药市场，国内药品生产企业曾达到近7000家，药品经营企业近1.6万家，加之许多跨国公司，竞争异常激烈。因此，制药企业要分析和研究市场的供求状况、竞争者的价格策略、本企业的竞争地位、潜在的竞争者等多方面的因素，进而制定合理的价格。此外，还需努力避免纯粹的价格战。纯粹的价格战会使竞争双方都蒙受损失，并且有可能影响产品的质量。因此，现在很多企业有意识避免纯粹的价格战。

(3) 价格政策

任何企业都处于一定的宏观环境中，政府会对价格进行适当的调控与干预。《中华人民共和国药品管理法》《中华人民共和国反不正当竞争法》等法律法规，都在价格上对企业进行了约束与规范。这就要求医药企业不断学习与研究药品的价格政策。

(4) 消费心理

对于任何一种商品，人们在购买时会因个人条件和环境等不同而产生不同的消费心理。市场营销人员研究消费者心理的目的是在制定价格时尽量与消费者的心理预期相吻合，以减少产品销售的难度。一般有以下几种心理因素影响药品的价格。

① 自尊心理 这类消费者一般收入较高，在购买商品时追求档次和品位。针对这种心理，定价常采用整数计价和高档次定价法。常见于一些高档保健食品的定价。

② 实惠心理 这是普通的大众消费心理，希望花钱少而疗效好。针对这类消费者，企业定价常采用尾数计价法，走薄利多销的路子。普通药品常采用这种方法。尤其是一些平价药的出现也是为了满足消费者的这种心理。

③ 信誉心理 这类消费者比较重视药品的品牌、产地、医药企业的信誉。认为知名品牌、进口药、按照GMP要求生产的药品质量好，价格高是合理的，特别是在医治疑难病症时更是突出。对于这类消费者，医药企业需要采取力创名牌，走优质优价之路。

④ 对比心理 一些久病成医型的消费者，对于药品价格信息比较敏感，善于进行比较分析。因此，要求医药企业在制定药品价格时，要充分比较与参考竞争对手的价格，以免价格高而堵塞销路。

三、定价目标

定价目标是指企业在对其生产或经营的产品制定价格时有意识地要求达到的目的。它是企业选择定价方法和制定价格策略的依据。企业的定价目标既要服从于营销总目标，又要与其他营销目标相协调。一般来说，企业的定价目标主要有以下几种。

1. 追求利润最大化

以最大利润为目标，指的是企业希望获取最大限度的销售利润或投资收益。最大利润目标并不一定导致高价。当一个企业的产品在市场上处于某种绝对优势时，如有专卖权或垄断等，固然可以实行高价策略以获得超额利润，但随着市场竞争的加剧，企业要想长期拥有过高价格，必然会遭到来自多方面的抵制，价格也会随之回落到合理的水平。最大利润有长期和短期之分，有远见的经营者，都着眼于追求企业长期利润的最大化，但也有一些中小企业和商业企业经常以短期最大利润为目标。此外，为了获取整个企业的最大利润，企业也可以有意识地将一些易引起人们兴趣的产品的价格降低，借以带动其他产品的销售。例如，美国吉列公司曾以低价甚至是低于成本的价格销售其刀架，目的是吸引更多顾客购买其互补品剃须刀片，以便从大量销售的剃须刀片中获取更多的利润。

2. 保持或扩大市场占有率

市场占有率是企业经营状况和产品竞争能力的综合反映，关系到企业的兴衰。价格的高低对于市场占有率的高低有很大影响。一般来说，为了保持或扩大市场占有率，许多企业经常采用价格手段，制定出对潜在消费者有吸引力的较低价格，以开拓销路。销路越好即销售规模越大，则意味着市场占有率越高；市场占有率越高，则盈利能力越强；盈利能力越强意味着企业的市场地位越高，竞争实力越强，企业才能进一步发展壮大。

3. 应对市场竞争

企业可通过市场竞争的需要来制定价格。一般来说，企业对竞争者的行为都十分敏感，尤其是价格的状况更甚。在市场竞争日趋激烈的环境中，企业在定价时应仔细分析竞争对手的产品和价格情况，然后有意识地通过自己的定价目标去应对竞争对手。一方面，对竞争者挑起的价格竞争进行回应；另一方面，也可通过价格设置一道看不见的进入壁垒，以预防潜在的竞争者。在这里要说明的是后一种情形。在生产某种产品的技术水平和成本水平一定的情况下，产品制定高价意味着在短期内企业能获取较高利润，但可能会吸引大量竞争者的进入，而制定低价，企业在短期内的获利水平可能是有限的，但也降低了对潜在进入者的吸引力，即降低了企业在未来可能面临的压力。

4. 树立和改善企业形象

良好的企业形象是企业的无形资产和宝贵财富，它同样也体现在定价决策中。通常为了取得良好的企业形象，企业在定价中需要考虑以下三个方面的因素。

（1）本企业的价格水平能否被目标消费者所接受，是否同他们期望的价格水平相接近，是否有利于企业整体策略的有效实施。

（2）本企业产品的价格是否使人感到质价相称，独具特色。

（3）本企业的定价是否符合国家宏观经济发展目标，是否严格遵从了社会和职业道德规范。

企业在确定定价目标时应综合考虑影响企业定价的因素，使定价符合市场状况。

第二节 定价方法

一、成本加成定价法

产品的成本主要有两种形式，一是固定成本，二是可变成本。固定成本也就是企业的一般管理费，它是不随生产或销售收入的变化而变化的，如租金、利息、行政人员的薪资等。可变成本是随生产水平的变化而直接发生变化的，也就是说它的总数是随生产产品的数量变化而变化的。在产品的单位成本上加一个标准的加成，即成本加成定价法。

单位成本＝可变成本＋固定成本/销售量

加成定价＝单位成本/（1－行业标准销售收益率）

例如：某一公司生产的感冒药可变成本＝2.2元，固定成本＝1750万元，预期销售量＝3100000单位。

单位成本＝可变成本＋固定成本/销售量＝2.2＋17500000/3100000＝7.84元单位

加成定价＝单位成本/（1－行业标准销售收益率）＝7.84/（1－0.10）＝8.71元/单位

可以看出，这一基本的定价方法中，销售量和行业标准销售收益率即标准加成是两个关键变量。

行业标准收益率，即标准加成。药品在激烈的市场竞争中，完全走出了计划经济的影子，"微利"经营理念被从业经营者自觉或不自觉地接受了。药品工业生产者的利润也在逐年下降，主流品种标准加成低于销售量是加成定价法的前提，只有当价格确实能带来预期的销售量时,加成定价法才有效。

加成定价法易被采用。首先,销售者对成本的了解要比需求多。将价格同成本挂钩便于销售者简化自己的定价任务,他们无需根据需求的变动来频繁地调整价格。其次,当行业内所有公司都使用这种定价方法时,他们的价格就会趋于相似,这样可以尽量减少价格竞争。许多人认为成本加成定价法对买卖双方来讲都比较公平,在买方需求强烈时,卖方不会乘机抬价,同时仍能获得合理的投资报酬。

二、目标定价法

企业希望确定的价格能带来目标投资收益率。目标价格可由下面的公式推出:
目标价格＝单位成本＋目标收益×投资额/销售量
制造商应考虑不同价格可能对销售量和利润产生的影响,还应寻求降低固定成本和可变成本的有效途径,因为成本的降低可使得保本量更低。

三、认知价值定价法

越来越多的公司正根据产品的认知价值来制定价格。因为定价的关键是顾客对价值的认知,而不是销售者的成本。他们利用市场营销组合中的非价格变量,在购买者心目中确立认知价值。制定的价格必须符合认知价值。认知价值定价与产品定位的思想非常相符。公司针对某一特定的目标市场开发出一个产品概念,并计划好产品的质量和价格。然后管理部门要估计该价格下所能销售的产品数量,根据这一销售量再决定工厂的生产能力、投资额和单位成本。接着,管理部门要计算出在此价格和成本下能否获得满意的利润,如果能获得满意的利润,就继续开发这种产品,否则公司就要放弃这一产品。认知价值定价法的关键在于准确地评价市场对公司产品价值的认识,如果卖方高估了自己的产品价值,则其产品的定价就会偏高;相反,如果卖方低估了自己的产品价值,则其产品的定价就会偏低。为了有效地定价,公司需要进行市场调查,测定市场的价值认知程度。

四、价值定价法

近些年,有的公司采用价值定价法,高质量产品的定价哲学是"价格越高,质量越高";低一层次的定价哲学是"同样的价格,更高的质量",折扣商经常采用这种方法;再下面一层的定价哲学是"较低的价格,更高的价值"。价值定价法与认知价值定价法不同,后者是真正的"高价格,高价值"的定价哲学,它要求公司的价格水平应与用户心目中的产品价值相一致;而价值定价法则要求价格对于销售者来说,代表着特定的廉价商品。

价值定价法不仅是制定的产品价格比竞争对手低,而且是对公司整体经营的重新设定,从而使公司成为真正的低成本制造商,同时不以牺牲质量为代价。公司大幅度降价是为了吸引大量的注重价值的顾客。

五、随行就市定价法

采用随行就市定价法时,公司在很大程度上是以竞争对手的价格为定价基础的,而不太注重自己产品的成本或需求。公司的定价可以等于、略高于或略低于主要竞争对手的价格。小公司会追随市场领导者,当市场领导者变动价格时,它们会随之变动,并不管自己的需求或成本是否发生了变化。有些公司的价格可能会略微提高或稍打折扣,但它们的差额保持不变。随行就市定价法非常普遍,当成本难以估算,或竞争对手的反应难以确定时,公司不妨采用随行就市定价法。人们认为市价反映了该行业的集体智慧,该价格既带来了合理的利润,又不会破坏行业的协调性。

六、密封投标定价法

当公司为药品集中采购投标时,常采取以竞争为导向的定价方法。公司对竞争对手的报价进行预测,在此基础上制定自己的价格,而不是严格按照公司的成本或需求定价。公司希望自己能中标,而这通常要求报价低于竞争对手。但公司制定的价格不能低于一定的水平,它不可能使价格低于成本。但是,价格高于成本越多,中标的可能性越小。目前医院集中招标采购药品的方法在国内迅速被普遍采用。

七、撇脂定价法

撇脂定价法是指在产品生命周期的最初阶段把产品价格定得很高,以求最大利润,尽快收回投资。这是对市场的一种榨取,就像从牛奶中撇取奶油一样。撇脂式定价法只在一定条件下有意义。首先,产品的质量和形象必须与产品价格一致,且有相当多的顾客接受这种价格的产品。其次,生产较少量的产品且成本不能太高,以致抵消定高价所带来的好处。最后,竞争者没有可能很容易地进入市场,以同样价格参加竞争。从根本上看,撇脂定价是一种追求短期利润最大化的定价策略,若处置不当,则会影响企业的长期发展。因此,在实践当中,特别是在消费者日益成熟、购买行为日趋理性的今天,采用这一定价策略必须谨慎。

第三节 定价策略

公司如何根据质量和价格来为自己的药品定位?市场的需求和公司的成本分别为药品的价格确定了上限和下限,竞争对手的成本、价格和可能的价格反应则有助于公司确定合适的价格。合适的产品价格,一般都在太低的无利润的价格与太高的无需求的价格之间。以上概括了定价时三个主要的考虑因素:成本是价格的最低点;竞争对手和替代产品的价格是公司在考虑定价时的出发点;顾客对公司产品独有特征的评价是价格的上限。

一、低价位策略

适合低价的产品并不是指负毛利销售,而是以低价来赢得消费者的关注。当公司面临生存危机、产量或库存过剩、市场竞争激烈、消费者需求发生变化时,公司的主要目标就是生存。为了保证车间能开工生产、库存能周转,公司会降低价格。只要价格能够弥补可变成本和部分固定成本,公司就能在行业内勉强生存下去。当公司追求销售额最大化时,它认为销售额越大,市场份额就越大,单位成本就越低,长期利润也就越大,就是所谓的薄利多销。采用低位价格策略的条件是:市场对价格高度敏感,采用低价格能促进市场份额的增长;产销量大幅增加后，生产和分销成本随之下降；低价格能起到减少实际的或潜在的竞争作用。

二、竞争价格策略

公司需要将自己的成本和竞争对手的成本进行比较，来分析自己是处于成本优势还是成本劣势。同时，公司也需要了解竞争对手的价格和质量，派出人员对竞争对手的产品进行定价和评价；公司也可以获得竞争对手的价格表，并购买其产品进行分析比较；公司还可以询问购买者对每一种竞争对手产品的价格和质量的看法。一旦公司了解了竞争对手的价格和产品，就可以将它作为自己定价的出发点。如果公司的产品与主要竞争对手的产品十分相似，则公司制定的价格应与竞争对手的相近，否则就会使销售量受到损失。如果公司的产品质量较低，那么其定价就不能高于竞争对手的价格。如果公司的产品质量较高，则定价可以高于竞争对手的价格。但公司必须认识到，竞争对手会根据公司的价格作相应的价格调整。公司基本上都利用价格来确定自己的产品相对于竞争对手的市场定位。

三、高位价格策略

许多公司追求最高销售收入或最大利润，所以新产品上市采取市场撇脂定价。市场撇脂定价是指每当推出一项新产品，公司便要估算新产品对现有代用品的相对利益，从而估计出最高定价。公司制定的价格要使某些细分市场觉得采用这种新产品是值得的。每当销售额下降时，公司已从各个方面细分市场撇取了最大的收益。

市场撇脂定价奏效需符合下列条件：顾客的人数足以构成当前的高需求；小批量生产的单位成本不至高到无法从交易中获得好处的程度；开始的高价未能吸引更多竞争者；高价有助于树立优质产品的形象。

若公司追求的目标是产品质量领先，公司可以树立在市场上成为产品质量领先地位这样的目标，采用"高质量，高价格"战略。

四、"高低价"策略

对于药店而言，当同一商圈出现竞争时，可以采取"高低价"策略——根据品类角色和市场导向定价。

品类角色定价，在品类管理技术中强调的是，将药店内各种商品根据其市场作用进行角色定位。一般将商品定为目标性品类、常规性品类、季节性品类和方便性品类四大类。四大品类的定价不能一味按照顺加多少百分点一刀切，应在市场调研的基础上，以市场为导向，根据不同的品类角色采取不同定价原则。

1. 不同品类定价策略不同

① **目标性品类** 指药店品牌产品，即知名度较高、疗效较确切、购买率和回头率均较高的商品。其定价必须采取低价策略，其价格一定要比行业竞争对手低 5%～10%，才有强势的竞争力。

② **常规性品类** 药店的主力商品，品种多，产生销售额的绝对值大，达到药店整体销售额的 50%～60%。其定价应该区分较敏感品种和非敏感品种，较敏感品种定价要和竞争对手持平或略低，而非敏感品种不一定都用低价，顾客对这类商品价格感知不明显。

③ 季节性品类　商品销售季节性强，在旺季销售时可在不高于竞争对手的前提下，采取相对高价策略，其季节销售量大，利润高。在淡季到来时，要立即采取低价，甚至是特价销售，以免压库。

④ 方便性品类　方便顾客购买，达到"一站式"购齐的商品。如药店经营的日化用品、食品等。来药店的顾客对此类商品价格相对不敏感，定价高可以使利润相对高，能起到拾遗补阙的作用。

2. 动态定价原则

四大品类角色在定价原则的基础上，应随着市场竞争的变化，采取"动态定价"的原则。动态定价的唯一依据是价格竞争指数，竞争指数过低，会无谓损失毛利；竞争指数过高，会缺少竞争力。所谓价格竞争指数，是门店对竞争对手商品售价进行调查统计，然后根据统计结果计算出来的相对值，它是分析门店物价竞争力强与弱的一个重要数据。门店从某个大类中随机选出一定数量的单品（一般某个大类选30~40个单品），按所选单品的种类对竞争店的售价进行调查了解。将自己门店和竞争店某类所选择的各种商品的价格分别进行累加，得出两个数值：①自己店，②竞争店，然后计算：

价格竞争指数＝自己店/竞争店。

在以往实践中人们往往很重视竞争对手的商品价格比自己低多少，而容易忽视竞争对手的商品价格比自己高多少。比竞争对手价格高的商品确实应该调低或持平，但当竞争对手的商品价格比我们高出10%以上时，是否应该调高呢？这就要根据价格竞争指数来决定了。以价格优势作为竞争方法的药店，其价格竞争指数应定位于0.92左右，因为消费者对价格的敏感性在8%左右。

"高低价"策略，应根据药店不同品类，不同品类的子品类和对竞争对手的价格动态进行观察，进行逐个定价和动态定价。通过"高低价"策略的运用，可以让顾客在不知不觉中购买高价位的商品，达到提升顾客购买单价的目的，但操作不当，会有潜在危险，定价不合理将导致顾客的不满和流失。

职业知识与实践技能训练

一、职业知识训练

1. 重要概念

定价　定价目标

2. 选择题

（1）单项选择题

① 药品生产企业向药品批发或零售企业销售时的药品价格称为（　　）
A. 出厂价　　　B. 批发价　　　C. 零售价　　　D. 中标价

② 某国产药品的无税出厂价为10元/盒，该产品的含税出厂价应为（　　）元/盒。
A. 8.3　　　　B. 13.2　　　　C. 12.2　　　　D. 11.7

③ 药品需求价格弹性较大的药品，应采用销售价格水平为（　　）
A. 高价　　　B. 低价　　　C. 中间价格　　　D. 平均价格

④ 又称薄利多销策略的是（　　）
A. 撇脂定价策略　　B. 低价渗透策略　　C. 声望定价策略　　D. 中间价格策略

（2）多项选择题

① 药品的折扣通常分为（　　）
A. 数量折扣　　B. 组合折扣　　C. 现金折扣
D. 交易折扣　　E. 推广折让

② 药品制造成本具体包括（　　）
A. 运输仓储费　　B. 原料费用　　C. 包装材料费用
D. 广告费　　E. 推广费

③ 列入政府定价范围的药品是（　　）
A. 专利药品　　B. 一二类新药　　C. 麻醉药品
D. 一类精神药品　　B. 国家计划免疫药品

④ 以下属于成本导向定价法的是（　　）
A. 反向定价法　　B. 成本加成定价法　　C. 目标利润定价法
D. 盈亏平衡定价法　　E. 变动成本定价法

⑤ 以下属于新药定价策略的是（　　）
A. 撇脂定价策略　　B. 低价渗透策略　　C. 声望定价策略
D. 中间价格策略　　E. 尾数定价策略

⑥ 企业可选择的定价目标有（　　）
A. 维持生存　　B. 获取最高利润　　C. 追求销售成长
D. 适应竞争需要　　E. 获取预期利润

3. 问题理解

（1）简述药品价格构成要素。
（2）企业常用的药品定价方法有哪些？
（3）影响企业定价的因素有哪些？
（4）在互联网时代，电商平台经常会做零点的"秒杀"活动，这属于哪种定价策略？你可以接受这个定价策略吗？谈谈你的想法。

二、实践技能训练

实践项目

一、实践目的

针对企业不同产品的具体情况，运用适合的定价方法，选用恰当的定价策略，对医药企业产品进行比较合理的定价。

二、实践情景

某药膳研究机构新近研制出的一种药膳酒，具有滋阴补阳、强肾补精、消除疲劳等方面的功效，这种药膳酒的问世，无疑给那些脑力劳动繁重、工作紧张而又希望快速恢复体力的工作人员和体弱多病的老年人带来了福音。通过市场试销，可认为该产品有较好的市场销售前景。因此，该研究机构便决定在其附属工厂投入资金进行大批量生产。可是如何给这种药膳酒定价，以使其快速进入市场，获得消费者的认可呢？他们去向一家营销策划公司咨询。

营销策划公司的业务主管热情接待了他们，并对药膳酒的市场营销前景作了认真分析。

他认为：①药膳酒产品概念有优势，药膳酒既有酒的功能，又有滋补的功能，与以往的酒相比有其独特的特点；②目前市场上尚无同类产品出现，该产品居于绝对垄断地位；③消费者对该种产品的内涵不了解，要打开市场需要相当多的广告宣传费用。因此，营销策划公司的业务主管建议：不妨对其药膳酒采取高价厚利策略。该机构及附属工厂的负责人听从营销策划公司的建议，把产品成本仅为每瓶3.8元的药膳酒的出厂价定为24元。后来他们又将该药膳酒投放市场的时间选择在中国的传统节日——春节前夕，并加大广告宣传的力度和强度，结果销售情况十分火爆。

三、实践实施

① 教师将学生分成若干组，每组4~6人，安排任务；
② 学生按小组讨论完成；
③ 各小组派代表阐述小组观点；
④ 教师和学生对每小组的观点进行改正、修改；
⑤ 教师点评并总结；
⑥ 教师指导学生完成工作页。

四、实践成果

① 分析影响药膳酒定价的因素。
② 分析该药膳酒定价的方法。

第五章

拓展市场：渠道策略

知识目标 >>>

1. 掌握对渠道成员进行激励的方法。
2. 熟悉影响分销渠道设计的因素。
3. 熟悉分销渠道的类型、模式。
4. 了解分销渠道内涵。

能力目标 >>>

1. 树立科学医药市场营销诚信意识和合作意识。
2. 能够针对不同的企业和产品设计合适的分销渠道。
3. 能够对分销渠道的选择、评估、优化提出相应的方案。
4. 能够发现并协助解决渠道成员在营销活动中的问题。

价值目标 >>>

1. 具备现代医药营销思维和规则意识。
2. 培养学生主动观察、积极思考、独立分析和解决问题的习惯。
3. 具备良好医药营销职业习惯和职业情感。
4. 树立爱国主义理想和信念，具备为中国医药企业发展贡献力量的责任感。

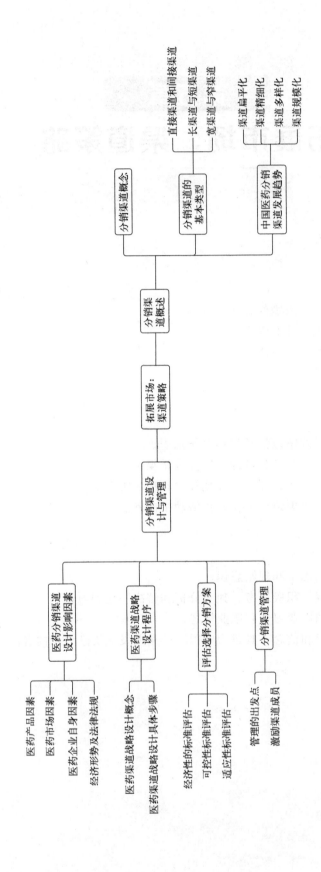

第一节 分销渠道概述

一、分销渠道概念

被誉为"现代营销学之父"的菲利普·科特勒教授认为:"一条分销渠道是指某种货物或劳务从生产者向消费者移动时取得这种货物或劳务的所有权或帮助转移其所有权的所有企业和个人。因此,一条分销渠道主要包括商人中间商(因为他们取得所有权)和代理中间商(因为他们帮助转移所有权)。此外,它还包括作为分销渠道的起点和终点的生产者和消费者,但是,它不包括供应商、辅助商等。"

科特勒认为,市场营销渠道和分销渠道是两个不同的概念。他说:"一条市场营销渠道是指那些配合起来生产、分销和消费某一生产者的某些货物或劳务的一整套所有企业和个人。"这就是说,一条市场营销渠道包括某种产品的供产销过程中所有的企业和个人,如资源供应商、生产者、商人中间商、代理中间商、辅助商(便利交换和实体分销者,如运输企业、公共货栈、广告代理商、市场研究机构等)以及最后消费者或用户等。

二、分销渠道的基本类型

企业竞争优势的重要部分是渠道优势。以用户为中心,立足于通过渠道网络或其他途径的顾客反馈,从而使企业实现低成本、销售好、客户忠诚度和利润更高的分销渠道整合,确立以渠道为中心的竞争优势。

1. 直接渠道和间接渠道

按生产者与消费者之间有无中间商,可将分销渠道分为直接渠道和间接渠道。

(1) 直接渠道

在生产者与消费者之间没有中间商的分销渠道称为直接渠道,又称零级渠道(MC),是企业采用产销合一的经营方式。直接渠道是生产资料分配渠道的重要类型,大约80%的生产资料是直接销售的。新技术及网络的出现促进了消费品直销的发展,如戴尔公司。直接渠道如图5-1所示。

图 5-1 直接渠道

直接渠道的优点主要有:一是由于没有中间环节,可以减少流通费用,缩短流通周期,提高产品市场竞争力;二是便于全面周到地为用户提供服务,尤其是技术复杂的产品,生产商可以给予安装、维护、人员培训等各方面的协助;三是直接渠道不借助于中间商分销,有助于生产商实现对渠道的有效控制,方便生产商营销政策的贯彻实施。

直接渠道的缺点主要有:一是要求企业有雄厚的资金实力和资源实力,能够大量存货,有比较完善的仓储及零售设施,独自承担生产和分销以及售后服务等所有职责,增加负担和费用,分散精力;二是一些优秀的中间商在当地市场上通常比生产商分销经验丰富,缺乏它们的协作,凭生产商自己的力量去销售,很难迅速和全面地占领市场;三是生产商需要独自承担产品分销中的全部风险。四是直接渠道对于团队的管理、执行能力要求非常高。

(2) 间接渠道

在生产者与消费者之间有中间商的分销渠道称为间接渠道。间接渠道依据中间环节的多少,又分为一级渠道、二级渠道、三级渠道等渠道。在生产者与消费者之间有一个中间环节,为一级渠道;在生产者与消费者之间有一级批发商再经过零售商到达消费者,称为二级渠道;以此类推为三级渠道等,如图5-2所示。

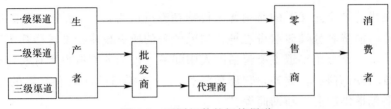

图 5-2　不同级数的间接渠道

按销售产品的不同,可将间接渠道分为以下两种。

① 消费品销售渠道模式　消费品市场上产品销售渠道有以下五种模式,如图5-3所示。

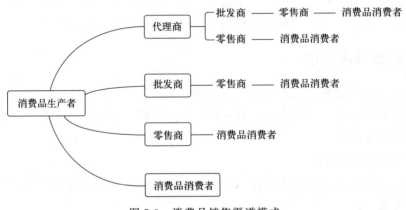

图 5-3　消费品销售渠道模式

② 生产资料销售渠道模式　现代市场经济条件下,生产资料企业也有多种销售渠道模式,如图5-4所示。

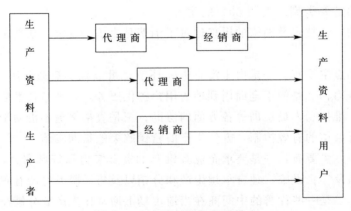

图 5-4　生产资料销售渠道模式

间接渠道的优点主要有：一是借助于中间商现有的分销渠道，生产商可以迅速占领市场，有助于产品广泛和及时地分销；二是中间商承担了分销过程中的部分职责，如仓储、配送、促销、售后服务等，可以弥补生产商在人、财、物等方面分销力量的不足；三是中间商可以承担部分市场风险，如运输、库存、资金回笼等。

间接渠道的缺点主要有：一是不便于生产商掌握消费者信息，如果与中间商协作不好，会难以及时准确地得到消费者的需求信息；二是增加中间商环节，必然增加产品成本，由此会降低产品的价格竞争力；三是增加中间商会增加渠道控制难度，当中间商实力过于强大时，往往会影响甚至左右制造商的营销政策。

2. 长渠道与短渠道

间接渠道按照经过的流通环节或层次的多少，可分为长渠道和短渠道。企业只通过一个中间环节、在较小地区范围内销售产品的渠道，称为短渠道；企业通过一个以上中间环节销售产品的渠道，称为长渠道。这种划分有利于形成长短结合的多种渠道策略。

长渠道的优点是市场覆盖面广，借助的中间商资源多，生产商承担的分销职能少；缺点是信息传递慢，生产商对渠道的控制程度低，管理难度大，终端价格高。短渠道的优缺点正好与长渠道相反。

在实际营销活动中不能简单地认为长渠道策略好或是短渠道策略好。企业应该根据自身实力、产品特性、市场竞争等因素综合考虑，所选择的渠道类型应该具有较高的分销效率和较广的市场覆盖，并且能够给企业带来良好的经济效益。

3. 宽渠道与窄渠道

渠道的宽度取决于渠道的每个层次（环节）中使用同种类型中间商数目的多少。企业选择较多的同类型中间商销售产品，则这种分销渠道可称作宽渠道；反之，则为窄渠道。通常企业有三种可供选择的策略，即广泛性分销渠道策略（密集性分销）、选择性分销渠道策略（选择性分销）和专营性分销渠道策略（独家分销）。

（1）广泛性分销渠道策略

广泛性分销渠道策略也称普遍性（密集性）分销渠道策略，是指企业尽可能通过适当的、较多的批发商（或代理商）、零售商销售产品。如日用消费品和通用程度较高的标准件，这些商品使用频繁，消费者需要迅速、方便地购买，应采用广泛性分销渠道策略。

（2）选择性分销渠道策略

选择性分销渠道策略又称选择性分销，即生产企业在某一地区仅通过少数几家经过精心挑选的、最合适的中间商推销其产品。选择性分销渠道策略适用于所有产品的分销，但相对而言，消费品中的选购品和特殊品最宜采取该种策略。

与密集性分销相比，选择性分销可以集中使用企业的资源，相对节省费用并能较好地控制渠道行为，从而获得比采用密集性分销或独家分销两种渠道更多的利益。

但是，选择性分销渠道也不是尽善尽美的，能否完美运作这一渠道取决于以下条件：中间商是否能提供良好的合作？愿意参与渠道协作的中间商有多少？制造商能为中间商提供多少市场畅销产品？在供货方式、价格上有多大优惠？在诸如采用广告宣传等措施所需的费用上给予多大的支持？等等。

（3）专营性分销渠道策略

专营性分销渠道策略又称独家分销，是指生产企业在一个地区仅选择一家经验丰富、信誉卓著的中间商推销其产品。生产企业与中间商签订独家经营合同，规定中间商不得经营其他竞争者的产品。使用这种渠道，企业易于控制其产品价格，易于与中间商在广告与促销活动方面取得合作，运送、结算手续简单，节约费用。

例如，海尔家电在各地设立专卖店，属于窄渠道，因为家电产品单位价值较大，有一定技术含量，购买频率小，使用周期长，需要良好的售后服务作为保证；而宝洁公司的日常洗涤用品，多数商店、超市均有销售，属于宽渠道，因为日常洗涤用品单位价值较小，购买频繁，使用周期短且使用时不需要什么专门技术。

所以，分销渠道的宽度应根据不同性质的商品及其需求使用特性进行选择，如图 5-5 所示。

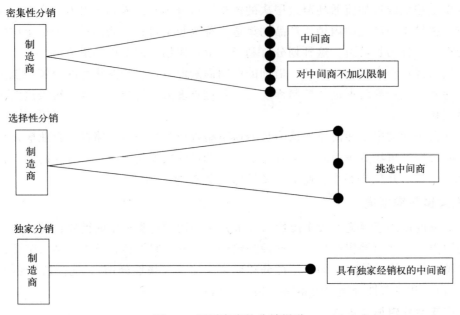

图 5-5　不同宽度的分销渠道

三、中国医药分销渠道发展趋势

1. 渠道扁平化

(1) 制药企业与药品零售终端直接合作

中国医药流通渠道的"多环节"事实备受公众责难，这也是导致药品价格居高不下的重要原因之一，因此，减少中间流通环节成为了一些制药商与终端零售商的共同目的。如老百姓大药房直接向厂家发出采购订单，不少制药商通过老百姓大药房即可把药品推向终端，即渠道下沉到了终端。还有，中国医药集团、广东省医药集团、九州通集团、丽珠医药贸易公司等国内 58 家药品、医疗器械供应商与广州一家民营医院签订了合作协议，终端渠道直接下沉到医院。由此可以看出，即便是实行代理制的制药商，也不再满足于仅与它的"总代"或"一批"打交道，而是直接与制药企业或药品终端建立较为稳固的渠道关系，以实现药品低成本、快速销售。

(2) 制药企业开发第三终端市场

随着城市药品市场竞争日益加剧，不少制药商开始把目光投向长期被忽视的农村地区、城市诊所、社区医疗点和民营医院等"第三终端"市场。目前国家加大在社区医院和乡村医院等领域内的投资，第三终端市场规模越来越大，由第一、第二终端市场向第三终端转移已是诸多药企的共识。不少企业目前都看好第三终端，并纷纷成立"农村市场部"，包括鲁抗药业、长富洁晶药业、罗欣药业等都有类似部门。事实上，不少企业目前并没有计划立即从第三终端赢得利润，如果目前不做，等到未来市场成熟时再去做，那将需要投入更多的成本。目前进入，虽然可能没有赚得利润，但却可以赢得市场知名度，为将来公司的其他药品进入市场开辟了一条通道。广西梧州制药，采用直接邀请第三终端客户召开招商会的形式进行药品销售推广，经过近两年时间的实践，逐步成为了适合于企业发展的渠道模式。

2. 渠道精细化

（1）制药企业提供更多渠道服务

这种趋势表现在药品渠道成员的服务深化及分工细化。通常来说，代理制分销模式中，生产商只负责生产，不涉及药品分销业务，而代理商负责销售及回款。但随着市场竞争的加剧，制药企业更希望市场能够及时反馈信息，以便开发适当的药品。因此，制药企业更希望参与药品营销各个环节，为代理商提供药品支持及相应培训，指导代理商利用资源和渠道进行推广活动，协助代理商开发市场等，从而形成广义上的渠道联盟。对于药品代理商而言，由于得到上游生产商的服务，市场开拓的难度将有所降低，因此也乐意接受这样的合作形式。

（2）做细药品终端市场

制药企业采取"区域总经销模式"的分销模式，存在一定的弊端，因为采用此种模式，终端维护的任务主要由区域经销商来完成。由于各种原因，在很多情况下，区域经销商无法达到一定的市场覆盖率，而且也不能保证终端促销工作有效进行，销售政策也难以执行，出现产品积压或断货等。因此，制药企业会采取以下几种方式做细药品终端市场："区域总经销＋助销""区域代理＋助销""区域经销＋办事处"等模式，通常由经销商做物流、资金流，企业做促销和信息流，分工更为明细。

3. 渠道多样化

随着药品分类管理的实施，乙类非处方药将进入药店以外的超市、特大型超市、百货店、食品店等零售渠道。特别是营养补充剂一类的产品，在超市、特大型超市中正日益显示出强劲的销售力。超市由于有着更便利的网点，更优惠的价格，更吸引人的购物环境，对乙类非处方药的零售有着与药店无法比拟的优势。

4. 渠道规模化

随着药品零售市场竞争加剧及市场环境的变化，药品零售终端呈现规模化趋势，连锁药店市场集中度加速，药品批发企业的市场集中度也逐步提高。

第二节　分销渠道设计与管理

一、医药分销渠道设计影响因素

医药渠道设计的最终目的是实现渠道畅通性、可控性及敏感性。所谓畅通性是指能够使药品低成本、快速地流入消费者手中；可控性是指作为渠道建设者能够通过调整各种营销策略准确实现渠道畅通；敏感性是指渠道能够及时反馈各种市场信息，有利于企业制定科学合理的营销策略。影响医药分销渠道设计的因素包括以下几种。

1. 医药产品因素

由于医药产品的单价、技术含量、时效性、科技含量及生命周期等因素的不同，因此分销渠道设计也有所不同。

(1) 医药产品的单价

对于单位价值较高的医药产品如新药、特种用途药品及医疗器械等，需求量较少而且偏好较强，宜采用直接渠道或短渠道，以获得较高利润；而对于价格较低且使用量较大的药品如普药、OTC 药品宜采用较长渠道，以增大市场覆盖范围。

(2) 医药产品的时效性

对于季节性较强或有效期较短的产品宜采取直接渠道或短渠道，以减少中间转移时间，间接延长保质期，如疫苗类药品宜选用直接渠道进行分销。

(3) 医药产品的科技含量

对于新药和医疗器械来说，科技含量较高，在售前、售中及售后服务方面要求较高，宜选择直接渠道或短渠道进行分销，便于咨询与服务。

(4) 医药产品的适用性

如果医药产品的适用性较强，市场较为广泛，如普通药品，宜选择宽渠道进行销售，可以增加市场覆盖范围。

(5) 产品生命周期的不同阶段

不同的生命周期阶段，分销渠道也应有所不同。在导入期，为了能够尽快进入市场，并了解市场的信息变化，宜采用短渠道或直接渠道，有利于反馈市场信息，及时调整企业的营销策略；在成长期，由于医药产品知名度的提升，市场销售量逐渐增加，因此在渠道选择方面宜选择长渠道或增加直销网络等方式，方便消费者购买；在成熟期，由于医药产品需求较为稳定，在渠道选择方面需要再进行调整、优化、控制，增强分销渠道的效率并降低其成本，因此应适当减少分销渠道的长度，增加其宽度或优化直销网络；在衰退期，由于市场需求降低，销售量下降，因此必须调整分销渠道，由长变短，由宽变窄，以降低成本。

2. 医药市场因素

(1) 市场需求特征

对于需求比较旺盛的市场，企业应采取宽渠道策略，以满足最大限度的需求；反之，应采用窄渠道。对于需求变化较为复杂的市场，应采用短渠道或直接渠道，便于搜集市场信息，调整营销策略；反之，应采用长渠道或间接渠道，以扩大销售区域。

(2) 市场规模及集中度

对于市场规模较大、区域比较集中的市场，可采用直接渠道或短渠道，如建立销售公司或办事处，从而及时搜集市场信息并了解市场变化；对于规模较小、区域比较分散的市场宜采取长渠道或间接渠道分销医药产品。

(3) 市场竞争激烈程度

市场规模较大，市场竞争较激烈，企业宜采用直接渠道或短渠道，从而能够控制市场的变化；而对于规模较小、区域较大的市场宜采取长渠道或间接渠道分销医药产品。

3. 医药企业自身因素

医药企业声誉、规模、管理能力、资金实力及战略等也影响分销渠道的选择和设计。对于声誉较好、管理能力及资金实力都比较强的大企业，在选择分销渠道时会以短渠道或直接渠道为主；而对于知名度较低、资金有限的中小企业，宜选择以长渠道或间接渠道为主的方法，主要依赖于中间商去分销产品。

4. 经济形势及法律法规

(1) 经济形势

在经济环境较好的情况下，需求较为旺盛，市场发展较快，企业选择分销渠道的余地较大；当出现经济萧条、衰退时，市场需求下降，企业就必须减少分销渠道环节，使用较短渠道或更为直接的渠道。

(2) 国家法律法规

国家法律法规等也会对医药产品的分销渠道的选择和设计产生影响。如公费医疗制度、基本医疗保险药品目录、药品分类管理等，都直接影响或制约了医药渠道的选择与设计，而对于特殊管理药品要按照国家有关规定进行分销。

(3) 供货时间与成本

医药渠道也严格受生产企业、中间商及消费者三者的供货时间及供货成本变化的影响。渠道选择的基本原则为总成本最低，供货时间尽可能短。

5. 分销商

分销商是指贸易中获得商品所有权的中间商。他们通过购买取得商品所有权并转售出去，所以要承担各种风险。分销商拥有价格决定权。他们只对利润感兴趣，并不忠实于哪个生产厂商和出口商。常见的分销方式有：经销、批发和零售等。

分销商与制造商之间的关系是买者和卖者的关系，分销商是完全独立的商人。与代理商不同，分销商的经营并不受分销企业和个人约束，他可以为许多制造商分销产品。他的业务是他自己的业务，因此在他是否接受分销合同的限制时，他所考虑的是自己的商业利益。分销商用自己的钱买进产品，并承担能否从销售中得到足够盈利的全部风险。分销商介于代理商和经销商之间。

企业选择分销商主要考虑其规模大小、对终端市场的覆盖率、影响力等因素。如果在一个地区某一分销商能覆盖全部或大部分终端市场，则可采用独家分销模式。假如零售商的实力较强、经营规模较大，企业可跳过批发环节直接利用零售商进行销售，以便最大程度地提高对终端市场的覆盖率，而不是采用独家分销模式。

二、医药渠道战略设计程序

1. 医药渠道战略设计概念

医药渠道战略设计是指对关系医药企业生存与发展的基本分销模式、目标与管理原则的决策。其基本要求是：适应市场环境的变化，以最低总成本传递医药产品，以获得最大限度的顾客满意。

2. 医药渠道战略设计具体步骤

(1) 确定渠道的基本模式

医药企业在设计分销渠道时必须对以下问题作出回答：药品最终销售终端是医院药房、

社会零售药店或者是第三终端？医药产品分销需不需要中间商的参与或者是自建营销网络和中间商共同存在？

(2) 选择中间商

① 选择医药中间商的标准　第一，分销网络覆盖面，能够使本药品在某地区覆盖一定的市场；第二，资信情况，包括给客户回款情况及经销盈利能力，良好的盈利能力能保证双方长期合作；第三，中间商在市场中的美誉度和满意度以及工作、服务质量水平；第四，中间商对企业产品的认同度，中间商对产品的认同度高低决定着对所要分销药品的信心、努力程度，尤其是中间商的经营决策人和重要执行人的认同非常重要。

② 选择中间商的层次与幅度　在确定了基本分销渠道以后，还需要确定中间商的层次与幅度，如采用长渠道还是短渠道、密集性渠道还是选择性渠道、独家渠道还是多种渠道并存。

(3) 确定渠道成员的权利与义务

要确定渠道成员的权利与义务，其主要内容是价格策略、销售条件、经销区域及其他事项等。

(4) 对渠道方案的选择与评估

对于不同的方案要按照一定的评估标准进行评估，如适应性和可控性等，对这些选项赋予一定分值及权重，最后计算分值，再综合各种因素后，选出比较满意的分销方案。

(5) 制定实施计划方案

将渠道战略设计具体化，根据战略方案和战略重点，规定出任务的轻重缓急和时机，进一步明确工作量和时限，并考虑由谁来执行、如何执行、需要如何配置相应的资源等。

三、评估选择分销方案

分销渠道方案确定后，生产厂家就要根据各种备选方案进行评价，找出最优的渠道路线。通常渠道评估的标准有三个：经济性、可控性和适应性，其中最重要的是经济性标准。

1. 经济性标准评估

主要是比较每个方案可能达到的销售额及费用水平。

(1) 比较由本企业推销人员直接推销与使用销售代理商哪种方式销售额水平更高。

(2) 比较由本企业设立销售网点直接销售所花费用与使用销售代理商所花费用，看哪种方式支出的费用大。

企业对上述情况进行权衡，从中选择最佳分销方式。

2. 可控性标准评估

一般来说，采用中间商可控性小些，企业直接销售可控性大；分销渠道长，可控性难度大，渠道短可控性较容易些。企业必须进行全面比较、权衡，选择最优方案。

3. 适应性标准评估

如果生产企业同所选择的中间商的合约时间长，而在此期间，其他销售方法如直接邮购更有效，但生产企业不能随便解除合同，这样企业选择分销渠道便缺乏灵活性。因此，生产企业必须考虑选择策略的灵活性，不签订时间过长的合约，除非在经济或控制方面具有十分优越的条件。

四、分销渠道管理

企业在选择渠道方案后,必须对中间商加以选择和评估,并根据条件的变化对渠道进行调整。

1. 管理的出发点

不应仅从生产者自己的角度出发,而要站在中间商的立场上纵观全局。通常生产者对中间商的不满在于:不重视某些特定品牌的销售;缺乏产品知识;不认真使用生产厂商的广告资料;不能准确地保存销售记录。

但中间商认为自己不是厂商雇佣的分销链环中的一环,而是独立机构,自定政策不受他人干涉;销量好的产品都是顾客愿意买的,不一定是生产者叫他卖的。也就是说,中间商的第一项职能是顾客购买代理商,第二项职能才是制造商销售代理商。制造商若不给中间商特别奖励,中间商不会保存销售各种品牌的记录。所以,要求制造商要考虑中间商的利益,通过协调进行有效地控制。例如,付给经销商25%销售佣金,可按下列标准:保持适当存货水平(以防断档),付给5%;如能达到销售指标,再付5%;如能为顾客服务(安装维修),再付5%;如能及时报告最终顾客购买的满足情况,再付5%;如能对应收账款进行有效管理,再付5%。

2. 激励渠道成员

激励渠道成员,使其出色地完成销售任务。要激励渠道成员,必须先了解中间商的需要与愿望。同时,要处理好与渠道成员的关系,包括以下三个方面。

(1) 合作

生产企业应当得到中间商的合作。为此,采用积极的激励手段,如给较高利润、交易中获特殊照顾、给予促销津贴等。偶尔可采用消极的制裁办法,如减少利润、推迟交货、终止关系等,但这种方法的负面影响也要加以重视。

(2) 合伙

生产者与中间商在销售区域、产品供应、市场开发、财务要求、市场信息、技术指导、售后服务方面等彼此合作,按中间商遵守合同程度给予激励。

(3) 经销规划

这是最先进的方法。这应由有计划地实行专业化管理的垂直市场营销系统,将生产者与中间商的需要结合起来,在企业营销部门内设一个分销规划部,同分销商共同规划营销目标、存货水平、场地及形象化管理计划、广告及促销计划等。

实践项目 医药分销模式的甄选与渠道设计

一、实践情景

浙江海正药业股份有限公司始创于1956年,位于中国东南沿海的港口城市——浙江省台州市。海正已成为中国领先的原料药生产企业。海正共有约3000名员工,其中超过三分之一是科技人员。2000 年,海正在上海证券交易所上市,是中国最大的抗生素、抗肿瘤药物生产基地之一。图 5-6 是浙江某股份有限公司"机器换人"生产线。

图 5-6　浙江某股份有限公司"机器换人"生产线

T 市是沿海地区,市内大中型医院有几十家,各种类型的医药批发公司近百家。各医药批发公司都有自己的地盘,规模不是很大,相互竞争比较激烈,他们都与医院有着或多或少的关系,有的与部分医院之间的关系相当牢固。目前该地区已有 5 家医药公司在经营其他抗生素类公司的产品,但他们的品种规格不全,价格和海正规定的价格相比稍低一些,对医院的覆盖率不高。

假如你是海正公司的营销员,经理让你去开发这个新地区市场,要求你用最快的速度全面占领该地区市场。请你根据以上资料,首先设计一个经济、高效、能实现公司目标的分销渠道模式。

二、实践步骤(图 5-7)

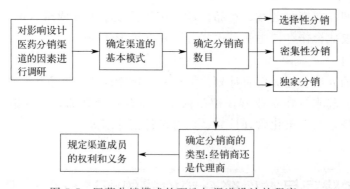

图 5-7　医药分销模式的甄选与渠道设计的程序

［第一步］　对影响设计医药分销渠道的五大因素进行调研,见图 5-8。

① 产品因素　一般来说,普通药品多采用较长渠道的间接销售模式,而特种用途药品、新开发的药品、高价药品等多采用短渠道销售模式甚至是直接销售模式。浙江海正药业股份有限公司的产品是抗生素,价格较高,因而单从这一点上说,应该采用短渠道或者直销模式。

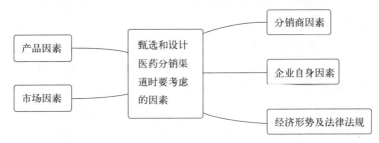

图 5-8　影响选择和设计医药分销渠道的因素

② 市场因素　主要有顾客数量、地理分布、购买频率、平均购买数量、顾客的购买习惯等。如果客户类型是众多医疗诊所、乡村医院、小型 OTC 药店，则要通过多个环节长渠道销售。抗生素属于处方类产品，价格较高，浙江海正药业股份有限公司面对的最终客户又主要是大中型医院，那么最好采用直销或通过批发商一个环节将产品销给医院的模式。

③ 分销商因素　主要包括规模大小、对终端市场的覆盖率、影响力等。如果在一个地区某一分销商能覆盖全部或大部分终端市场，则可采用独家分销模式。假如零售商的实力较强、经营规模较大，企业可跳过批发环节直接利用零售商进行销售。而 T 市的实际情况是：各种类型的医药批发公司很多，他们每一家的规模都比较小，对终端市场的覆盖率都比较低，各有自己的地盘，都与其中几家医院有着或多或少的关系，有的与部分医院之间的关系相当牢固。因此，你应该选择若干家批发商进行分销，以便最大程度地提高对终端市场的覆盖率，而不是采用独家分销模式。

④ 企业自身因素

a. 企业的规模和声誉。规模大、实力雄厚，特别是声誉高、拥有名牌产品的企业，很容易取得与分销商的广泛合作，甚至会有中间商主动寻求合作，因而能够自由选择分销渠道；反之，中小企业选择分销渠道的自由度就比较小。浙江海正药业股份有限公司在国内乃至亚洲同行中可谓是龙头老大，应该说对分销商有较强的吸引力。

b. 企业的产品组合。如果企业的产品线长度很长，在各地区可使用总分销商模式或独家分销商模式。产品组合的关联性越强，就越应该使用性质相同或相似的分销渠道。浙江海正药业股份有限公司的抗生素品种很多、关联性很强，因此不可一种产品一个渠道，而应该采用统一的渠道模式。

c. 企业控制渠道的愿望。如果企业有较强的控制渠道的愿望，比如要求统一价格、统一促销宣传、统一进行品牌建设等，则多采用短而且窄的分销渠道，甚至以特许的方式在各地区建立区域性独家分销渠道，或者在零售店建立自己的专卖柜台。

d. 分销经验及能力。T 市对你及公司来说比较陌生。公司不可能付出较多的人力、物力和财力让你在 T 市建立销售分公司，从事面对各家医院批发的业务，因为这可能在经济上不太合算。

⑤ 政策和法律规定。

［第二步］　确定渠道的基本模式。

分销渠道的模式很多，直接将产品卖给最终客户还是通过中间商间接地将产品销售给最终客户？如果是间接销售，那么通过长渠道还是短渠道销售？采用单一渠道销售还是多个渠道同时运作？综合分析上述五大方面的因素以后，你可能认为通过批发一个环节将产品打入本市各家医院的模式是一个比较好的选择。

［第三步］ 确定分销商的数目。

基本分销模式确定以后，接下来就要决定在批发这个环节上使用中间商的数量及类型，即决定渠道的宽度。这通常有三种策略可供选择。

① 密集性分销 即寻找尽可能多的分销商。常用药品、保健品、OTC 药品等适合采取这种分销形式，目的是尽可能提高对医院客户和药店的覆盖率，增加销量。

② 独家分销 即在一定地区范围内仅选定一家分销商分销其产品。

③ 选择性分销 即有条件地精选几家分销商分销自己的药品。

由于 T 市药品批发企业数量多、规模小、竞争激烈，采用独家分销形式可能不利于公司在短期内提高对市场的覆盖率和占有率。公司的最终客户主要是当地 20 多家大中型医院，产品价格偏高、比较特殊，因此最好是采用选择性分销形式。

［第四步］ 决定选用经销商还是代理商。

经销商是指将商品买进，取得商品的所有权以后再卖出，从商品的进出差价中获取利润的分销商。代理商则是指受别人的委托，代理商品销售业务，不拥有商品的所有权，从所提取的佣金中获得利润的分销商。

一般来说，在商品比较好销的情况下，分销商更愿意经销，而在商品不好销或销售形势不明朗的情况下，分销商更愿意代理。如果想减少市场风险，或者在对分销商不十分了解的情况下，应该选择经销商分销的方式，或者总经销商下设代理商的分销方式。浙江海正药业股份有限公司有足够的资金垫付，有能力承担市场风险，并且希望控制分销商，以便更好地执行企业的营销战略和策略，同时公司和你也希望在较短时间内将产品打入 T 市各家医院，与患者和医生见面，那么，最好采用代理商分销方式。

［第五步］ 规定渠道成员的权利和义务。

可规定批发商享有如下权利：公司提供人员培训、派人协助其进行市场开发、对按照规定价格销售数量大者给予价格折扣和奖励、对提早付款者给予价格优惠、送货上门等。

规定批发商应尽如下义务：积极完成销售任务、按规定价格销售、保证产品质量和公司信誉等。

职业知识与实践技能训练

一、职业知识训练

1. 重要概念

分销渠道　分销渠道长度　分销渠道宽度　分销策略

2. 选择题

（1）单项选择题

① OTC 药品多采用（　　）

A. 密集性分销渠道　　　　　　　　B. 选择性分销渠道

C. 独家分销渠道　　　　　　　　　D. 三级分销渠道

② 在导入阶段，医药产品刚刚进入市场，市场对产品了解较少，需要迅速拓展市场，分销渠道宜采用（　　）

  A. 窄渠道独家分销   B. 选择性分销，减少渠道数量
  C. 采用宽渠道，进行密集广泛分销   D. 宽渠道进行选择性分销

③ 分销渠道指的是（　　）

  A. 产品由生产者向消费者转移过程中所经过的路径
  B. 产品由生产者向消费者的转移
  C. 产品由经销商向消费者的转移
  D. 产品由经销商向消费者转移过程中所经过的路径

④ 面广价低的常用药适合采用（　　）

  A. 独家分销   B. 选择性分销   C. 密集性分销   D. 代理性分销

⑤ 同一渠道层次的各个企业之间的冲突是（　　）

  A. 水平冲突   B. 垂直冲突   C. 交叉冲突   D. 特殊冲突

⑥ 体积大的重型医药产品，一般应采取（　　）

  A. 短渠道   B. 长渠道   C. 宽渠道   D. 多渠道

⑦ 中间商同时经营多家生产厂商的同类产品，是实施（　　）战略的体现。

  A. 单一产品   B. 多种产品   C. 混杂产品   D. 多家产品

（2）多项选择题

① 激励渠道成员是渠道管理中最基本的内容，下列各项属于直接激励的是（　　）

  A. 协助市场开发   B. 价格与折扣激励   C. 奖惩激励
  D. 广告激励   E. 信息支持

② 渠道窜货现象产生的原因有（　　）

  A. 渠道政策有偏颇   B. 企业管理水平有待提高
  C. 产品差异为窜货提供了可能   D. 市场环境的客观影响   E. 提高产品质量

③ 分销渠道出现冲突的类型有（　　）

  A. 水平渠道冲突   B. 垂直渠道冲突   C. 多渠道冲突
  D. 广告激励   E. 信息

④ 药品分销渠道的功能包括（　　）

  A. 风险承担   B. 融资功能   C. 仓储与运输
  D. 整买零卖   E. 销售与促销

⑤ 分销渠道策略评估的标准包括（　　）

  A. 经济性   B. 目标差异性   C. 适应性
  D. 可控性   E. 可操作性

⑥ "窜货"形成的原因是（　　）

  A. 医药企业价格管理体系不完善   B. 医药企业对渠道成员销售目标设置不合理
  C. 销售利润的驱动   D. 分销渠道设计不合理

⑦ 受医药产品市场特征和医药企业分销战略等因素的影响，分销渠道的宽度结构大致有下列三种类型（　　）

  A. 密集性分销渠道   B. 选择性分销渠道
  C. 独家分销渠道   D. 三级分销渠道

⑧ 医药分销商的选择标准包括（　　　）
A. 分销网络覆盖面　　　　　　　　B. 良好的资信情况
C. 分销商应该具有良好的顾客满意度和美誉度，以及较高的工作、服务质量水平
D. 分销商应该对企业产品较认同

3. 问题理解
（1）简要分析如何进行"窜货"的管理与控制。
（2）消费品分销渠道长度的模式有哪几种？
（3）影响分销渠道设计的因素有哪些？
（4）零售与批发业态的表现形式与发展趋势是什么？
（5）企业为建立分销渠道而选择中间商，请举例说明某医药生产企业招募中间商的具体条件。
（6）生产商与零售商之间经常发生冲突的原因是什么？

二、实践技能训练

××养颜胶囊分销渠道建设

一、实践目的
① 能合理利用医药商品渠道资源；
② 能有效管理医药商品分销渠道。

二、实践情景

1995年，××××药业有限公司在选定××养颜胶囊这个产品项目之初，就把渠道网络的建设与发展放在首位。公司高层领导坚信，企业建立稳定广泛的市场网络，是企业和市场共存与互动的基本建设项目。企业一旦建立并拥有一定程度的物流渠道网络和信息渠道网络系统，企业与市场的互动就会显得非常积极。

2000年9月，公司董事长在展望21世纪企业发展前景时指出，公司的渠道网络系统无形资产价值为5个亿，因为公司5年来在全国建立了65个市场部，这些市场部遍及全国23个省，到目前为止，有超过100个地区（州）的药品批发和媒介信息单位与公司建立了良好的合作关系。有效利用这个系统，公司的新产品可以在一个月以内在全国1000多个零售点上柜，也可以在一个月以内在全国100多个地区（州）的媒介同时发布产品信息。

2000年上半年，××××药业有限公司与美国Metabolife达成双方渠道网络资源共享的合作意向。Metabolife在美国所有大型百货商场均设有专柜，销售名为Metabolife356的产品，单一产品年销量为12亿美元。面临世纪之交，中国加入世贸组织的新形势，Metabolife很看好中国市场。它之所以选择与××××药业有限公司合作，首先看中的是多年来××××药业有限公司苦心经营而且运转高效的渠道资源。实现资源共享后，××××药业有限公司可通过在美国的保健食品营销渠道，进入美国市场。

三、实践实施
① 教师将学生分成若干组，每组4～6人，安排任务；
② 学生按小组讨论完成；
③ 各小组派代表阐述小组观点；
④ 教师和学生对每小组的观点进行改正、修改；

⑤ 教师点评并总结；
⑥ 教师指导学生完成工作页。

四、实践成果

① 分析××××药业有限公司的医药分销渠道状况。

② 假如你是营销顾问，××养颜胶囊这个产品项目在充分利用渠道资源、赢得更多竞争优势方面，向公司高层提出合理建议？

第六章
制胜法宝：促销策略

知识目标 >>>

1. 掌握人员推销、广告、营业推广、公共关系的优缺点。
2. 熟悉药品推销技术。
3. 熟悉危机管理。
4. 了解促销组合内涵。

能力目标 >>>

1. 树立科学医药市场促销观念。
2. 能够根据企业营销目标制定促销组合方案。
3. 能够运用促销策略开展产品促销活动。
4. 能够结合促销工具的特点解决具体的促销问题。

价值目标 >>>

1. 具备现代医药营销思维和竞争意识。
2. 培养学生良好的人际沟通能力、团队协作能力。
3. 具备良好医药营销职业理想和职业情感。
4. 树立爱国主义理想和信念，具备为中国医药企业发展贡献力量的责任感。

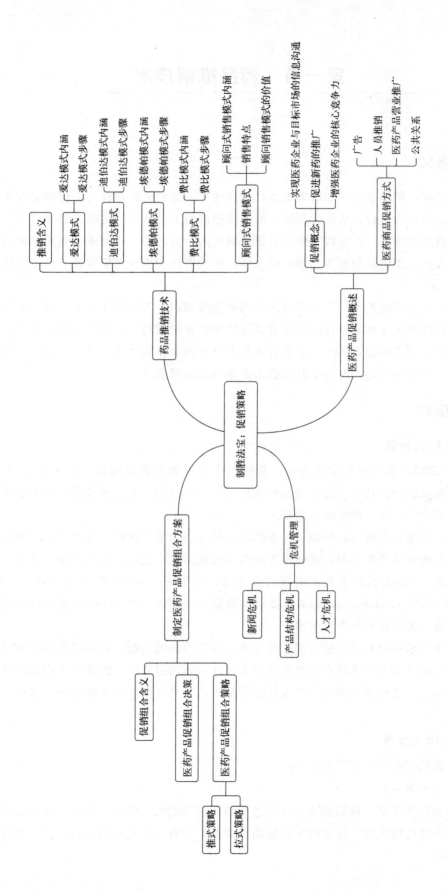

第一节 药品推销技术

一、推销含义

从广义理解,推销是指一个活动主体,试图通过一定的方法和技巧,使特定对象接受某种事物和思想的行为过程。从狭义理解,推销是指推销人员运用一定的方法和技巧,帮助顾客购买某种商品和劳务,以使双方的需要得到满足的行为过程。任何企业的商品推销活动都少不了推销人员、推销品和顾客,即推销主体、推销客体和推销对象构成了推销活动的三个基本要素。

推销是一项专门的艺术,需要推销人员巧妙地融知识、天赋和才干于一身,无论人员推销还是非人员推销,在推销过程中都要灵活运用多种推销技巧。在药品推销过程中,一定的技巧起着重要的润滑和促进作用。要卓有成效地开展药品推销活动,必须掌握推销的基本理论。娴熟地运用推销理论,有助于药品相关推销活动取得成功。

二、爱达模式

1. 爱达模式内涵

爱达(AIDA)模式也称爱达公式,是欧洲著名推销专家海因兹·姆·戈德曼于1958年在其所著的《推销技巧——怎样赢得顾客》一书中提出的,爱达模式是被推销学界普遍认同的推销模式之一,是一种传统推销模式。

爱达模式是指一个成功的推销员必须把顾客的注意力吸引或转变到产品上,使顾客对推销人员所推销的产品产生兴趣,这样顾客的欲望也就随之产生,之后再促使顾客实施购买行为,达成交易。AIDA是四个英文单词的首字母,A为attention,即引起注意;I为interest,即引发兴趣;D为desire,即刺激欲望;最后一个字母A为action,即促成购买。这四个字母也构成了爱达模式的四个步骤。

这种方法要求推销人员识别出潜在顾客真正需要解决的问题,利用说服的力量达到推销的目的。爱达模式的主要优势是它允许推销人员在推销的过程中,扮演一个积极的并多少有些指导性的角色。这种模式的主要缺点是它可能被认为具有高压性或强制性,对顾客的重视不够。

2. 爱达模式步骤

爱达模式的四个步骤如图6-1所示。

(1) 引起顾客注意

所谓引起顾客注意,是指推销人员通过推销活动刺激顾客的感觉器官,使顾客对其推销的产品有一个良好的感觉,促使顾客对推销活动及产品有一个正确的认识,并产生有利于推销的正确态度。

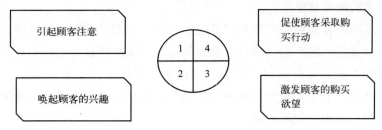

图 6-1　爱达模式的步骤

在推销活动中，推销人员面对的顾客有不少是被动的，甚至是有抵触情绪的。一般而言，在推销人员接近顾客之前，顾客大多数对推销人员和产品处于麻木状态，他们的注意力只放在自己关心和感兴趣的事物上。因此，推销人员必须尽其所能，想方设法吸引顾客的注意力，以使不被拒绝。例如推销人员可以通过精心设计自己的形象、精辟的语言、得体的动作、富有魅力的产品和巧妙的提问引起顾客的注意。

在推销活动中，要唤起顾客对推销品的注意，推销人员必须营造一个使顾客与推销品息息相关的推销环境，并让顾客感觉自己是被关注的中心，自己的需求和利益才是真正重要的，即在突出顾客地位的同时宣传了推销品。这样就可以强化推销品对顾客的刺激，使顾客自然而然地将注意力从其他事情上转移到推销活动上来。

作为推销人员需要做到以下四点。

① 说好第一句话　用简单的话语向顾客介绍产品的使用价值；运用恰当的事例引起顾客的兴趣；怎样帮助顾客解决他的问题；向顾客提供一个有价值的资料，并使他接受产品；注意语言的运用。

② 把顾客的利益和问题放在第一位　推销过程中要始终考虑顾客的利益和问题，只有针对这些内容才能走进顾客的心里。

③ 保持与顾客的目光接触　眼睛看着对方讲话不只是一种礼貌，也是成功的条件，让顾客从你的眼里感到真诚、尊重和信任。

④ 与众不同　不仅要突出产品或服务的与众不同，也要让自己与众不同，这样才能更好地吸引客户的注意。

(2) 唤起顾客的兴趣

兴趣是一个人对某一事物抱有的积极的态度。对推销而言，兴趣就是顾客对推销产品或购买抱有的积极态度。在推销活动中，顾客对产品产生的好奇、期待、偏爱和喜好等情绪均可称为兴趣，它表明顾客对产品做出了肯定的评价。顾客由于对推销人员及其产品的兴趣而使其注意力更加集中。

唤起顾客的兴趣在推销活动中起着承前启后的作用。兴趣是注意力进一步发展的结果，又是欲望的基础，兴趣的积累和强化便是欲望。如果推销人员在推销活动中不能设法使顾客对产品产生浓厚的兴趣，不仅不会激发顾客的购买欲望，甚至会使顾客的注意力发生转移，致使推销工作前功尽弃。

唤起顾客兴趣的关键就是使顾客清楚地意识到购买产品所能得到的好处和利益。推销人员可以通过对产品功能、性质、特点的展示及使用效果的演示，向顾客证实推销的产品在品质、功能、技术等方面的优越性，以此引导顾客的购买兴趣。

(3) 激发顾客的购买欲望

购买欲望，是指顾客通过购买某种产品或服务给自己带来某种特定的利益的一种需要。一般来说，顾客对推销产品产生兴趣后就会权衡买与不买的利益得失，对是否购买处于犹豫之中。这时候推销人员必须从认识、需要、感情和智慧等方面入手，根据顾客的习惯、气质、性格等个性特征，采用多种方法和技巧，促使顾客相信推销人员和推销的产品，不断强化顾客的购买欲望，即激起购买欲望。

激起顾客的购买欲望，就是推销人员通过推销活动的进行，在激起顾客对某个具体推销内容的兴趣后，努力使顾客的心理活动产生不平衡，使顾客产生对推销内容积极肯定的心理定式与强烈拥有的愿望，使顾客把推销内容的需要与欲望排在重要位置，从而产生购买欲望。推销人员可以通过向顾客介绍、提供一些有吸引力的建议、说明事实等方法，达到激起顾客购买欲望的目的。

作为推销人员应该做到以下四点：建立顾客对推销员的信任度；强化感情，顾客的购买欲望多来自感情；多方引导顾客的购买欲望；充分说理。

(4) 促使顾客采取购买行动

顾客一旦产生了强烈的购买冲动，采取购买行动就是自然而然的事了，这时推销员不能掉以轻心，应该顺水推舟，速战速决，以免顾客受其他外界因素影响而改变态度。有时候顾客会在最后关头突然转变想法，这种事情时有发生，因为人的情绪是可以发生变化的。在这个成交阶段，推销员可以使用一些技巧促使顾客采取购买行动，比如提醒顾客该款产品很畅销，如果现在不买，很可能以后会涨价或者出现断货；或者告诉顾客现在是优惠期，马上购买会比较划算，过期享受不了价格优惠，促使顾客立即采取购买行动。

 知识拓展

使用爱达模式应该具备什么条件呢？

1. 顾客必须完全了解产品及价值。
2. 顾客必须信赖推销员和他所代表的公司。
3. 顾客必须有购买欲望。
4. 要争取圆满结束洽谈。
5. 要了解清楚谁有购买决策权。

市场环境是千变万化的，推销活动也随之复杂多变，所以推销4个步骤的完成时间不可能整齐划一，主要由推销人员的工作技巧和推销的产品性质而定；4个步骤的先后次序也不必固定，可根据具体情况适当调整，可重复某一步骤，也可省略某一步骤。每一个推销员都应该根据爱达模式检查自己的销售谈话内容，并向自己提出以下问题：能否立即引起顾客的注意，能否使顾客对推销的产品产生兴趣，能否激起顾客的购买欲望，能否促使顾客采取最终购买行动。

爱达模式从消费者心理活动的角度具体研究推销的不同阶段，不仅适用于店堂推销、柜台推销、会展推销，也适用于一些易于携带的生活用品和办公用品的推销，还适用于新推销人员以及对陌生顾客的推销。

三、迪伯达模式

导入案例

有一次，一位顾客来跟张先生商谈进一批儿童用药的事，张先生向他推荐很多药品，一切进行顺利，眼看就要成交，但对方突然决定不买了。张先生百思不得其解，夜深了还忍不住给那位顾客打电话探明原因，谁知顾客回答说："今天下午你为什么不用心听我说话？就在签字之前，我提到我的儿子即将进入×××大学就读，我还跟你说他的运动成绩和将来的抱负，我以他为荣，可你根本没有听我说这些话！你宁愿听另一位推销员说笑话，根本不在乎我说什么！我不愿意从一个不尊重我的人手里买东西！"

从这件事，张先生得到了两条教训：第一，倾听顾客的话实在太重要了，自己就是由于对顾客的话置之不理，因而失去了一笔生意；第二，推销商品之前，要把自己推销出去，顾客虽然喜欢你的产品，但如果不喜欢你这个推销员，他也可能不买你的产品。

1. 迪伯达模式内涵

迪伯达（DIPADA）模式与传统的爱达模式相比，被认为是一种创造性的推销模式。该模式的要点在于，先谈顾客的问题，后谈推销的产品，即推销人员在推销过程中必须先准确地发现顾客的需要和愿望，然后把它们与自己推销的产品联系起来。这一模式是以需求为核心的现代推销学理念在实践中的具体运用。

迪伯达模式将推销全过程概括为 6 个阶段：发现（definition）、结合（identification）、证实（proof）、接受（acceptance）、欲望（desire）、行动（action）。迪伯达是上述 6 个英文单词首字母组合（DIPADA）的译音。

2. 迪伯达模式步骤

迪伯达模式的步骤如图 6-2 所示。

图 6-2　迪伯达模式步骤

（1）发现顾客的需要和愿望

在实际推销活动中，发现顾客的需要和愿望是很难的，但推销人员在实践中可以运用现场观察、市场调查、建立信息网络、引导需求、推销洽谈等方法发现顾客的需要和愿望。

（2）把顾客的需要与推销的产品结合起来

当推销人员简单、准确地总结出顾客的需要和愿望之后，便应进入第二个阶段：向顾客介绍推销的产品，并把产品与顾客的需要和愿望结合起来。这样就能很自然地把顾客的兴趣转移到推销的产品上，为进一步推销产品铺平道路。这一阶段是一个由探讨需要的过程向实质性推销过程的转移，是推销的主要步骤。推销人员可以通过企业整体营销活动迎合顾客的需求、说服顾客调整需求并使需求尽可能与产品结合、主动教育与引导顾客的需求等方法，使推销的产品与顾客的需要相结合。

(3) 证实推销的产品符合顾客的需求

推销人员仅仅告诉顾客推销产品正是其所需要的,这是远远不够的,必须拿出充分的证据向顾客证实产品符合其需要和愿望,并了解顾客对所提供证据真实性的态度。这个阶段推销人员的主要任务是:可以通过向顾客熟悉的人从推销产品的购买与消费中所获得的利益,或展示有关部门出具的证据,或采用典型事例等,向顾客证实他的购买是正确的,推销人员的介绍是真实可信的。

(4) 促使顾客接受推销的产品

结合和证实都是手段,促使顾客产生购买欲望才是目的。推销员通过对产品的介绍和同类产品的比较分析,促使顾客接受推销的产品,具体有以下 4 种方法供参考,见表 6-1。

表 6-1 迪伯达模式推销方法

示范法	通过产品的功能、性质、特点的展示及使用效果的示范表演等,重要的是要让顾客看到购买后所能获得的好处和利益
提问法	推销员在讲解及演示的过程中,可不断发问以了解顾客是否认同或理解自己所做的介绍,从而使顾客逐步接受介绍的产品及理念
总结法	推销员在讲解及演示的过程中,通过对前阶段双方的价值意向和见解的总结归纳,取长补短,求同存异,促使顾客接受推销品
试用法	把已介绍和经过证实的产品留给顾客试用一段时间,同时征求顾客的使用意见和改进意见,以达到促使顾客接受推销产品的效果

其中示范法在示范过程中需注意以下六点。

① 在使用中做示范　如果产品可以示范,那么在使用中示范的效果会更好,能更加直接地展示产品的优势。

② 让顾客参与示范　直接参与会让顾客进一步接触产品,通过亲身感受唤起顾客的兴趣。

③ 示范时间不要太长　示范时间如果过长,会让顾客感到厌烦或出现疲劳感,会影响推销示范的初衷。

④ 示范要加入感情沟通　示范过程不是单纯地做,而是要有感情地做,示范过程中加入感情的元素会让示范的效果更好。

⑤ 帮助顾客从示范中得出正确结论　示范后最重要的是得出有利于产品的正确的结论,这样能帮助顾客更深一层地认识了解产品。

⑥ 不要过早强迫顾客下结论　推销的示范过程结束后要给顾客思考的时间,如果急于让顾客下结论会适得其反。

(5) 激起顾客的购买欲望

(6) 促成顾客采取购买行动

迪伯达模式的第五、第六步的内容与爱达模式的第三、第四步相同,在此不再阐述。

迪伯达模式的特点是紧紧抓住"顾客需要"这个关键环节,使推销工作更能有的放矢,因而针对性较强。迪伯达模式比爱达模式复杂、层次多、步骤烦琐,但其推销效果较好,受到推销界的重视。

四、埃德帕模式

 案例导入

景辞去药品超市买药,因为家里没有感冒药了,想再买一些备用,所以来到卖感冒药的区域开始选择,这时过来一个推销员。

推销员:"你好,请问有什么可以帮到你?"

景辞:"你好,是这样的,我家里没有感冒药了,可是我经常感冒,一感冒就觉得浑身疼痛,想买一些放在家里备用。"

推销员:"这样的话,我觉得A比较适合,因为这个药的一大特点就是可以缓解感冒的疼痛,而且见效很快……现在购买的话还可以送一包退热贴哦。"

景辞:"这个的价钱怎么样?"

推销员:"这种药在同类产品中是比较便宜的,和其他的比起来还便宜一块多。"

景辞:"那好吧,我就买这个。"

推销员:"谢谢。对了,如果你想提高一下自己的免疫力,避免少感冒,可以尝试一下B这个药。"

景辞:"我之前也吃了一些提高免疫力的药,但不起作用啊。"

推销员:"是这样的,这种药是中药性质的,药性比较温和,不伤身体,而且还有滋补的成分,可以更好地调理身体……"

景辞:"那好吧,那我就买一个回去试一试。"

提问:此案例的成功运用了什么模式?试简单分析。

1. 埃德帕模式内涵

埃德帕模式是迪伯达模式的简化形式,它适用于有着明确的购买愿望和购买目标的顾客。"埃德帕"是IDEPA的译音,每个字母分别为I(identification 结合)、D(demon-stration 示范)、E(elimination 淘汰)、P(proof 证实)、A(acceptance 接受)。

2. 埃德帕模式步骤

埃德帕模式的步骤如图6-3所示。

图6-3 埃德帕模式步骤

在采用该模式时直接提示哪些产品符合顾客的购买目标,这一模式比较适合于零售推销。

(1) 把推销的产品与顾客的愿望联系起来

一般来说,人们总希望从购买活动中获得一定的利益,包括在一定程度上增加收入、减少成本、提高效益。推销人员应对上门主动求购的顾客热情接待,主动开口回应,使顾客认识到购买商品所能获取的一定利益,紧紧扣住顾客的心弦,使顾客主动接近推销人员,这种效果是其他接近方法所无法达到的。在实际推销工作中，普通顾客很难在推销人员接近时立即认识到购买商品的利益，同时为了掩饰求利心理，也不愿主动向推销人员打听这方面的情况，而往往装出不屑一顾的神情。如果推销人员在接近顾客时主动提示商品利益，可以使商品的内在功效外在化，尽量满足顾客需求。在向顾客展示利益时，推销人员应该注意下述问题：商品利益必须符合实际，不可浮夸；在正式接近顾客之前，推销人员应该进行市场行情和用户情况调查，科学预测购买和使用产品可以使顾客获得的效益，并且要留有一定余地。

(2) 向顾客示范合适的产品

当产品可以进行示范时，那么证实的常用办法是示范。所谓示范就是当着顾客的面展示并使用商品，以显示出你推销的商品确实具备能给顾客带来某些好处的功能，以便使顾客产生兴趣和信任。熟练地示范你推销的产品，不仅能吸引顾客的注意力，而且更能使顾客直接对产品产生兴趣。示范最能给人以直观的印象，示范效果如何将决定推销成功与否。因而，示范之前必须周密计划。

(3) 淘汰不宜推销的产品

有些产品不符合顾客的愿望，称之为不合格产品。需要强调指出，推销人员在向顾客推销产品的时候，应及时筛选出与顾客需要不吻合的产品，使顾客尽量买到合适的产品，但也不能轻易淘汰产品，要做一些客观的市场调研及分析。

(4) 证实顾客的选择正确

即证明顾客已挑选的产品是合适的，该产品能满足他的需要。

(5) 促使顾客接受产品

推销人员应针对顾客的具体特点和需要进行促销工作，并提供优惠的条件，以促使顾客购买推销的产品。

案例解答

案例导入中的成功推销是正确运用了埃德帕模式：

1. 通过对话（询问有什么可以帮到他）了解顾客的需求，在摸清顾客需求的基础上可以更好地推销产品。

2. 向顾客展示产品，细说产品的特点，重点突出符合顾客需求的优点（缓解疼痛），而且还附加购买产品后所获得的赠品（退热贴），增加顾客的购买欲望。

3. 推销员向顾客推销本来不打算买的产品（B药品），推销员准确地抓住了顾客的潜在需求，刺激了顾客的购买欲望。

4. 顾客提出疑问（以前用过别的药，但不起作用），这也是一次更好地向顾客展示产品优点的适当时机，同时还可以更进一步地了解顾客的需要。

5. （药性温和等）这是筛选不适合推销产品的过程，推销员把推销的重点放在顾客有需求的推销品上，而这些都是建立在了解分析顾客心理特征的基础上。

埃德帕模式多用于向熟悉的中间商推销，也用于对主动上门购买的顾客进行推销。无论是中间商的小批量进货、批发商的大批量进货，或是采购人员亲自上门求购，还是通过电话等通信工具询问报价，只要是顾客主动与推销人员接洽，都是带有明确的需求目的的。在该模式的操作过程中，有两方面的问题需要注意。

一是推销员应为顾客示范合适的产品，力求有效结合顾客的需要。如果顾客带来进货清单，可按清单上所列品种示范，尽量让顾客参与其中。如果有新产品、潜在畅销产品、进销差价大的特殊品等，推销人员应主动为顾客示范，推销成功的概率也比较大。

二是适时淘汰不适合顾客的产品，主要指淘汰那些不适应顾客需要、与顾客愿望距离较大的产品。主动淘汰这一部分产品，实现产品优化，可以使顾客更容易买到合适的产品。在产品示范与商务沟通过程中，推销人员应尽量了解顾客进货的档次、数量和目标市场消费者的需求特点，做到示范和淘汰的产品都恰到好处。

五、费比模式

 导入案例

药店同时购进两种功能相同的药品，两者成分、功能等相差无几，价钱也一样，摆在柜台上很少有顾客问津。后来，该店经理在标价上出了个主意，他把其中一种药的标价从30元提高到50元，另一种药的标价仍是30元。两种药放在一个柜台里，结果标价30元的药很快销售一空。调研顾客为什么会购买这款药，顾客回答："价格便宜。"其实药的价格并没有降低，只是一种心理上的错觉。

提问：案例中运用的是什么推销模式？

1. 费比模式内涵

"费比"是 FABE 的译音，FABE 则是英文字母 feature（特征）、advantage（优点）、benefit（利益）、evidence（证据）的第一个字母的缩写。费比模式是指企业或销售人员把产品的优点、给顾客带来的各种利益等通过列举的方式直观地展示给顾客，从而有效地提高推销效率和节约购买成本的一种推销方式。

2. 费比模式步骤

与其他几个模式相比，费比模式有一个显著的特点，即事先把产品特征、优点及能够带给顾客的利益等列选出来，印在宣传单上或写在卡片上，这样就能使顾客一目了然，更好地了解有关的内容，节省顾客疑问的时间，减少顾客异议的内容。正是由于费比模式具有重点突出、简明扼要的特点，在推销实践中显示了计划性和有效性，受到不少推销人员的大力推崇。

（1）向顾客详细介绍产品的特征

推销人员见到顾客后，要以合适的语气、准确的语言向顾客介绍产品的特征。介绍的内容包括：产品的性能、构造、作用、使用的简易及方便程度、耐久性、经济性、外观优点及价格情况等。如果是新产品的话则应更详细地介绍，如果产品在用料或加工工艺方面有所改进的话，亦应介绍清楚。如果上述内容复杂难记，推销人员可事先制作成宣传单或卡片，以便在向顾客介绍时方便将材料或卡片交给顾客。因此，提前制作好宣传单或卡片成为费比模式的主要特色，也是该模式成功的关键。

（2）充分分析展示产品的优点

推销人员应找出自己推销的产品在外观设计、功能特点、使用方法、售后服务以及产地、品质等方面区别于其他产品的独特特征，进行差异化地推介说明，以便激发消费者兴趣和便于记忆。在产品展示过程中，要充分地挖掘产品的优点，简明扼要地介绍给顾客，不要拖泥带水和面面俱到。如果是新产品，务必把区别于老产品的内容说明清楚。当面对的是具有专业知识的顾客，则尽量以专业术语进行介绍，并力求用词简练准确。

(3) 尽可能列举产品给顾客带来的利益

顾客购买产品追求的是使用价值、声誉价值以及消费者剩余（高的性价比）等，所以，分析产品对顾客的价值和利益是费比模式中最重要的一环。推销人员应在了解顾客需求的基础上，把产品能带给顾客的预期利益尽可能地讲清楚，给消费者一个购买的理由。不仅要讲产品功能的利益，更要讲产品给顾客带来的内在的、形式的及附加的利益。在对顾客需求偏好了解不多的情况下，应边讲边观察顾客的专注程度与态度，在顾客表现关注的方面要特别注意多讲、细讲、多举例说明。

(4) 以事实依据说服顾客购买

推销人员应以发生在身边的真实的数据、人证、物证、例证等作为有说服力的证据，解决顾客的各种异议与疑虑，使顾客相信购买该产品是正确的、明智的、合算的，从而产生从众的购买和消费行为。如顾客所认识的某某人用了效果如何，顾客所知道的某单位用了怎么样，对消费者都非常具有说服力。

六、顾问式销售模式

1. 顾问式销售模式内涵

顾问推销是市场营销观念的一种扩展，是一种全新的销售概念与销售模式，具有丰富的内涵以及清晰的实践性。它是指销售人员以专业销售技巧进行产品介绍的同时，运用分析能力、综合能力、实践能力、创造能力、说服能力完成客户的要求，并预见客户的未来需求，提出积极建议的销售方法。

顾问式销售模式是站在专业角度和客户利益角度提供专业意见和解决方案以及增值服务，使客户能作出对产品或服务的正确选择和发挥其价值。在这个过程中同时建立了客户对产品提供者的感情及忠诚度，有利于进一步开展关系营销，达到较长期稳定的合作关系，实现战略联盟，从而形成独具杀伤力的市场竞争力。也就是说，在这种销售模式下，推销员以消费者顾问的身份出现，在尽可能满足消费者正当需求的原则指导下，通过推销员和消费者的有效沟通，由推销员向顾客提供有效解决问题的方案，进而达到推销目的。推销工作就是尽可能地满足顾客的需求。由于顾客本身所具有的知识的局限性，在选择商品过程中，并不一定知道哪种商品是自己的最佳选择，能够给自己带来利益最大化。因此，推销员如能为顾客提供有用的信息，帮助消费者做出明智、合理的决策，推销就会取得成功。

由于顾客的购买行为可分为产生需求、收集信息、评估选择、购买决定和购后反应五个过程，因此，顾问式销售可以针对顾客的购买行为分为挖掘潜在客户、拜访客户、筛选客户、掌握客户需求、提供解决方案、成交、销售管理等几个步骤来进行。

2. 销售特点

顾问推销具有以下几个特点。

(1) 将顾客看成被服务的人，而不是售卖的对象

在顾问推销模式中，服务是推销员的主要职责，而商品仅是推销员实现服务价值的载体，因此，顾客不是仅仅购买商品的人，而是一个需要服务的对象。服务的提供是连续的，包括需求发现、产品选择、需求满足和销售服务等过程。

(2) 不采用高压或强势推销方式对消费者实施强买强卖

在顾问推销中，推销员是以建议者的形象出现的，通过双向信息沟通，提高消费者

的信息掌握程度，帮助消费者做出正确的决策，其购买决策权还在消费者手中，推销员仅起辅助作用。因此，购买过程中并不存在违背消费者本意的行为，即没有强买强卖现象。

(3) 关注产品，强调信息指导

企业或推销员对产品给予了较大的关注，在产品创新、产品改进和产品满足消费者需求程度等几方面投入较多的精力，而信息沟通和信息指导在整个推销过程中也起到了关键作用。推销员满足消费者在购买过程中的自我决策心理，问题都是通过协商解决的，而不是推销员特意追求对消费行为的操纵。

(4) 强调售后服务

虽然价值在交换过程中实现了转移，但买卖双方的关系并没有因销售行动结束而终止。大多数商品需要售后服务，在顾问推销中，售后服务是增加消费者满意度的有效手段，所以推销员对售后服务都比较重视。

3. 顾问销售模式的价值

经过几十年的发展，顾问推销理论已趋向成熟，也更加重视推销过程中满足消费者需求的方法。本章前面提到的爱达模式、迪伯达模式、埃德帕模式和费比模式都是顾问推销的典型模式。许多企业与推销员采用这种推销理念，取得了良好的业绩。

传统销售理论认为，顾客是上帝，好商品就是性能好、价格低，服务是为了更好地卖出产品。而顾问式销售认为，顾客是朋友，是与销售者存在共同利益的群体；好商品是顾客真正需要的产品；服务本身就是商品，服务是为了与顾客达成沟通。可以看出，顾问式销售将销售者定位在客户的朋友、销售者和顾问三个角度上。因此，如何扮演好这三种角色，是实现顾问式销售的关键所在。

作为现代营销观念的典型代表，顾问式销售有着现代营销观念的很多特征。现代营销强调买方需求，即通过产品与创意，传递产品和与产品有关的所有事情，来满足顾客需要。而顾问式销售的出发点也在于顾客的需求，更加专注对顾客的信息进行研究、反馈和处理。在销售过程中，经销商在厂商和用户中起到桥梁作用，实现信息流的有效传递，一方面，将厂商信息有效地传递给用户；另一方面，经销商作为产品流通中最接近消费者的一个环节，最了解用户需求，应该实现对用户需求的有效收集和反馈，及时地反馈给厂商。

一般说来，顾问式销售给顾客带来的最大好处就是使顾客在收集信息、评估选择和购买决定这三个过程中得到一个顾问，从而减少购买支出；同时，通过面对面的感情直接接触，给顾客带来情感收入。顾问式销售给企业带来的利益在于能够最大程度地引起消费需求，增加企业销售机会，同时让顾客产生好的购后反应。"一个满意的顾客是企业最好的广告"。顾问式销售使企业和顾客之间建立了双赢的销售关系。

顾问式销售贯穿于销售活动的整个过程。顾问式销售不是着眼于一次合同的订立，而是长期关系的建立。顾问式销售在实务中的应用，不仅要求销售人员能够始终贯彻以顾客利益为中心的原则，而且要求销售人员坚持感情投入，适当让利于顾客。这样，一定能够达到双赢效果，使公司的发展得到良性循环。

作为现代营销的先进理念，开展顾问式销售对专业的销售人员也提出了一定的要求。对销售人员来说，销售就是一种职业生涯，是一种做人的挑战，是一种激烈竞争，是一种自我管理，所以专业的销售人员在力量、灵活性及耐力等方面要具有较高的素质。

第二节 医药产品促销概述

一、促销概念

所谓促销，即促进销售，是指企业通过人员的和非人员的方式，把有关企业产品的信息传递给消费者，从而激发顾客的购买欲望，影响和促成顾客购买行为的全部活动的总称。促销的方法和手段主要有人员推销、广告、营业推广和公共关系，它们的优点及缺点见表6-2，且构成了促销组合策略的重要内容。促销实际上就是在销售者和潜在购买者之间，进行影响态度和行为的信息传播。从本质上讲，促销就是信息交流和传递的过程。

表6-2 各种促销方式比较

促销方式	优点	缺点
广告	传播面广，速度快；形象生动，信息艺术化，吸引力强；可选择多种媒体；可重复使用	说服力较小；购买行为滞后；信息量有限
人员推销	信息双向沟通，能及时反馈；信息传递的针对性较强；尤其适用于某些贵重品和特殊产品	成本高；受推销人员素质的制约；接触面太窄
营业推广	刺激快，吸引力大；在改变消费者行为方面非常有效；与其他促销工作有很好的协同作用	只能短期刺激；使顾客有顾虑和怀疑；可能损坏品牌形象；竞争对手容易模仿
公共关系	可提高企业知名度、美誉度和信赖度；可信度高；绝对成本低	见效较慢；难以取得媒体的合作；效果难以控制

医药产品促销是指医药企业通过各种可能的方式把企业的有关信息传递给目标市场，使目标市场对企业产生信任感，认识到企业生产的医药产品及其服务给自己带来的利益，激发需求并最终引起消费者购买欲望，促进其完成购买行为的一系列活动的总称。

医药产品促销在整个医药市场营销活动中具有极其重要的作用。具体体现在以下三方面。

1. 实现医药企业与目标市场的信息沟通

医药促销活动扮演着联结医药企业和消费者、中间商的信息桥梁角色。通过行之有效的促销活动，现实顾客和潜在顾客可以充分了解企业产品及其服务的有关信息。企业也可以获得第一手的反馈信息，准确了解市场需求，及时调整企业的经营行为。

2. 促进新药的推广

药品作为一种特殊商品，科技含量高，即使是具有丰富医学知识和临床经验的临床医师对刚刚上市的新药也知之甚少，普通消费者对新药知识更是一无所知。因此，当新药上市时，制药企业要抢占先机，充分运用促销工具向批发商、零售药店、广大临床医师、最终消费者进行推广，把新药的作用机制、临床疗效等信息传递给他们，从而刺激市场需求。

3. 增强医药企业的核心竞争力

在市场竞争日益激烈的情况下，企业面临的竞争对手众多，而中国大部分制药企业生产的多为非专利药，没有明显的特色，企业可以通过开展促销活动传递产品特征和企业形象，把自己的产品与竞争品牌区分开来，使消费者了解到本企业的产品可以为他们带来的附加利益，从而塑造和提升企业的品牌价值，增强企业的核心竞争力。医药企业的促销方式很多，如广告、活动赞助、公共关系、个人拜访、电子商务、销售推广等。

二、医药商品促销方式

1. 广告

产品广告是企业界使用最为广泛的促销手段。广告既可以用来激发欲望、刺激销售，又可用来树立企业产品形象。广告可用较低的成本将信息有效地传递给地理位置比较分散的购买者。但是医药产品的广告受国家有关法规的限制，处方药不得对公众做广告宣传，只能在学术杂志上传播。

在处方药的促销手段中，人员促销是最重要的手段，其次是渠道让利；而在产品的促销手段中，广告是最重要的，其次是渠道让利。许多成功产品如吗丁啉、芬必得、地奥心血康、利菌沙等均是通过大量有效的广告攻势而获得成功的。保健品与功能食品的促销手段中，广告手段也是最重要的，这一点与药品运营有相似之处。所以，许多医药保健品企业都不惜重金大做广告。一部分企业通过大量而有效的广告攻势取得了成功，成了知名企业；但也有许多企业被广告费拖垮了，企业做了许多广告，可市场却没有太大的反应，广告费打了水漂儿，企业陷入危机。如果产品的疗效、质量确实非常好，又有专利、商标等知识产权的保护，产品几乎处于一种无竞争的状态，那么，它不需要进行太多的策划、定位、广告宣传，就可以卖得很好。比如美国辉瑞公司的"万艾可"就属于这种情况。但如果各家公司产品的疗效都差不多，是可以相互替代的，这时，策划、定位、广告宣传对这一产品销售量的影响就是"重头戏"了。

2. 人员推销

人员推销是指企业销售人员与顾客直接进行面对面接触、洽商，通过相互的沟通和交流，促进商品和服务的销售，并且通过信息的反馈来发现和满足顾客的促销方式。医药产品人员推销，是指企业通过派出销售人员与一个或一个以上可能成为购买者或促成购买（如医生）的人交谈，作口头陈述，以推销商品，促进和扩大销售。人员销售是销售人员帮助和说服购买者购买某种商品或劳务的过程。

（1）推销是为顾客谋利益的工作

有人认为人员推销就是多磨嘴皮、多跑腿，把手里的商品卖出去而已，无需什么学问和技术。有人认为人员推销就是欺骗，推销技术就是骗术，尤其是保健品推销人员，夸大保健品功效已经司空见惯。其实，人员推销是一项专业性很强的工作，是一种互惠互利的推销活动，它必须同时满足买卖双方的不同需求，解决各自不同的问题，而不能只注意片面的产品推销。尽管买卖双方的交易目的大不相同，但总可以达成一些双方都可以接受的协议。人员推销不仅是卖的过程，而且是买的过程，即帮助顾客购买的过程。推销员只有将推销工作理解为顾客的购买工作，才能使推销工作进行得卓有成效，达到双方满意的目的。为顾客服务，不仅是推销员的愿望和口号，而且也是人员推销本身的客观要求。换句话说，人员推销不是推销产品本身，而是推销产品的使用价值和实际利益。顾客不是购买产品实体本身，而是购买某种需要的满足；推销员不是推销单纯的产品，而是推销一种可以解决某些问题的答案。能否成功地将推销产品解释为顾客需要的满足，能否成功地将推销产品解释为解决顾客问题的答案，是保证推销效果的关键因素。因此，推销员应该说的是"推销产品将使顾客的生活变得如何好",而不是"推销产品本身如何好"。此外,应认识到的是,人员推销是一种专业性和技术性很强的工作,它要求推销员具备良好的政治素质、业务素质和心理素质,以及吃苦耐劳、坚韧不拔的工作精神和毅力。人员推销是一种金钱、时间、才智等汇聚的综合性的商业活动。从不同的角度出发,可以给人员推销下不同形式的定义,但它们包含的关键内容和要素是相同的。一般而言,人员推销的基本要素为推销员、推销产品、推销对象。

人员推销是一种具有很强的人性因素的、独特的促销手段。它具备许多区别于其他促销手段的特点,可完成许多其他促销手段无法实现的目标,其效果是极其显著的。相对而言,人员推销较适于推销性能复杂的产品。当销售活动需要更多地解决问题和说服工作时,人员推销是最佳选择。说服和解释能力在人员推销活动中尤为重要,它会直接影响推销效果。

(2) 推销人员的任务

① 顺利销售产品,扩大产品的市场占有率,提高产品知名度　公司经营的中心任务就是占领和开拓市场,而推销员正是围绕这一中心任务开展工作的。推销员的重要任务就是利用其"千里眼"和"顺风耳"在复杂的市场中寻找新的、尚未满足的消费需求。他们不仅要说服顾客购买产品,沟通与老顾客的关系,而且还要善于培养和挖掘新顾客,并根据顾客的不同需求,实施不同的推销策略,不断扩大市场领域,促进公司生产的发展。

② 沟通信息　推销员可以帮助消费者了解公司的经营状况,经营目标,产品性能、用途、特点、使用、维修、价格等诸方面信息,刺激消费者从需求到购买行动的完成。同时,推销员还肩负着搜集和反馈市场信息的任务,应及时了解顾客需求、需求特点和变化趋势,了解竞争对手的经营情况,了解顾客的购后感觉、意见和看法等等,为公司制订有关政策、策略提供依据。

③ 推销商品,满足顾客需要,实现商品价值转移　推销员在向顾客推销产品时,必须明确他推销的不是产品本身,而是隐藏在产品背后的对顾客的一种建议,即告诉顾客,通过购买产品,他能得到某些方面的满足。同时,要掌握顾客心理,善于应用推销技巧,对不同顾客使用不同的策略。

④ 良好的服务是推销成功的保证　推销员在推销过程中,应积极向顾客提供多种服务,如业务咨询、技术咨询、信息咨询等。推销中的良好服务能够增强顾客对企业及其产品的好感和信赖。

(3) 医药产品人员推销的步骤

医药产品人员推销一般包括以下步骤。

① 市场开发阶段　推销人员首先要分析研究市场,寻找潜在客户,明确推销目标。药品的潜在客户包括医院、医药经营企业等;保健品的潜在客户包括医药经营企业、保健品专营企业、超市等,通过走访、调查等方式进行筛选。

② 接近客户阶段　第一次接触往往是能否成功的关键。因此,推销人员在拜访客户前,要详细了解潜在客户的个人信息和企业信息,做好充分的准备工作。

③ 推广答疑阶段　这个阶段主要是宣传介绍,包括资料的分发、产品的展示。在这一过程中推销人员不仅要介绍产品的特点和作用,如果是药品,还要介绍在临床使用中可能出现的不良反应以及预防措施。同时,潜在客户任何时候都可能提出异议和问题,这就给推销人员提供了进一步沟通的机会,使其消除疑虑,产生购买的欲望。

④ 完成销售阶段　推销人员面对面的拜访销售对象对交易的达成有着重要的影响,签订合同是实现销售的第一步,实现回款,才是达成销售的最后阶段。

⑤ 追踪保温阶段　推销人员须重视售后服务，即我们常讲的"保温工作"，既可以联络感情、增加销量，又可以利用客户的口碑效应来宣传新产品、发展新客户，为企业带来长远的利润收入。

3. 医药产品营业推广

(1) 营业推广含义

营业推广是指通过短期的推销活动，直接引导和启发、刺激顾客，以提高其购买兴趣，促使其立即作出购买行为。它是介于人员推销与广告之间的一种特殊的推销方法。医药产品营业推广是指企业在短期内采用特殊的手段对消费者实行强烈的刺激，以促进销售迅速增长的一种策略。医药企业营业推广方式有针对最终消费者的医药营业推广、针对中间商的医药营业推广、针对医院的医药营业推广。常用的手段包括赠品、发放优惠券、以旧换新等。

(2) 医药产品营业推广作用

① 吸引新顾客　通过短期强烈刺激，有可能吸引一部分新顾客的注意，使其追求某些利益而试用和购买。

② 报答老顾客　通过价格折让、赠券等手段让利老顾客或品牌忠诚者，使其获得更高的满意度，以增加顾客"回头率"。

③ 与其他促销工具密切配合，实现企业营销目标　广告的促销效果是长期的，反应较慢；而营业推广的效果是即时的、反应较快的。两者配合使用，就可强化广告的促销效果。如果说广告的目的是培养消费者的品牌忠诚度，营业推广则在很大程度上是为了打破消费者对于其他企业产品的品牌忠诚性，以特殊的手段激励消费者转向本企业品牌。但是，营业推广一般只是为了实现企业的短期促销目标，不宜被长期固定地使用，否则会降低本企业品牌声誉，有损产品或企业的形象。

(3) 医药产品营业推广类型

按照促销对象的不同，医药产品营业推广的形式可以分为两大类：一类是针对消费者的营业推广，另一类是针对中间商（包括批发商、零售商和医疗机构）的营业推广。通常处方药是针对中间商进行营业推广，而非处方药则可以同时针对消费者和中间商实施营业推广活动。医药产品营业推广类型具体方式见表6-3。

表6-3　医药产品营业推广类型具体方式

类型	方式	具体内容
针对消费者的营业推广	赠送样品	一般在新产品刚刚推出时，为了使消费者尽快了解新产品的性能、特点，往往在零售药店或医疗机构免费发放样品，给消费者试用。通常赠品会在产品上加印"赠品""样品"等字样，它变相地让消费者不用花钱就获取了产品，因此对新产品推广是非常有效的。但是，对于医药企业而言，要注意不得违背《药品流通监督管理办法》，不得向公众赠送处方药和甲类非处方药
	发放优惠券	企业向目标市场的消费者发放优惠券，凭券可在实际销售价格的基础上进行减让。医药企业采用这种方法时一定要声明并非由于药品质量问题而折价销售
	附赠礼品	礼品是和出售的医药产品有着不同的、但相关的使用价值物品，比如促销减肥类药品时，派送体重秤作为礼品
	免费试用	邀请潜在消费者免费试用产品，期待他们成为企业的真实顾客。通常很多化妆品的促销会采用这种方式

类型	方式	具体内容
针对消费者的营业推广	现场示范	企业派人专门在销售现场大量陈列某种产品,并当场示范以吸引消费者注意。这种方式一方面可以把一些技术性较强的产品的性能特点和使用方法介绍给消费者;另一方面也可以使消费者直观地看到产品的使用效果,直接激发消费者的购买欲望。比如某些医疗器械像血压计、按摩器、理疗仪等就可以在终端卖场进行现场示范促销
	以旧换新	以旧换新是指消费者在购买新商品时,如果能把同类旧商品交给商店,就能折扣一定的价款。对于使用以旧换新促销的厂家来说,回收来的旧商品通常没有多大经济价值,以旧换新的目的,主要是为了消除旧商品形成的销售障碍,免得消费者因为舍不得丢弃尚可使用的旧商品,而不买新商品。在医药行业开展以旧换新活动更体现了一种健康服务的理念,向消费者传递过期药品有害健康、对环境造成污染的思想。比如,白云山针对过期药品问题,从2005年开始,就在全球首创了"家庭过期药品回收(免费更换)机制",树立了良好社会形象
针对中间商的营业推广(医药商业企业和医疗机构)	经销折扣	企业为了争取中间商多购进自己的产品,在某一时期内可按中间商购买企业产品的数量给予一定的折扣,从而促进与中间商的长期合作
	推广津贴	制药企业为促使中间商帮助企业推销产品,还可支付一定的推广津贴,以鼓励和酬谢中间商在推销本企业产品方面所做的努力
	合作广告	制药企业出资资助中间商在当地媒体进行广告宣传,共同开发市场
	展销会或博览会	企业通过举办或参加各种医药展销会或博览会向中间商推销自己的产品。由于这类展销会或博览会能集中展示大量优质产品,并能形成对促销有利的现场环境效应,对中间商有很大的吸引力,往往能促成交易
	销售竞赛	制药企业如果在同一个市场上通过多家中间商来销售本企业的产品,就可以发起由这些中间商参加的销售竞赛活动

4. 公共关系

(1) 公共关系含义

公共关系(以下简称公关)就是一个社会组织为了推进相关的内外公众对它知晓、理解、信任、合作与支持,塑造组织形象、创造自身发展的最佳社会环境,利用传播、沟通等手段而努力采取的各种行动,以及由此而形成的各种关系。公共关系是指企业利用各种传播手段与社会公众进行沟通,树立企业的良好形象和信誉,唤起人们对企业及其产品的好感,赢得公众的信任和支持,为企业销售提供一个长期良好的外部环境的营销活动。公众指与企业经营管理活动发生直接或间接联系的社会组织和个人,包括顾客、中间商、社区民众、政府机构以及新闻媒体等。

(2) 公共关系活动方式

在目前医药行业广告受限的情况下,公关促销开始成为医药营销的新焦点和主流变革趋势之一。公共关系是一种隐性的促销方式,它是以长期目标为主的间接性促销手段。常见的医药企业公关活动方式有以下方式:药品推广会、开放参观日、赞助活动、公共促销等。

① 发行企业刊物 企业刊物是管理者和员工的舆论阵地,是沟通信息、凝聚人心的重要工具。企业可以利用各种介绍本企业及其商品的刊物作为信息载体向公众传递信息,吸引消费者对企业及其产品的注意,帮助企业在公众面前树立良好的形象。

② 新闻媒体宣传 企业争取一切机会和新闻媒体建立联系,及时将有新闻价值的信息提供给报纸、杂志、电台、电视台等新闻媒体,借以扩大企业影响,加深顾客印象。由于新闻媒体对大部分公众都具有亲和力,而关于企业产品的正面新闻报道的可信度远远高于广

告，因此能取得有效的宣传效果，但是新闻宣传的重要条件是所宣传的事实必须具有新闻价值。

③ **利用热点事件** 所谓热点事件，就是生活中发生的对社会公众影响非常大的事件。全社会广泛关注的热点事件常常被企业用来宣传，提升企业形象。利用热点事件进行公关活动需要特别注意的是：企业对热点事件要有高度的敏感性；事件公关的策划也要尽可能把公众关注的热点，转移到对自己的产品和品牌的注意上。

④ **热衷公益活动** 几乎所有的医药企业都将维护生命健康作为自己的企业宗旨，在生产优质药品的同时也要将这个宗旨进行延伸和拓展，将各种社会公益活动的开展作为对这个宗旨的补充。目前，很多医药企业都积极参与社会公益活动，表现出越来越成熟的企业公民形象。

⑤ **赞助和支持体育、文化、教育事业** 由企业提供经费赞助体育、文化、教育事业，建立一心为大众服务的形象，从而树立企业品牌。比如江西仁和药业冠名的"仁和闪亮新主播"就是借助娱乐媒体平台，巧妙地将企业精神和产品名称融入其中，在节目热播的同时让自身的企业文化价值和产品信息也得到传播，其主打产品"闪亮滴眼露"销量随之增长了8倍。

 知识拓展

公共关系与广告的比较

与广告相比，公共关系具有不可替代的优越性，主要表现在以下几个方面。

1. 从推拉策略看，公共关系是"拉"，巧妙地拉近与消费者的关系；广告是"推"，是直接推广品牌和产品的卖点和价值。

2. 从表达方式上看，公共关系"软"，温婉、客观、不动声色；广告相对要"硬"，直截了当，不厌其烦。

3. 公共关系的作用是为产品和品牌建立良好的舆论环境，从某个侧面入手扩大其影响力并形成口碑；广告的作用一般是正面地、直接地输出品牌或产品信息，比如核心价值、定位等。

4. 公共关系容易建立美誉度，广告可以快速建立知名度。

5. 从成本来看，在很多时候，公共关系费用较低，更具成本效益；而广告费用越来越高，干扰广告效果的因素增多，广告受众越来越少，导致了广告效果的减弱。因此，企业开始转向了公共关系促销。一些专家断言，对消费者来说，公关促销的可信度要高于广告5倍。

(3) **公共关系策略**

公共关系策略主要包括确定公共关系活动的目标、选择公共关系的活动方式、公共关系活动预算以及公共关系效果评估等。

① **确定公共关系活动的目标** 公共关系活动的目标应与企业的整体目标相一致，并尽可能具体，同时要分清主次、轻重。一般来说，企业公共关系的直接目标是促成企业与公众的相互理解，影响和改变公众的态度和行为，建立良好的企业形象。具体的目标可以分为传播信息、转变态度和唤起需求。企业不同时期的公共关系目标，应综合公众对企业理解、信

赖的实际状况分别确定，以传递公众急切想了解的情况，改变公众的态度或是以唤起需求而引起购买行为为重点。

② 选择公共关系的活动方式　企业要围绕公共关系的目标，结合自身特点，选择合适的方式进行有效的公共关系传播。通常企业确定公共关系促销方式时，会采用以下几种常用的策略。

a. 宣传型公关促销策略。宣传型公关促销策略是指企业通过各种媒体和交流方式对外传播，扩大企业影响，争取更多潜在顾客的方法。它的特点是利用一定的媒体进行自我宣传，其主导性、时效性极强。基本手段是"制造新闻"，即企业为吸引新闻媒体报道并扩散自身所希望传播的信息而专门策划的活动。在众多免费宣传性公共关系手段中，它是一种最主动、最有效的传播方式。制造新闻不是无中生有地编造新闻，也不是不负责任地欺骗公众，而是利用一些热点事件或突发事件的新闻价值，吸引新闻媒介广为传播。

b. 社会型公关促销策略。社会型公关促销策略是指企业利用举办各种社会性、公益性活动，扩大企业的社会影响，提高其社会声誉，赢得公众的支持的手段。社会型公关促销的最大特点是近期不会给企业带来直接的经济效益，它的回报是长远的、间接的，能为企业树立较完备的社会形象，使公众对企业产生好感，为企业创造良好的发展环境。其主要形式是赞助公益事业。赞助活动要注意以下几点：首先，选准项目，赞助项目的社会意义越大，越有价值，给企业带来的经济效益越大；其次，选准时机，引起公众的注意，提高单位时间内所传播的有效信息量；第三，抓住赞助项目的落实，切忌虎头蛇尾，草率收场，影响企业信誉和形象。

c. 文化型公关促销策略。文化型公关促销策略突出产品的文化品位，宣传企业的文化背景，取得消费者的文化认同，也是公共关系促销的手段之一。"文化搭台，企业唱戏"，借助文艺形式间接推销产品，是近年企业采用的行之有效的促销手段之一。如神威药业冠名的《中国魅力名镇》，将《中国魅力名镇》的宗旨"展示全国名镇的本源、自然、生态和文化"与神威药业倡导的"引领现代中药，推进健康产业"的阳光、健康理念完美地结合在一起，两者相辅相成，相得益彰。文化型公关促销的操作中应注意文化氛围必须符合当代的文化背景。要增强文化氛围，淡化企业的商业、唯利的色彩，巧妙地把企业、产品、服务与顾客有机联系在一起。

③ 公共关系活动预算　将具体的任务正式列为若干项目，排出时间表，并作出开支预算，以保证计划的可行性和周密性。

④ 公共关系效果评估　公关工作的成效评估必须以市场状况及公众印象的改善为尺度，可从定性和定量两方面评价。传播成效的取得，是一个潜移默化的过程，在一定时期内很难用统计数据衡量。而有些公关活动的成效，可以进行数量统计，如传媒宣传次数、赞助活动、覆盖面、接收到信息的目标公众的数量、态度转变情况以及行为转变的情况。

公共关系活动不同于一般的生产和销售工作，它的效果很难在短期呈现。美国公关专家告诫说：开展一两次公关活动未见明显成效，譬如销售额未有显著上升，便认为公关实践对促销无效，从而弃之不用，实在是患了"近视症"，企业应克服急功近利心理和短期行为。公共关系促销的根本秘诀在于，向着既定目标持续不懈地努力，需要的是"春风化雨"的耐心和高超过人的技巧。

第三节　制定医药产品促销组合方案

一、促销组合含义

促销组合就是有目的、有计划地把人员推销、广告、营业推广和公共关系四种形式结合起来，综合运用，发挥各自优势，达到企业促销的目标。

医药促销组合是医药企业用来实施促销过程并直接与目标市场（或沟通受众）进行沟通的工具组合。这些沟通工具包括上面提到的基本促销方式以及这些方式的有机组合，结合不同企业的不同产品、同一产品生命周期的不同阶段，促销的方向和重点都有所不同。这就存在一个对不同促销工具如何进行选择、对不同的促销工具的轻重编配和综合应用的问题。

二、医药产品促销组合决策

要进行有效的促销活动，医药企业必须依次进行以下决策过程：确定促销对象、确定促销目标、设计信息、选择促销传播渠道、编制促销预算、决定促销组合、衡量促销效果、管理促销组合。

1. 确定促销对象

促销对象是医药企业促销行为直接指向的个人或组织，他们对医药企业促销活动中传递的有关产品的信息感兴趣，可能是企业的现实顾客或潜在顾客。促销对象影响着促销活动的一系列决策。

促销对象的范围：对于医药企业来说主要的受众对象是医院、医药零售企业、广大普通消费者。促销对象的确定有时还需要在企业目标市场的基础上再细分市场，进而选出需要进行重点促销的顾客群。

2. 确定促销目标

促销目标取决于顾客对信息反应的阶段性。顾客对促销信息的反应一般分为认知、情感、行为三个阶段。在不同的阶段，促销的目标是不同的。在认知阶段，促销的目标是接触、注意、知晓；在情感阶段，促销的目标是兴趣、偏好、态度；在行为阶段，促销的目标是试用、购买、行动。

3. 设计信息

设计信息是医药企业将要促销的有关信息有效表达出来的过程。有效地表达信息有利于将促销信息有效地传递给顾客，便于顾客对信息的接受和理解。设计信息要注意信息的内容、信息的结构、信息的格式、信息源。

4. 选择促销传播渠道

促销传播渠道分为人员传播和非人员传播两种。人员渠道主要是通过电话、电子信箱、个人拜访等形式，其特点是信息传递和反馈都比较直接、准确。非人员传播包括媒体、公共关系、事件渠道，其特点是影响范围广泛。

5. 编制促销预算

在编制促销预算时一般遵循量入为出的原则,确定促销经费为销售额的一个百分比,按照促销所要达到的具体目标来编制。

6. 决定促销组合

决定促销组合的实质,是在人员推销、广告、营业推广、公共关系等促销工具的选择、编配上实现促销效果的最大化。具体决定要考虑产品的生命周期,在产品生命周期的不同阶段,促销的重点不同,使用的促销工具及其组合也不同,具体见表6-4。

表6-4 产品生命周期不同阶段的促销工具

投入期	需要进行广泛的宣传,以提高知名度。此时广告和公共关系效果最佳,营业推广可作为辅助手段,鼓励顾客试用
成长期	医药企业的促销目标是进一步引起消费者的购买兴趣,激发购买行为。因此应突出宣传商品特点,使消费者逐渐对商品产生偏好。促销手段上,广告和公共关系仍需加强,但重点在于宣传医药企业及产品品牌,树立产品特色,使更多的用户对本企业或企业的产品产生偏爱,从而扩大产品的销售量
成熟期	医药企业促销的主要目标是巩固老顾客,增加消费者对商品的信任感,保持市场占有率。此时应尽可能多运用营业推广,辅之以少量的广告,因为此时大多数顾客已经了解这一产品。广告的内容应强调产品的特定价值和给消费者带来的差别利益,以保持并扩大企业产品的市场占有率
衰退期	产品特色已经为消费者所熟悉和了解,并且偏好已经形成,吸引新顾客已经很难,医药企业促销的目标只能是使一些老顾客继续信任本企业的商品,坚持购买。此时医药企业可使用营业推广与提示性公告相结合,维持尽可能多的销售量

7. 衡量促销效果

衡量促销效果,有利于通过检验促销业绩找出促销盲点,为进一步改进促销组合提供依据。促销效果的衡量主要从认知效果、情感效果、行为效果等几个方面入手。

8. 管理促销组合

促销组合展开的过程就是对促销组合进行管理的过程。在整个战略展开的过程中,企业要不断整合有关资源,提升促销绩效;同时应不断检查促销效果与目标的偏差,不断校正偏差,保证促销战略的顺利实施。

各种促销方式对不同的医药商品促销效果不同。比如,对于处方药,由于它的决定权在医生而不在患者手里,而且处方药不允许在大众传媒上做广告,因此最重要的促销手段是人员推销,其次是公共关系;而对于非处方药和保健品,则最重要的促销手段是广告,其次是营业推广和人员推销,最后是公共关系。

三、医药产品促销组合策略

1. 推式策略

推式策略主要是运用人员推销和营业推广手段,将产品推向市场,从制造商推向批发商,从批发商推向零售商,直至最终推向消费者或用户。这种促销策略通常以中间商为主要促销对象,见图6-4。

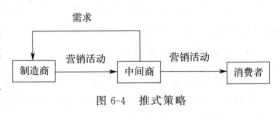

图6-4 推式策略

2. 拉式策略

拉式策略主要是运用广告和公共关系手段，着重使消费者产生兴趣，刺激购买者对产品的需要，进而推动消费者向中间商订购产品，然后由中间商向企业订购产品，以此达到向市场推销产品的目的。这种策略以最终用户为主要促销对象，见图6-5。

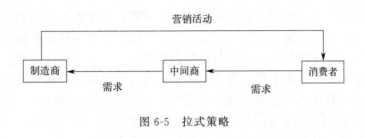

图6-5 拉式策略

第四节 危机管理

每一个企业都会在某一时刻遇上危机，无论这一企业是跨国公司还是私营小作坊。在危机发生前有充分准备，在危机发生时能沉着应对并快速采取有效补救措施的企业，可以在危机中生存下去。

药品是一种关系到人的生命的特殊商品，"人命关天"，它受到国家的严格监管，一旦出了一点儿问题，可能就是大事，往往因很有"新闻价值"而受到媒体的追逐。因此，医药企业所特有的"脆弱性"，导致它发生危机时的复杂性与毁灭性都大大超过其他行业。这是每一个医药企业都不能回避的问题。下面将分别介绍医药企业可能发生的主要危机及其应对策略。

一、新闻危机

这是医药保健品行业最脆弱的环节，它的本质是企业的信誉危机和品牌危机。因为企业发生危机的直接导火线是新闻追踪报道，所以还把它命名为"新闻危机"。如果处理不当，这一危机往往是毁灭性的，尤其对一些明星企业，一旦出了一点儿问题，非常容易遭到新闻媒体的"爆炒"，有时甚至都不顾事情的本来面目。看起来病人都是弱者，会受到媒体和大众的广泛同情。这样企业就处在受指责的位置上了。所以，没有完善的危机管理机制的医药保健品企业有时会比病人还脆弱。虽说法律是公平的，但赢了官司，企业受损的事情也不少见。

为了更有效地应对企业危机，国外有些企业实行CCO（首席风险官）制度。由CCO来领导企业危机管理团队的工作，他的职责主要包括：危机的预测与分析；各种危机的应对计划；相关信息和材料的事前准备和模拟演习；建立与主流新闻媒体、政府主管部门的快速反应通道（有时还不能完全被动，要主动出击）；挑选和培训公司可用的发言人；建立与消费者广泛的交流与沟通渠道；危机的监控、疏导以及补救措施实施，等等。

新闻有个非常大的特点就是时效性,所以公司应对新闻危机一定要行动迅速,进行防御时花的时间要尽可能的少,尽快做出决定,然后以一种自信而有效的方式展开行动。

当然,最好的办法还是在新闻危机发生前,就让它消失在萌芽状态。

二、产品结构危机

如果企业的产品结构不合理,企业就可能陷入困境,甚至引发全面危机。三点决定一个平面才能稳固。为了既保证重点,精力不要太分散,又不至于一旦某个核心产品发生危机而导致企业的全面危机,比较理想的产品销售结构梯度是:三个主打产品可以占到总销售额的70%左右,另外还有一个强有力的后备产品,其他所有产品可以占到总销售额的30%左右。

例如西安杨森,其核心产品吗丁啉、达克宁、采乐占总销售额的50%左右,另外几个有潜力的产品如西比灵、息斯敏、斯皮仁诺占总销售额的20%~25%,其他所有产品占20%~25%。这样的产品销售结构梯度,抵抗风险的能力就非常强。

三、人才危机

许多人都知道人才危机,特别是决策层面上的高级人才危机,会直接导致企业的全面危机。特殊人才的离去,可能使企业受到重创,甚至导致企业的全面危机。

企业 CEO 不是天才,他只可能在某一方面或者某几个方面才华出众,但是其他领域则要通过授权,让其他方面的人才去领导大家为企业工作。企业 CEO 只有以下五个方面的工作不能授权:战略决策层面上的问题;高级人才的发现、培养与任免;企业危机或潜在危机的宏观把握;财务的宏观把握;没有合适的下属能够承担的工作。

得人才者得天下,企业的竞争,本质上是人才的竞争,尤其是高级人才、特殊人才团队的竞争。如果在这一方面做得不好,企业 CEO 的个人能力再强,也不会是一个十分称职的 CEO。

实践项目 1　医药企业危机公关管理

一、实践目的和要求

1. 实践目的

掌握医药企业危机公关的步骤与方法。

2. 实践要求

把握医药企业危机公关的含义与处理原则。

二、实践情景

"泰诺"是约翰逊公司生产的用于治疗头痛的止痛胶囊,作为约翰逊公司的主打产品之一,其年销售额达 4.5 亿美元。在 20 世纪 80 年代,约翰逊公司曾面临一场生死存亡的"中毒事件"危机。

1982年9月29日至30日，芝加哥地区有人因服用"泰诺"止痛胶囊而死于氰中毒，起初死亡3人，后增至7人，随后又传说在美国各地有25人因氰中毒死亡或致病。后来，这一数字增至2000人（实际死亡人数为7人）。一时舆论大哗。"泰诺"胶囊的消费者十分恐慌，94%的服药者表示绝不再服用此药。医院、药店纷纷拒绝销售"泰诺"。约翰逊公司危机来临了。约翰逊公司平时是一个十分重视危机公关管理的公司，公关部山姆经理具有丰富的危机公关管理经验。下面从约翰逊公司平时的危机管理与预防和发生危机后善后处理两方面谈训练步骤。

三、实践步骤

1. 危机的管理与预防

（1）危机预测分析

危机管理事先要对可能发生的危机作出预测、分析。预测包括：可能发生哪些危机，危机可能具备的性质及规模，对各方面可能带来的影响。山姆经理按轻重缓急把危机分为三类：

A类是很可能发生的危机，如产品质量、媒介关系、环境变化等；

B类是有一定可能但又不是很可能发生的危机，如被盗窃、合作伙伴违约等；

C类是很少发生但又不是不可能发生的危机，如产品被投毒、水管爆裂等。

（2）制定应急计划

约翰逊公司制订了完善的危机应急计划。计划包括应对各类危机的不同方法，在危机中、危机后的各个工作环节中安排负责处理各种问题的适当人员，同时让这些人员事先了解面对不同危机时他们的责任和应该采取的措施。山姆经理制订出计划后，上报公司决策层，请领导批准，在各有关部门的统一协调下，作出安排。

（3）成立危机管理委员会

约翰逊危机管理委员会的人员包括公司领导、人事经理、工程管理人员、保安人员、公关经理、后勤部门领导等。委员会成员不是专职的，他们只在出现危机时才投入运转。委员会平时的任务是保持定期的联系，定时检查危机问题管理计划，预测局势变化趋势，以调整应急措施。

（4）印制危机管理手册

约翰逊公司将危机预测、危机情况和相应的应急措施以通俗易懂的语言编印成小册子并配有示意图，然后将这些小册子发给全体员工。还通过多种形式，如录像、卡通片、幻灯片等向员工全面介绍应对危机的方法，让全体员工对出现危机的可能性及应对办法有足够的了解。

（5）确定组织发言人

发言人是在组织面临危机时，代表组织向内外公众介绍事实真相的人员。发言人要对组织忠诚，发言时能切实传达领导集团的意见，态度诚恳，还应具备口才好、应变能力强等才能。

（6）事先同传播媒介建立联系

危机出现后应准备两套材料：一套用通俗易懂的语言，深入浅出地向大众作介绍，这份材料可送媒介参考使用；另一套材料为技术性、专业性较强的情况介绍，以准确的数据向上级和有关专家、同行提供详情。

(7) **建立处理危机关系网**

根据预测的企业可能发生的危机，与处理危机的有关单位联系，建立合作网络，以便危机到来时能很好合作。这些单位有医院、消防队、邻近的驻军、相关的科研单位、同行业兄弟单位、保险公司、银行等。

(8) **搞好内部培训**

组织培训班对公关人员进行专门培训。内容包括：模拟危机，让受训学员作出迅速反应；向他们提供各种处理危机的案例，让他们从各类事件中吸取经验和教训，帮助他们在心理上做好处理各种危机的准备。

2. 处理危机的方法与步骤

(1) 迅速掌握危机的全面情况，见图6-6。

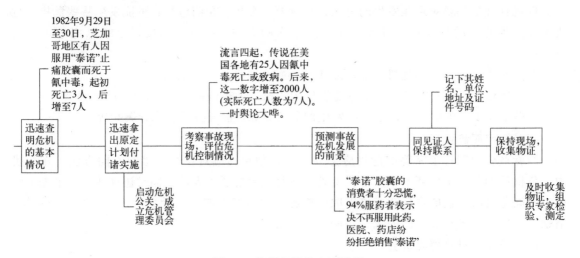

图 6-6　掌握危机的全面情况

(2) 事故发生后的基本公众对策

面对这一危急局面，以公司董事长为首的七人危机管理委员会果断决策。

① 对内部公众　把事故情况及组织对策告诉全体员工，使员工同心协力共渡难关。

② 对社会公众　在全国范围内立即收回全部"泰诺"止痛胶囊，价值近1亿美元，并投入50万美元，利用各种渠道通知医院、诊所、药店、医生等，让他们停止销售此药。

③ 对事故受害者　对受害者应明确表示歉意，冷静地倾听受害者的意见和赔偿要求，并予以赔偿。

④ 对新闻媒介　及时向新闻界通报事故的真相，以真诚和开放的态度与新闻媒介沟通，迅速传播各种真实消息，无论是对企业有利的消息，还是不利的消息。

⑤ 对管理部门　积极配合美国医药管理局的调查，在五天时间内对全国收回的胶囊进行抽检，并向公众公布检查结果。

⑥ 产品对策　为"泰诺"止痛药设计防污染的新式包装，以美国政府发布新的药品包装规定为契机，重返市场。1982年11月11日，约翰逊公司举行大规模的记者招待会。会议由公司董事长伯克亲自主持。在此次会议上，他首先感谢新闻界公正地对待"泰诺"事件，然后介绍该公司率先实施"药品安全包装新规定"，推出"泰诺"止痛胶囊防污染新包

装,并现场播放了新包装药品生产过程录像。美国各电视网、地方电视台、电台和报刊就"泰诺"胶囊重返市场的消息进行了广泛报道。

正是由于约翰逊公司在"泰诺"事件发生后采取了一系列有条不紊的危机公关,从而赢得了公众和舆论的支持与理解。在一年的时间内,"泰诺"止痛药又占据了市场的领先地位,再次赢得了公众的信任。由于其出色的危机管理,约翰逊公司获得了美国公关协会授予的最高奖——银砧奖。

四、操作要点及注意事项

所谓危机是指那些突然发生的、危及生命财产的重大事件。危机具有突发性、难以预测性、严重危害性、舆论关注性等特征。危机不仅给组织造成人财物的损失,而且会严重损害组织形象,使组织陷入困境。因此组织处理突发事件、处理危机的能力如何,是关系到组织生死存亡的大事。处理危机有如下原则。

(1) 及时

所谓"及时"包括:迅速了解情况,迅速作出判断,迅速控制事态发展;及时向有关领导汇报,与新闻媒介沟通,向相应部门联系求助。

(2) 诚恳

处理危机的基本态度是诚恳,对问题是非分明,是自身的责任绝不推诿。在情况尚不明朗时可明确表态:一旦查清责任在己,一定负责赔偿和消除影响。要高姿态,有理智,不能感情用事和不尊重事实。

(3) 准确

准确是处理危机、确定方案、正确判断的前提。除了弄清时间、地点、事件性质、发展缘由外,在对外宣布时也一定要准确。不能猜测,不能含糊其词。

(4) 专门化

专门化是指借助掌握科学程序和恰当方法的专人和专门的网络去处理危机。最好不要临时抓人处理,主观随意、朝令夕改会使组织雪上加霜,更加被动。

(5) 积极

积极的态度除了迅速作出反应以外,还应迅速设法控制事态,不要互相埋怨,应该抱着负责、乐观、向前看的态度去处理。不应马上陷入悲观消极思想之中,等着批评,等着处罚,或抱着可以逃脱批评、逃脱处罚的侥幸心理坐待时机流失。

实践项目 2　促销团队的组建和管理

一、实践目的和要求

1. 实践目的

掌握促销团队建设与管理的基本内容和步骤。

2. 实践要求

了解作为一名合格的促销员应该具备的基本素质和能力。

二、实践情景

浙江某药业股份有限公司成立于 2001 年，主要从事心脑血管类、抗感染类、抗肿瘤类及神经系统类等系列药品的研发、生产和销售，刚入驻市场时销售量一般。于是公司经理聘请了一位经验丰富、能力强、善于管理和促销的张先生，让他任公司营销部经理，全权负责公司产品的营销工作。他上任后首先想到的是和公司的人事部门合作，组建和打造一支素质高、能力强、对公司高度忠诚、能打能拼、团结协作的促销团队。

三、实践步骤

组建和打造促销团队的操作步骤见图 6-7。

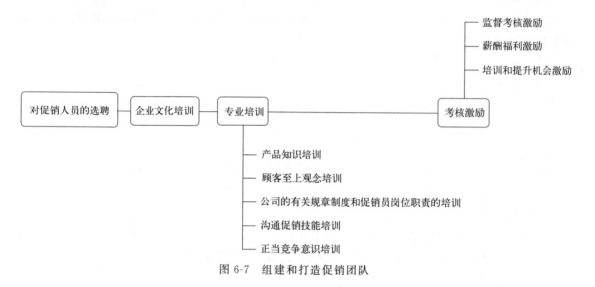

图 6-7　组建和打造促销团队

1. 对促销人员的选聘

促销人员的工作非常具体，操作性强。比如：同分销商、药店经理及店员进行信息交流和情感沟通，解决他们所遇到的问题，协调他们与公司的关系；卖场生动化布置，包括药品陈列、POP 广告设置等；促销活动的设计和组织实施；广告和公共宣传；市场调研；填写并递交营销报表，等等。有鉴于此，张经理提出了选聘促销人员的范围和基本要求。

(1) 选聘范围

首先是本公司现有的愿意为公司的营销工作效力的员工。此外，主要面向医药营销专业毕业的学生招聘。

(2) 要求

外貌较好，身体素质较佳，吃苦耐劳，乐于助人，遵纪守法，具有良好的职业道德，语言流利，善于交际，愿意从事促销工作，忠于公司，既懂医药医疗相关知识又懂营销知识。

(3) 选聘方法

笔试和面试相结合。

2. 企业文化培训

通过培训，使他们了解公司的背景、曾经获取的各种荣誉以及发展现状、经营理念等；使他们爱公司，能够成为公司一员，为能为公司效力而感到荣耀；使他们认同企业的经营理念，认同企业的"团结、拼搏、创新、服务"的精神风貌。

3. 专业培训

(1) 培训内容

① 产品知识培训　如产品的配方来历、现代加工工艺、性能、药效、核心卖点、使用方法等。

② 顾客至上观念培训　通过培训，使促销员牢固树立以下观念。

a. 要怀着对顾客感激的心，因为顾客的需求是公司生存和发展的前提条件，也是自己得到经济回报和地位升迁的前提条件。

b. 必须保持愉快的情绪，能热情主动地接待顾客。

c. 要时刻记住自己的工作职责就是尽自己最大努力满足顾客的需求。把满足顾客需求看作是自己获得的最大工作乐趣。

d. 绝不能图一时口舌之快而得罪顾客，不能和顾客发生冲突。当遇到蛮不讲理的顾客时，要尽量忍让。

③ 公司的有关规章制度和促销员岗位职责的培训。

④ 沟通促销技能培训　主要包括以下几个方面。

a. 同消费者、店员、店长、分销商、政府管理人员等不同类型、不同身份的人进行有效沟通的能力。

b. 药店 POP 广告设置、样品陈列、店内导购、媒体广告宣传、公共宣传的能力；对店员的培训和激励能力。

c. 终端卖场营业推广活动的设计和组织实施的能力。

d. 处理营销工作中所遇到的各种问题、协调各种矛盾、争取相关单位和人员支持的能力。

⑤ 正当竞争意识培训　促销人员除了要掌握丰富的业务知识，具备精湛的沟通促销技能外，还要有强烈的竞争意识。即永不服输、勇于竞争，了解关注竞争对手，善于根据竞争者的产品价格和促销动态及时灵活应对。

(2) 培训方法

首先是课堂讲授，然后是模拟训练，最后让促销员在营销实战中进行实际演练，并且定期组织经验交流并由张经理作指导。

4. 考核激励

(1) 监督考核激励

监督考核的内容主要包括：促销员的实际业绩，主要看销量、销售收入、销售毛利率、销售费用率四个指标是否完成了公司规定的定额任务；顾客的满意度和意见反馈；公司产品的市场覆盖率、销售增长率如何；促销员的工作记录，等等。

(2) 薪酬福利激励

促销人员的工资待遇一般分为基本工资和提成工资两部分。基本工资根据当地的消费水平、经济发展状况、一般收入情况进行比较衡量而确定。提成工资是促销人员完成公司目标任务提取的奖金。

(3) 能力培训和职位提升激励

如果促销员的销售业绩好、增长快，就可获得更高层次的能力培训和职位提升的机会，可由普通促销员提升为促销代表、促销主管、地区经理、大区经理，基本薪酬及其他福利待遇也随之提高。

四、操作要点及注意事项

(1) 团队是一个由若干成员组成的小组，小组成员具备相辅相成的技术或技能，有共同的目标，有共同的评估和做事的方法，他们共同承担最终的结果和责任。

(2) 团队发展的四个阶段

第一阶段：团队的形成阶段。刚开始时，大家都很客气，互相介绍、认识，在工作中逐步建立彼此间的信任和依赖关系，取得了一致的目标。

第二阶段：团队的磨合阶段。大家对事情意见不同，互不服气。不服从领导、不愿受团队的纪律约束的现象时有发生。

第三阶段：团队的正常运作阶段。大家对自己在团队中担任的角色和共同解决问题的方法达成共识，整个团队达到自然平衡，缩小差异，队员之间互相体谅各自的困难。

第四阶段：团队的高效运作阶段。队员之间互相关心，互相支持，能够有效圆满地解决问题、完成任务。团队内部达到高度统一，最终共同达到目标。

(3) 促销团队的建设与管理是一个必须常抓不懈的工作。

职业知识与实践技能训练

一、职业知识训练

1. 重要概念

推销　促销　促销组合　爱达模式　迪伯达模式　费比模式

2. 选择题

(1) 单项选择题

① 促销的实质是（　　）。
A. 出售商品　　　B. 信息沟通　　　C. 建立良好关系　　D. 寻找顾客

② 提醒性广告主要用于产品生命周期的（　　）。
A. 投入期　　　B. 成长期　　　C. 成熟期　　　D. 衰退期

③ 企业针对最后消费者，花费大量的资金从事广告及消费者促销活动，以增进产品的需求。这种策略是（　　）。
A. 推式策略　　B. 拉式策略　　C. 产品策略　　D. 渠道策略

④ 按每完成100元销售额所需要的广告费来计算和决定广告预算的方法是（　　）。
A. 量力而行法　B. 目标任务法　C. 竞争对等法　D. 销售百分比法

⑤ （　　）着眼于对消费者或中间商进行强烈刺激，以激励他们对特定产品或服务的较

快或较大量地购买,是短期促销的有效工具。

A. 广告　　　　B. 人员推销　　　C. 公共关系　　　D. 营业推广

⑥（　　）是一种间接的促销方式,着眼于树立形象、沟通关系。

A. 广告　　　　B. 人员推销　　　C. 公共关系　　　D. 营业推广

⑦ 购买折让、免费货品、商品推广津贴、合作广告、经销商销售竞赛等属于针对（　　）的促销工具。

A. 中间商　　　B. 消费者　　　　C. 推销人员　　　D. 产业用品

(2) 多项选择题

① 实现促销组合的优化必须考虑的因素有（　　）。

A. 产品生命周期所处阶段　　　　B. 促销目标
C. 产品类型　　　　　　　　　　D. 市场类型　　　E. 促销预算

② 主要用来评估广告播出后所产生的实际沟通效果的方法有（　　）。

A. 直接评分法　　　　　　　　　B. 调查测试法　　C. 实验测试法
D. 回忆测试法　　　　　　　　　E. 识别测试法

③ 公共关系活动借助的常用工具有（　　）。

A. 新闻　　　　B. 广告　　　C. 演讲　　　D. 事件　　　E. 公益活动

④ 人员推销的优点有（　　）。

A. 费用小　　　B. 双向沟通　　　C. 灵活性强
D. 针对性强　　E. 推销效果的长期性

⑤ 营业推广的形式多种多样,有（　　）等。

A. 现场示范　　B. 有奖销售　　　C. 商品陈列
D. 现场交易会　E. 赠送

3. 问题理解

(1) 如何理解医药促销的内涵和作用?

(2) 分析医药企业促销方式的优缺点。

(3) 医药促销人员如何做好个人拜访?

(4) 医药企业应如何利用广告进行促销?

(5) 医药企业进行公共关系的形式主要有哪些?

(6) 医药企业医药营业推广的种类和特点有哪些?

(7) 如何测定广告的效果?

(8) 正确制定促销组合决策需要注意哪些问题?

二、实践技能训练

1. 案例分析

9月是A公司开业5周年店庆,为此开展了系列促销活动,特价、买赠、换购、抽奖、送券等,但几天下来,进店顾客只比平时略多,活动效果很不理想。A公司为了这次活动特别制作了10万份宣传单,要求门店员工在3天之内发放完毕,门店员工休息时间几乎都在发放宣传单,导致员工极度疲劳并且怨声载道,发放质量和数量大打折扣,因此顾客知晓率不高。

问题:如果你是店长,应该怎样策划这次店庆活动中派发宣传单的相关事宜?

2. 实践项目

一、实践目的

学会医药商品促销组合的调整与设计。

二、实践情景

福建某洋参类企业一直以大卖场销售产品，每到节日举办小规模的促销活动，如抽奖、买赠等，从来没有出过一份促销方案，通常由老业务员带着新业务员搞促销，由于品牌知名度相对较高，倒也没有出现大的失误，这种传统一直流传下来。父亲节促销时，笔者正好陪同该企业总裁考察市场，走过18个市场，促销员的说辞竟有19种之多。即使是同一个市场的不同促销点的说辞也不同，八仙过海，百家争鸣，结果统计下来，促销只比平时的销售提高30%。接下来的教师节，做了一个简单的调整，统一布置，统一说辞，销售比去年同期增长了300%。

三、实践实施

① 教师将学生分成若干组，每组4～6人，安排任务；
② 学生按小组讨论完成任务；
③ 各小组派代表阐述小组观点；
④ 教师和学生对每小组的观点进行改正、修改；
⑤ 教师点评并总结；
⑥ 教师指导学生完成工作页。

四、实践成果

① 从促销组合的角度分析该促销活动不足之处。
② 该促销活动该做如何调整？

第七章
提升价值：顾客管理

知识目标 >>>

1. 掌握提高顾客满意度的有效途径。
2. 熟悉医药营销礼仪。
3. 熟悉顾客补救策略。
4. 了解医药营销人员素质及道德要求。

能力目标 >>>

1. 树立科学的顾客关系管理理念。
2. 能够分析医药营销人员职业发展路径。
3. 能够运用相应策略提高顾客满意度和顾客忠诚度。
4. 能够结合顾客补救措施解决顾客关系危机。

价值目标 >>>

1. 具备现代医药营销思维和以人为本的意识。
2. 培养学生主动观察、积极思考、独立分析和解决问题的习惯。
3. 具备社会责任感，培养诚实守信、爱岗敬业的职业道德精神。
4. 树立爱国主义理想和信念，具备为中国医药企业发展贡献力量的责任感。

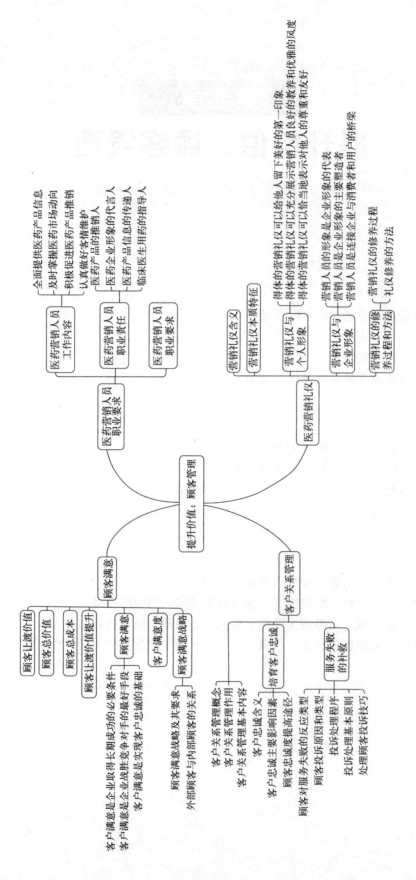

第一节 医药营销人员职业要求

一、医药营销人员工作内容

医药营销人员主要是指在医药市场营销过程中,立足市场需求,从事医药产品的介绍、推荐、销售及售后服务的相关专业人员。

1. 全面提供医药产品信息

医药产品作为特殊商品,医药营销人员应该将其研发来源、市场发展、药理药效、同类比较、相关法律法规、辖区药品动销、库存等基本信息准确传递给客户。

2. 及时掌握医药市场动向

医药营销人员应立足于产品和目标市场特性,及时追踪客户需求和市场变化,结合竞争者的情况和市场现状及发展趋势提出合理化建议,制定有效的营销策略和销售计划。

3. 积极促进医药产品推销

在上级部门及领导的指导下,根据企业营销战略和辖区实际情况,制订销售计划,组织各种推广活动,促进销售工作顺利开展,及时追踪订单完成情况,督促客户及时打款,完成回款任务。

4. 认真做好客情维护

建立辖区内客户档案,及时拜访客户,了解客户需求,对其购买提供专业咨询,恰当处理产品(服务)的故障及客户的投诉,做好售后跟踪服务和延续性需求的实现,维护好老客户,开发新客户。

二、医药营销人员职业责任

1. 医药产品的推销人

医药营销人员是医药企业的"医药产品销售专家"。营销人员凭借自身医学、药学等相关专业的知识和娴熟的销售、沟通技巧向客户开展有效营销活动,进行产品推广,满足客户需求,实现医药企业产品的销售目标。

2. 医药企业形象的代言人

医药营销人员是行走的"企业形象"。营销人员开展产品营销的过程也是产品品牌和企业形象的塑造过程。优秀的营销人员有助于提高消费者品牌偏好和企业认可,提高企业形象。

3. 医药产品信息的传递人

医药营销人员是医药产品与客户之间的"桥梁"。营销人员在准确传递产品基本信息给客户的同时还应时刻关注市场动态,收集反馈信息,为企业制定、调整营销策略提供依据。

4. 临床医生用药的指导人

医药营销人员是医生用药的"指导专家"。营销人员要完整、准确地介绍产品的新理论及临床研究成果,对本企业的产品做出正确、客观的说明和推广,从各个方面解答医生和客户的疑问,准确指导临床医生安全、合理地使用药品。

三、医药营销人员职业要求

医药营销人员连通着企业和目标市场,既是医药企业的业务代表,帮助企业实现产品销售,塑造品牌,树立良好企业形象;又是客户的顾问和参谋,指导客户采购适宜的产品,满足客户的需求。医药营销人员基本职业要求列举见表7-1。

表7-1 医药营销人员基本职业要求

职业要求	一级指标	二级指标
素质要求	基本修养	良好的文化修养
		广泛的兴趣爱好
		待物接人举止规范
		热情友爱的性格
		遵纪守法
	良好的职业态度	务实的工作作风
		高尚的职业道德
		诚实守信的商业信用
		明确的职业自豪感
		良好的个人形象
	坚定的职业信仰	坚定的职业目标
		高度的责任心
		为人民服务的职业意识
		积极进取的人生观、价值观
	优秀的心理素质	积极进取的心态
		乐观向上的性格
		越挫越勇的勇气
		饱满的生活热情
		宽大的胸怀
	充沛的体力	健康的体魄
		良好的运动习惯
	丰富的知识结构	企业和产品知识
		药学专业知识
		医学专业知识
		营销专业知识
		管理和法律法规专业知识

续表

职业要求	一级指标	二级指标
能力要求	市场运作能力	市场分析能力
		市场开拓能力
		市场管理能力
		市场推销能力
		回款能力
	客户沟通能力	较强的语言表达能力
		灵活的应变能力
		敏锐的观察力
		精准的客户寻找、识别能力
	综合协调能力	掌控全局的控制力
		灵活的应变协调能力
		强大的综合管理能力
	时间安排能力	时间管理能力
		守时的品质

第二节 医药营销礼仪

在中国特色社会主义市场经济条件下，企业与企业之间的竞争已从局部的产品竞争、价格竞争、人才竞争，发展到企业整体性竞争——企业形象的竞争。企业形象是一个综合性的概念，它是由众多个体形象组合而成的，而营销礼仪正是塑造个人形象、企业形象的一种重要手段和工具。

一、营销礼仪含义

营销礼仪是指营销人员在营销活动中，用以维护企业或个人形象，对服务对象表示尊重和友好的行为规范。它是一般礼仪在营销活动中的运用和体现。在现代市场经济条件下，作为一名营销人员，要想在竞争激烈的行业领域中取得成功，并保持良好的商业信誉和个人形象，就必须了解、熟悉和正确使用营销礼仪。一般来说，在营销活动中，言行合情合理、优雅大方、自然得体，按约定俗成的规矩办事，按大家都可以接受的礼节程序与客户相互往来，都是营销礼仪的基本内容。

二、营销礼仪本质特征

营销礼仪是企业在尊重、诚信、宽容、和平等基础上形成的现代礼仪方式，它的本质是企业形象的一种宣传形式和宣传手段。营销礼仪是企业营销活动和日常工作中所体现的礼仪，包括企业和营销人员的行为或程序礼仪，企业对公众的反应或反馈礼仪。营销礼仪的主体即企业或企业的营销人员，他们既有接受公众礼仪的反馈和引导，培育公众礼仪向善、向美的义务，又有不可因公众对自己的礼仪不周或缺失而产生不满或报复心理，进而影响企业和营销人员应有的礼仪态度和礼仪行为的义务。他们应该始终坚持把营销礼仪与企业的利益联系起来，把个人的礼仪融入企业的营销礼仪之中，自觉维护自身的形象，为企业的发展尽职尽责。

三、营销礼仪与个人形象

个人形象主要是指一个人相貌、身高、体形、服饰、语言、行为举止、气势风度以及文化素质等方面的综合，而这些正是营销礼仪所涵盖的内容。营销礼仪与个人形象塑造密切相关，以营销礼仪规范自己的言行、仪容、仪表，是展示良好形象的一条有效途径。在现代市场营销活动中，由于营销活动与社会各方面联系越来越方便，关系越来越紧密，因此每个企业营销人员的个人形象对促进企业营销活动都有重要作用。

1. 得体的营销礼仪可以给他人留下美好的第一印象

在营销活动交往中，根据交往的深浅程度可将人的形象分为三个层次，即对于那些只知其名未曾见面的人来说，一个人的形象主要与他的名字相关；对于初次相见只有一面之交的人来说，一个人的形象主要与他的相貌、仪表、风度举止相关；对于那些相知相交很深的人来说，他的形象更多的是与他的品行、文化、才能有关。由此可知，第一印象是由人的相貌、仪表、风度举止等综合因素形成的。对于营销人员来说，留给人良好的第一印象，可能是成功的前奏，因为营销交往中第一印象具有"首因效应"，并会形成较强的心理定式，对后期的信息产生指导作用，因此对于第一印象要给予高度重视。对自身的形象精心设计，给他人留下美好的第一印象。

2. 得体的营销礼仪可以充分展示营销人员良好的教养和优雅的风度

营销礼仪是公司推销员脸上的微笑，是他同别人握手时显示出来的风度。任何公司，不论以何种方式与顾客发生联系，其间必有营销礼仪。营销礼仪正是衡量营销人员教养和风度的一种共识尺度，它要求每位营销人员讲究礼貌、仪表整洁、尊老敬贤、礼让妇女、助人为乐等，如果他的一言一行与营销礼仪规范相吻合，人们就会对他的教养和风度有所称道，对营销产生积极影响。

3. 得体的营销礼仪可以恰当地表示对他人的尊重和友好

在日常交往活动中，尊敬他人是获得他人好感进而友好相处的重要条件。尊敬他人就是对别人尊严和人格的尊重。在营销活动中注意自己的个人形象，如做到衣冠整洁、举止文雅，这是对别人的一种尊重。在各种公共场合中，在待人接物活动中，不修边幅、不讲卫生，这种不良形象不仅是对别人、对社会群体的不尊重，而且也是对自己人格的不尊重。可想而知，一个对别人不尊重的人怎么能得到别人的尊重呢？因此在营销活动中，要学会尊重他人，注意自己的文明形象。

四、营销礼仪与企业形象

企业形象是企业的生命，一个企业良好的形象，是它最大的无形资产，是竞争的重要力量，也是企业优势所在。企业形象好，顾客就比较喜欢购买它的商品，供货商也乐意与之打交道；同时，这样的企业对人才亦具有凝聚力，对投资者具有吸引力，也容易取得政府部门的支持。因此，许多成功企业都十分重视企业形象的塑造与宣传，力求通过有限的、有形的资金、人力投入，获得无限的、无形的重要的资产——良好的企业形象。在企业营销活动中，企业营销人员是企业人员中与消费者及社会公众交往最多的一个群体。可以这样说，没有营销人员的良好形象，就无所谓良好的企业形象。因此，营销人员既是企业良好声誉和形象的直接创造者，也是企业形象的建立和塑造者。

1. 营销人员的形象是企业形象的代表

在社会公众面前，在纵横交错的营销关系中，营销人员需要经常代表企业进行各项活动，代表企业向消费者及社会公众发布企业的一些最新消息，如经营新方针、新举措，解答消费者及社会公众对企业及企业产品服务等方面的疑问。在消费者及社会公众心目中，营销人员是企业的代表，营销人员的形象代表着企业的形象。

2. 营销人员是企业形象的主要塑造者

任何一个企业都与社会有着千丝万缕的联系，存在着大量的营销活动。而企业的所有营销活动都是由企业的营销人员策划、组织和实施的。为了求得成功，客观上要求营销人员在不同的交往活动中，都要恰如其分地表现自己的礼仪修养，以良好的社会公众意识展示企业的风貌，用符合礼仪的行为塑造企业的良好社会形象。从某种意义上讲，先有个人形象，然后才有企业形象，个人形象是企业形象的基础。营销人员遵行礼仪，既是个人形象的塑造，又是企业形象的再造。由此可见，营销人员承担着企业形象塑造的重任，是企业形象的主要塑造者。

3. 营销人员是连接企业与消费者和用户的桥梁

企业形象是由多种因素构成的。就对公众的感受和印象方面讲，企业的商品形象和服务质量是影响消费者与公众的两个重要因素，商品形象同企业形象有密切关系，良好的商品形象能为企业形象增添光彩。而服务质量也是影响企业形象的一个重要方面，服务质量的高低，很大程度上取决于营销人员，营销人员的素质高低，直接影响企业在社会公众和消费者心目中的形象。社会公众和消费者对企业形象的认识，多是依赖于企业员工形象及商品的品质，企业员工形象主要是营销人员的形象。消费者会把营销人员对他们的尊重、关心、负责看作是企业对他们的尊重、关心、负责。因此，营销人员通过营销活动在企业和消费者之间架起了一座桥。

五、营销礼仪的修养过程和方法

礼仪修养是一个需要经过长期反复的陶冶、磨炼的过程。在这个过程中，除了加深对礼仪的认识之外，还包括激发礼仪情感、养成礼仪习惯等。在礼仪修养过程中，只有经过反复认识、反复感染、反复实践才能得其要领，真正符合礼仪的规范要求。

1. 营销礼仪的修养过程

（1）提高营销礼仪认识

从事现代营销活动，就应了解与现代营销活动相适应的营销礼仪。一位营销人员只有在营销礼仪知识的指导下，才能在各种营销活动中如鱼得水、左右逢源。提高对营销礼仪的认识是进行礼仪修养的起点，也是实现营销礼仪修养其他环节的前提和基础。提高营销礼仪认识是将礼仪规范逐渐内化的过程。通过学习、评价、认同、模仿和实践过程，逐渐学习、构造、完善自己的社交礼仪规范体系，并以此来评价他人的行为，调整自己的交际行为。人们总是通过学习，尽可能地开阔视野，丰富礼仪知识。一般可通过学习伦理学、心理学、公共关系学等方面的一般知识，还可以通过日常的观察、学习、了解社会习俗和风土人情，积累各方面的社会知识。这是开阔视野、增加礼仪知识的重要途径。

(2) 明确角色定位

营销礼仪修养的目的之一是要通过修养，使个人的言行在营销交往活动中与自己的身份、地位、社交角色相适应，从而被人理解、被人接受。

营销活动中的角色则是指在营销活动中处于某一营销关系状态的人，或者说是指某一个体在营销关系系统中所占的一定地位。社会对于不同的营销角色提出了不同的行为规范和行为模式。营销活动中的角色既包括社会、他人对具有一定社会地位的人在社交中的行为的期待，也包括对自己应有行为的认识。营销角色是人根据自己对社会期待的认识而实现的、外显的、可见外部行为模式。具有不同社会经验的人，对于营销角色的评价可能有完全不同的意义。

在营销活动过程中，随着主客关系和社交对象的变化，角色也在发生相应的变化。一个人扮演的不只是一个营销角色，如庆典嘉宾、谈判者、拜访者。既然每一个人在营销活动中都扮演着不同的营销角色，那么重视营销角色定位，加强营销角色的礼仪修养，就有着十分重要的意义，同时，这也为我们加强营销角色的礼仪修养提供了客观的根据。

在营销活动中，每个人按其所处的身份、地位为实现其存在价值而完成一系列行为。当经理就要有经理的样子，当推销员就要有推销员的样子。营销角色不仅给每个人确定自己的行为提供了规范，而且为人们相互识别、相互交际、相互评价、相互理解提供了标准。营销人员在营销活动中往往需要以不同的身份出现，这种身份的变化就是角色的变化，其行为必须符合社会对这一角色所认同的规范。

营销活动中角色不同，应遵循的礼仪要求也就不同。不同的角色，如上下级之间、男女之间、亲朋之间、主宾之间，其礼仪要求是有差别的。在人与人之间的交往活动中，社交成功的主要标志是个人使自己的行为与他人和社会的期待相符合。营销活动中角色的实现是建立在个人对自己的角色的认识基础之上的。例如，一位经理在公司里他是管理者，管理着几个部门，其礼仪要求主要体现在听取汇报、检查工作、指导员工、决策规划等方面，要求他能平等待人、科学决策、说话和气等。对外当他面对客户时，则是一名"推销员"，要求他热忱真诚、彬彬有礼、大方得体，两种角色的礼仪要求是不同的。

在营销活动中，要把角色扮演得恰到好处、礼貌有加、事事得体，并不是一件容易的事情。正因为如此，每个营销人员一方面要重视营销活动中角色的定位，增强角色意识；另一方面要加强自己的礼仪修养，以适应多种角色的不同礼仪要求。

(3) 陶冶礼仪情感

在正确认识营销礼仪的基础上，还需要得到感情上的认可，才会自觉地去遵守礼仪规范。如果没有真挚的情感，即使凭理智去遵循礼仪规范，也会显得不自然。例如，营销现场每天要接待成千上万名不同的顾客，有些顾客非常挑剔，如果营销人员没有良好的礼仪情感，是难以做到始终如一、服务周到、以礼相待的。礼仪需要真诚，如果缺乏对他人的关心、重视、尊重，一切礼仪都将变成毫无意义的形式。

陶冶情感包括两个方面：一是形成与应有的礼仪认识相一致的礼仪情感；二是要改变与应有的礼仪认识相抵触的礼仪情感。

(4) 锻炼礼仪意志

要想使遵循礼仪规范变成自觉的行为，没有持之以恒的意志是办不到的。营销人员只有自觉地坚持修养一些基本的行为规范，如站、坐、走、微笑，才能使这些规范成为自觉的行为。在现实世界中，礼仪规范实际遵循起来并不是畅通无阻的，"好心不得好报"的事屡见不鲜，有时积极主动地帮助别人，却有可能被别人说成是假惺惺；一个人对经理说话礼貌、客气却被视为拍马屁。凡此种种，不仅需要克服错误舆论的非难、亲戚朋友的责备和埋怨，而且更需要有足够的勇气和毅力克服来自本身情绪的干扰，不为眼前的局面所困扰，继续保持良好的礼仪。礼仪行为持之以恒，就能取得良好的效果。因此，礼仪修养除了需要提高礼仪认识、陶冶礼仪情操之外，还要注意锻炼自己的礼仪意志。

(5) 养成营销礼仪习惯

营销礼仪修养的最终目标就是要人们养成按礼仪要求去做的行为习惯，如见面的礼仪、电话的礼仪，日积月累的修养就会成为一种习惯。又如养成控制自己声调、表情的习惯，时间长了也能收到意想不到的效果。总之，在营销礼仪修养过程中，通过一些看得见的礼仪训练，让营销人员通过模仿、学习提高自己的实际操作能力进而养成良好的礼仪习惯，对以后的营销礼仪实践有所裨益。

2. 礼仪修养的方法

在礼仪修养方面，必须强调实践的作用，与实践相联系是礼仪修养的根本方法，一切礼仪修养如果脱离了实践，就必然是空洞的礼仪说教。一般来说，礼仪修养主要通过以下几个方面与实践相联系。

(1) 只有在人们相互交往所形成的礼仪关系中，才能改造自己的礼仪品质。也就是说，一切礼仪修养必须结合人与人之间的交往活动来进行。一个人只有在人与人之间的交往实践中，在与别人、与组织的各种关系中，才能认识到自己的哪些行为是符合礼仪规范要求的，哪些行为是不符合礼仪规范要求的。同样，要克服自己的不礼貌行为，培养自己的礼仪品质，也必须依赖于交往实践。人的有礼和无礼的行为，只有在人与人之间的交往关系中才能表现出来，如果脱离了人与人之间的交往关系，是不可能有礼仪修养的。

(2) 营销礼仪修养要主观和客观相统一，理论和实践相联系，也就是说身体力行。在礼仪修养中，人们懂得了哪些行为是符合礼仪的，哪些行为是不符合礼仪的，就要把这些原则、规范立即运用到自己的交往实践中去，运用到自己的生活和工作中去，并时刻以这些准则为标准，对照、检查、改正以至清洗自己思想中一切与礼仪不符合的东西，从而不断提高自己的礼仪品质。

(3) 营销礼仪修养是一个从认识到实践的循环往复过程，通过反复，逐渐提高。营销礼仪品质的形成，是一个长期的过程，不能希望在短期内一蹴而就，一次完成。因此，要使自己成为一个知礼、守礼、行礼的人，就必须把对礼仪的认识运用到实践中去，化为实践中的礼仪行为。然后，对自己的行为再进行反省、检讨，并把从反省中得出的新认识再贯彻到行动中去，如此不断循环，从而达到提高礼仪品质的目的。

第三节　顾客满意

一、顾客让渡价值

顾客的购买是一个产品的选购过程。在这个过程中，顾客运用其知识、经验和收入等，按照"价值最大化"的原则,从众多的品牌和供应商中选择自己需要的产品。其中,"价值最大化"是顾客每次交易力争实现的目标,也是其评判交易成功与否的标准。所以,顾客在选择与其进行交易的营销者时,会事先形成一种价值期望,将期望价值与获得的实际价值比较,这是顾客衡量是否得到了"最大价值"的现实评判方法。

著名营销专家菲利浦·科特勒以"顾客让渡价值"概念,把顾客购买过程高度程式化,并使之成为营销学的基础理论。他指出,顾客让渡价值是顾客获得的总价值与顾客获得这些总价值支付的总成本的差额。简言之,顾客让渡价值是指顾客总价值与顾客总成本的差额。顾客让渡价值的构成要素如图7-1所示。

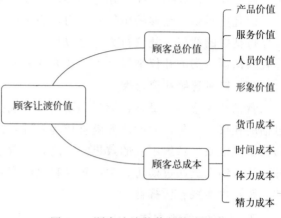

图7-1 顾客让渡价值的构成要素

二、顾客总价值

顾客总价值,是指顾客从购买的特定产品或服务中所期望得到的所有利益。

顾客总价值一般由以下几部分构成:

① 产品价值 顾客购买产品或服务时,可得到的产品所具有的功能可靠性、耐用性等。

② 服务价值 顾客可能得到的使用产品的培训、安装、维修等。

③ 人员价值 顾客通过与公司中的训练有素的营销人员建立相互帮助的伙伴关系,或者能及时得到企业营销人员的帮助。

④ 形象价值 顾客通过购买产品与服务,使自己成为一个特定企业的顾客。如果企业具有良好的形象与声誉的话,顾客可能受到他人赞誉,或者与这样的企业发生联系而体现出一定的社会地位。

三、顾客总成本

顾客在获得上述这一系列价值时都不会是无偿的,这体现的是顾客总成本。顾客总成本,是指顾客为购买某一产品所耗费的时间、精力、体力以及所支付的货币资金。

顾客总成本一般包括以下四种成本:

① 货币成本 顾客购买产品的费用,或者因不能得到免费维修、调试等支出的服务费用。

② 时间成本 顾客在选择产品时,学习使用、等待需要的服务时所需付出的成本或损失。

③ 精力成本 顾客为了学会使用和保养产品,为了联络营销企业的人员,或者为安全使用产品所付出的担心,等等。

④ 体力成本 顾客为了使用产品、保养维修产品等方面付出的体力。

总的顾客价值越大,总的顾客成本越低,顾客让渡价值越大。

四、顾客让渡价值提升

顾客让渡价值包含的思想与传统观念有根本的不同：顾客购买产品所获得的不仅仅是产品具有的那些功能和质量；同样，顾客购买产品所付出的也不仅仅是购买价款。让渡价值可以看成是顾客购买所获得的利润。如同任何厂家希望通过销售产品获得尽可能高的利润一样，顾客的购买也是按照"利润最大化"的原则进行选择的。

限于不同顾客具有的知识、经验差异，一个特定的顾客争取得到最大顾客让渡价值的过程是一个"试错"过程，是逐渐逼近最大让渡价值的过程。在观察一个特定顾客的某次购买的时候，也许他并没有实现让渡价值最大化。但是，在这位顾客重新购买的时候，会通过积累的经验和知识来增加其获得的让渡价值。只有那些能够提供比竞争对手的顾客让渡价值更大的企业，才能争取与保持顾客。

提高顾客让渡价值是增加顾客满意程度、吸引购买、扩大销售、提高经济效益、增强企业竞争力的重要途径，提高顾客让渡价值，有两个途径、三种组合：或者尽力提高顾客价值，或者尽力减少顾客成本，或者在提高顾客价值和减少顾客成本两个方向上都做出营销努力。

具体而言，提高顾客让渡价值的途径有以下几个。

① 在不改变整体顾客成本的条件下，通过改进产品、改善服务、提高人员素质、提升企业形象来提高整体顾客价值。

② 在不改变整体顾客价值的条件下，通过降低价格或减少顾客购买公司产品所花费的时间、精力、体力来降低整体顾客成本。

③ 在提高整体顾客价值的同时，提高了整体顾客成本，但要使两者的差值增大，从而使顾客让渡价值增加。

可见，顾客让渡价值的大小决定于顾客总价值和顾客总成本，而这两种因素又由若干个具体因素构成。顾客总价值的构成因素有产品价值、服务价值、人员价值和形象价值，其中任何一项价值因素的变化都会引起顾客总价值的变化。顾客总成本的构成因素有货币成本、时间成本、精力成本和体力成本，其中任何一项成本因素的变化都会引起顾客总成本的变化。任何一项价值因素或成本因素的变化都不是孤立的，而是相互联系、相互作用的，会直接或间接引起其他价值因素或成本因素的增减变化，进而引起顾客让渡价值的增减变化。

五、顾客满意

1960年，凯斯（Keith R.J）首先提出了"客户满意"的概念，认为客户满意就是客户需要和欲望的满足，将顾客观点引入营销领域，提出"客户满意会促使再购买行为"。科特勒在《市场营销原理》一书中指出："满意是指一个人通过对一个产品或服务可感知的效果与他的期望值相比较后所形成的感觉状态。"

在ISO/DIS 9000中，顾客满意被定义为："顾客对某一事项已满足其需求和期望的程度的意见。"其中，"某一事项是指在彼此需求和期望及有关各方对此沟通的基础上的特定时间的特定事件"。可见，所谓的顾客满意是指顾客的感觉状态水平，这种水平是顾客对企业的产品和服务可感知的实际体验，是对产品和服务的期望进行比较的结果。

从上面的定义可以看出，客户满意是指客户通过对一个产品或服务的可感知的效果，与他的期望值相比较后所形成的愉悦或失望的感觉状态。它是一种客户心理反应，而不是一种客户行为。客户满意的状态如图 7-2 所示。

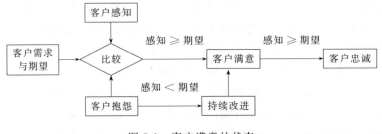

图 7-2 客户满意的状态

客户满意与否取决于客户接受产品或服务的感知与客户在接受之前的期望两者间的比较，通常情况下，客户的这种比较会出现三种状态：

① 事后感知接近事前期望　一般会出现两种状态：一种是客户所感知的实际情况与客户的心理期望基本相符，客户会感到"比较满意"；另一种是客户对整个购买过程没有留下特别的印象，从而表示"一般"。所以，处于这种感觉状态的客户有可能产生重复购买行为，也有可能在发现更好或更便宜的产品后很快地更换品牌。

② 事后感知高于事前期望　客户会体验到愉悦和满足，感觉就是满意的，其满意的程度，可用事后的感知与事前的期望之间的差异来进行衡量。很明显，感知超过期望越多，客户满意的程度就会越高，当客户高度满意的时候就有可能成为企业的忠诚客户。因此，现代企业把追求客户的高度满意当作自己的经营目标，以培养客户对品牌的高度忠诚。

③ 事后感知低于事前期望　客户会感到失望和不满意，甚至产生抱怨或投诉，如果抱怨或投诉处理不善的话，不满意客户下次不会再购买企业的产品；但如果对不满意客户的抱怨或投诉采取积极措施妥善解决，就有可能使客户的不满意转化为满意，甚至成为企业的忠诚客户。

1. 客户满意是企业取得长期成功的必要条件

有调查数据显示：平均每个满意的客户会把他满意的经历告诉至少 12 个人，而这 12 个人在没有其他因素干扰的情况下有超过 10 个人表示会光临；相反，平均每个不满意的客户会把他不满意的经历告诉 20 个人以上，而且这 20 个人全部都表示不愿接受这种恶劣的服务。

2. 客户满意是企业战胜竞争对手的最好手段

随着市场竞争的日益加剧，客户有更加充裕的选择空间，此时竞争的关键点就是客户满意度。客户满意与企业业绩的关系见表 7-2。

表 7-2 客户满意与企业业绩的关系

计分（5 分制）	客户保留率（一年后）
非常满意	92%～97%
满意	80%～85%
中立	60%～65%
不满意	15%～20%
非常不满意	0%～5%

3. 客户满意是实现客户忠诚的基础

只有持续让客户满意，才能实现客户忠诚。客户满意的价值如图 7-3 所示。

六、客户满意度

客户满意度（Customer Satisfaction Degree，CSD），即客户的满意程度，是客户消费后对消费对象和消费过程的一种个性、主观的情感反映，是客户满意水平的量化指标。客户满意度是一种心理状态，是一种自我体验，但对这种心理状态也要进行界定，否则就无法对客户满意程度进行评价。客户的满意状况是由客户对产品或服务的期望值与客户对购买的产品或服务所感知的实际体验这两个因素决定的，期望值越低越容易满足，实际感知越差越难满足，即顾客满意是感知效果与期望值之间的差异函数，据此我们就用一个简单的公式来描述客户的满意状况的评价指标——客户满意度，即

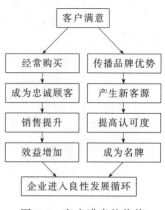

图 7-3 客户满意的价值

$$c = b/a$$

式中，c 为客户满意度；b 为客户的感知值；a 为客户的期望值。

由此可见，对客户满意状况的测量实际是看客户满意度的大小。当 c 等于或接近 1 时，表示客户的感受是"比较满意"，也可能是"一般"；当 c 小于 1 时，表示客户的感受是"不满意"；当 c 等于 0 时，则表示客户的期望完全没有。

七、顾客满意战略

企业的生存和长期发展必须建立在顾客满意的基础上。20 世纪 80 年代后期，一些跨国公司导入顾客满意战略，日本汽车业首先引入和推行顾客满意战略，极大地增强了国际竞争力，取得了丰硕的成果。随后，日、美等国的电脑制造业、通信业、航空服务业、旅游业、银行和证券等服务性行业都纷纷引入顾客满意战略。在我国，上海宝钢集团 1995 年下半年推出了顾客满意战略，紧紧围绕质量、交货期、服务、价格、创新、环境六大要素制定了目标和对策，有效地增强了竞争实力和提高了整体管理水平。此外，国内许多著名企业，如海尔集团、沈阳金杯汽车公司、格兰仕集团、上海三菱电梯公司等在推行顾客满意战略（又称 CS 战略）方面也是不遗余力并卓有成效。

1. 顾客满意战略及其要求

CS 战略是指以顾客满意为中心，统筹企业的生产经营活动，通过使顾客满意来实现企业经营目标的经营战略。

CS 战略的要求如下。

① 在调查和预测顾客需求的基础上，开发顾客满意的产品。

② 产品价格与顾客接受能力相适应。

③ 销售网点的建立要方便顾客。

④ 售后服务要细致、周到。

"满意的顾客是最好的广告，满意的顾客是最好的推销员。"有关的调查研究结果显示：多一个满意的顾客，有可能带来 8 个新顾客；多一个不满意的顾客，可能减少 25 个顾客。

2. 外部顾客与内部顾客的关系

CS战略将顾客的含义延伸到企业内部，顾客满意包括外部顾客满意和内部顾客满意。在企业内部，下一道工序是上一道工序的"顾客"。基层员工是基层管理人员的顾客，基层管理人员是中层管理人员的顾客，中层管理人员是高层管理人员的顾客，形成了一条"内部顾客关系链"。

CS战略的顾客观是，以外部顾客满意为标准，促使内部员工积极参与，努力工作，从各方面提高工作质量，促进整体素质的提高。有满意的员工，才有满意的产品和服务；有满意的产品和服务，才有满意的顾客；有满意的顾客，才有满意的效益；有满意的效益，就能拥有更满意的员工。在外部顾客满意与内部顾客满意之间发生矛盾时，应当以外部顾客满意为主导，因为外部顾客的不满意，是没有太多的机会来弥补的。

第四节　客户关系管理

一、客户关系管理概念

客户关系管理（CRM）是企业为提高核心竞争力，贯彻以客户为中心的发展战略，结合先进的计算机网络信息技术，通过优化企业组织结构和业务流程，开展系统的客户研究，进行富有意义的交流沟通，最终实现提高客户获得、客户保留、客户忠诚和客户创利的目的而进行的一整套管理活动和过程。

CRM属于企业战略管理的重要组成部分。现代企业对利润的渴求一方面从削减成本中获得，另一方面将目光转向客户，从以客户需求为中心的管理中获得。在市场中需求运动的最佳状态是从客户满意到客户忠诚。

二、客户关系管理作用

（1）能够更有针对性地对目标客户开展营销活动，降低市场销售和管理费用。
（2）能够使工作流程顺畅，工作效率提高。
（3）能够使信息获取及时便利。
（4）能够使客户忠诚度提高。
（5）能够使总体业绩和利润提高。

客户关系管理的重要性、内容和运作方式及实施，是客户关系管理这一部分应重点掌握的。

三、客户关系管理基本内容

现在是客户牵引的时代，企业的生死存亡很大程度上取决于它是否拥有一大批忠诚且有价值的客户。客户关系管理也因此"走红"，成为企业细分客户，发现客户，维护良好客户关系的重要手段。

(1) 在 CRM 中把客户作为企业的一项重要资产加以管理

在以产品为中心的商业模式向以客户为中心的商业模式转变的情况下，众多的企业开始将客户视为其重要的资产，不断地采取多种方式对企业的客户实施关怀，以提高客户对本企业的满意度和忠诚度。

在传统的管理理念以及现行的财务制度中，只有厂房、设备、现金、股票、债券等是资产。随着科技的发展，人们开始把技术、人才也视为企业的资产，对技术以及人才加以百般重视。然而，这种划分资产的理念是闭环式的，而不是开放式的。无论是传统的固定资产和流动资产论，还是新出现的人才和技术资产论，都是企业能够得以实现价值的部分条件，而不是全部条件，其缺少的部分就是产品实现其价值的最后阶段，即客户的认可和满意，同时也是最重要的阶段。这个阶段的主导者就是客户。

既然客户是企业的一项重要资产，那么，就需要安排人员负责客户数据资料的收集、整理、归类及分析。

(2) 客户关怀是 CRM 的中心

客户关怀贯穿市场营销的所有环节，具体内容是：全程客户服务，包括向客户提供产品信息和服务建议等；产品质量优良，应符合有关标准，适合客户使用，保证安全可靠；服务质量优质，指与企业接触的过程中，客户的体验、感受很满足；售后服务到位，即方便售后查询和积极接待投诉，以及维护和修理等。

在所有营销变量中，客户关怀的注意力要放在交易的不同阶段上，从而营造出友好、激励、高效的氛围。对客户关怀意义最大的四个营销变量是：产品和服务（这是客户关怀的核心）、沟通方式、销售激励和公共关系。

(3) 客户关怀的目的是增强客户满意度与忠诚度

国际上一些权威研究机构经过深入的调查研究后分别得出了这样的一些结论："把客户的满意度提高五个百分点，其结果是企业的利润增加一倍"，"一个非常满意的客户其购买意愿比一个满意客户高出六倍"，"2/3 的客户离开供应商是因为供应商对他们的关怀不够"，"93% 的企业 CEO 认为客户关系管理是企业成功和更具竞争力的最重要因素"。公众的满意度越高，客户的保持期越长久，企业的相对投资回报就越高，从而给企业带来的利润就会越大。

(4) 善用 CRM 掌握核心客户——最有价值的客户

面向客户，关心客户，一切以客户为中心来运作，这就是 CRM 的本质。据调查，企业 80% 的利润来自 20% 的客户，而发展新客户所需费用是维持老客户的 6~8 倍。如今，大多数企业都懂得这个道理，纷纷表示要把最好的服务提供给最有价值的客户。

客户关系管理强调的是一切以客户为中心，企业所有的经营战略都是与客户互动的结果，并致力于谋求与客户以及合作伙伴的长期关系。

四、培育客户忠诚

1. 客户忠诚含义

忠诚的客户是企业最宝贵的资源，他们不会因为外界的影响而转变对企业的信赖，而是一如既往地使用企业的产品，甚至成为企业的义务推销员，将企业的产品介绍给自己所熟识的亲朋好友。并且，对企业而言，保留一个老客户的成本比赢得一个新客户的成本要低得多,统计数据表明,这一比值为 1/10~1/5,而这些忠诚的老客户又恰恰是企业最主要的收入和利润来源。

顾客忠诚的定义是:"客户忠诚是从客户满意概念中引申出的,是指客户满意后而产生的对某种产品品牌或公司的信赖、维护和希望重复购买的一种心理倾向。客户忠诚表现为两种形式,一种是客户忠诚于企业的意愿,另一种是客户忠诚于企业的行为。"

2. 客户忠诚主要影响因素

客户忠诚受到很多因素的影响,分析这些因素有助于企业制订相应的策略,去更好地满足客户需求,为客户提供优质的服务,从而提高企业的客户忠诚,增加客户保持率,实现企业和客户的双赢。

(1) 客户满意

客户满意是指一个人通过对一个产品的可感知效果(或结果)与他的期望值相比较后,所形成的愉悦或失望的感觉状态。客户满意对忠诚,包括情感态度和重购行为,都会产生积极的影响,满意度越高,客户再次购买的意愿就会增加,从而对企业更忠诚。很多有关客户满意和忠诚关系的研究也都支持这样的观点,客户忠诚会随着客户满意度的提高而提高。因此,客户满意是影响客户忠诚的重要因素。

(2) 客户感知价值

客户感知价值是客户从所购买的产品或服务中所得到的利益与购买和使用时所付出的总成本的比较,它是对产品或服务效用的整体评价。感知价值是比较主观的,因人而异,而且在不同的情景中同一个人对同一种产品或服务也会有不同的感知价值。一个人的价值观、需求、偏好以及财力资源等都会影响感知价值。企业和客户之间的关系最终是一种追求各自利益与满足的价值交换关系。客户之所以对企业表现出忠诚,其主要原因是企业提供给客户优异的价值。因此,客户感知价值是客户忠诚的最重要的影响因素,它既影响忠诚的情感态度,又影响客户的重购行为。而且客户感知价值决定了客户满意和客户信任,如果供应商提供的价值不能满足客户不断提升的价值期望,将无法建立真正的客户满意和客户信任,更无法建立客户忠诚。

(3) 转移成本

转移成本是客户从原来的供应商转换到另一家供应商时所付出的成本,既包括货币成本,也包括时间、精力和心理等方面的成本。如失去原有的累计积分打折优惠、不确定因素的风险、适应新环境、调整购物习惯等,这些都属于转移成本。

转移成本也会影响客户忠诚,主要影响重复购买率。若转移成本很高,客户的重复购买率就会提高。但如果客户对企业并不满意,只是迫于高转移成本而表现出较高的重购率,那么这种客户关系并不牢固。一旦竞争环境变化,企业的客户流失率就会突增,国外有些学者把这种忠诚也称为人质型忠诚。另外,忠诚也会反作用于转移成本,忠诚的客户在经济和情感上各方面的转移成本均要高于一般的客户。

(4) 客户信任

客户信任指客户对可信的交易伙伴的一种依赖意愿,包括可信性和友善性两个维度。长期与客户建立彼此忠诚的关系对于企业十分重要,而任何一种关系要保持一段时间,前提是要彼此之间建立信任感,因此信任也是客户忠诚的一个决定性因素。从本质上来说,信任支持了客户那种认为"可以在交易或者服务中得到积极成果"的信念。信任的效果可以表述为这样一种感觉，即商家可以"把事情做好"。只有在客户产生了对产品、品牌和商家的信任之后，重复购买和忠诚才能产生。大致说来，信任有三个支持性的部分：商家提供的产品和服务的能力、善意和信誉。只有这三个部分合而为一，才能让客户产生信任。商家必须在和客户接触的早期就向客户表现出这三方面内容，并且在和客户的长期接触中不断深化这三方面内容。

（5）企业员工的素质

由于企业员工的文化素质和个人修养参差不齐，以及敬业精神等因素的影响，导致员工的服务态度有好坏之分。员工服务态度不佳，与客户发生争吵甚至打架等现象将严重影响企业形象，降低客户满意度，阻碍了提高客户忠诚度的进程。

3. 顾客忠诚度提高途径

每个管理者都面临着这样一个现实：产品之间的差异性越来越小，促销手段也大同小异，竞争对手却越来越多，而客户正在变得越来越挑剔。在这种环境下的企业到底该如何生存？万变不离其宗，企业获得稳定发展的驱动力不外乎三点：运营效率、市场份额和客户保留。而CRM所需要解决的两个重点问题是：提高市场份额，并增加客户保留度。而这两个问题的解决还是要归集到一个核心的问题上，那就是客户忠诚度的维护与提升。

（1）不断改进产品和服务质量，优化产品设计

产品质量是客户对品牌忠诚的基础，不能奢求人们去购买并忠诚于那些质量低劣的产品。世界众多品牌产品的发展历史都表明，客户对品牌的忠诚在一定意义上也可以说是其对产品质量的忠诚。只有高质量的产品，才能在人们心目中树立起"金字招牌"，受到人们的喜爱。

① 企业应当制定客户忠诚的质量方针，指导企业各方面的工作，培养并赢得以客户忠诚为准则的质量理念。由于企业处于不断变化的竞争环境中，质量管理可能存在缺陷或不足，客户对产品的期望水平也在不断提高，企业应当对质量进行持续改进，体现客户忠诚的要求，以赢得客户忠诚为标准。

② 企业还应继续优化产品设计形式。随着生活的改善和消费观念的变迁，消费者在购买行为中越来越多地注重心理需要的满足，对产品的造型、色泽、商标和包装等要求越来越高。

（2）提高客户满意度

客户满意度和客户忠诚度是两个不同的概念，客户忠诚度是建立在客户满意度基础之上的，通常只有满意的客户才可能成为忠诚的客户。企业可以通过提供超过顾客预期的、更完美的、更关心顾客的服务，使顾客得到意想不到的利益而感到惊喜，对企业产生一种情感上的满意，进而形成企业忠诚的顾客群。所以，企业要想最大程度地增强赢利能力、获得长久的发展，就必须提高客户满意度。提高客户满意度可通过创新、增加与客户的沟通、正确处理客户抱怨来实现。

① 以创新超越客户的期望　客户期望是不断增长变化的，及时掌握客户期望的动态，以"超越客户期望、超越行业标准"为目标，为客户提供更快捷、更可靠、更满意的优质服务。通过产品、服务等创新来超越客户的期望，是争夺客户、增加市场份额、培养客户忠诚的有效方法。

② 增加与客户的沟通　企业要认真倾听客户的意见，发表自己的看法，在客户需要的时候随时与之交流，消除客户的不满。改善与客户的沟通将给企业带来利润回报。增加与客户的沟通将成为企业形成新产品的宝贵财富，并能促进企业形成新的想法和新的活动。

③ 正确处理客户抱怨　客户的抱怨说明企业目前存在问题，客户指出企业的产品和服

务的不足，为企业改进提供了方向。企业可以把处理客户抱怨的过程当成建立客户忠诚度的好机会。研究表明，妥善处理客户抱怨反而更容易建立客户忠诚，减少客户抱怨。客户抱怨的降低有利于进一步降低客户流失率。企业快速有效地处理客户抱怨，还可以积累应对不满意客户的宝贵经验。

(3) 确定客户价值取向

要提升客户忠诚度，首先要知道哪些因素将影响客户的取向。客户取向通常取决于三方面：价值、系统和人。当客户感觉到产品或者服务在质量、数量、可靠性或者适合性方面有不足的时候，他们通常会侧重于价值取向。期望值受商品或者服务的成本影响，人们对低成本和较高成本商品的期望值是不同的。但当核心产品的质量低于期望值时，他们便会对照价格来进行考虑，即考虑是否"物有所值"。只有保持稳定的客源，才能为品牌赢得丰厚的利润率。但是当商家把"打折""促销"作为追求客源的唯一手段时，降价只会使企业和品牌失去它们最忠实的客户群，促销、降价的手段不可能提高客户的忠诚度，价格战只能为品牌带来越来越多的毫无忠诚可言的客户。而当商家、企业要寻求自身发展和高利润增长时，这部分客户必将流失。培养忠诚的客户群不能仅做到"价廉物美"，更要让客户明白这个商品是"物有所值"的。由于经营同质化日益增强，企业只有细分产品定位，寻求差异化经营，找准目标客户的价值取向和消费能力，才能真正培养出属于自己的忠诚客户群。

(4) 留住有价值客户

留住有价值顾客就是要研究顾客的转换成本，并采取有效措施适当设置转换成本，以减少顾客流失，保证顾客对本企业产品或服务的重复购买。提高顾客转换成本是留住顾客、提升顾客忠诚的有效途径。一般来讲，企业构建转换壁垒，使顾客在更换品牌和供应商时感到转换成本太高，或顾客原来所获得的利益会因为转换品牌而损失，这样可以加强顾客的忠诚。

(5) 提升品牌形象

品牌往往不是代表某项单一的服务或产品，而是代表整个企业的形象，一个出色的服务品牌，能展示服务质量、价值和顾客获得的利益，体现企业文化和个性，能深植于顾客的内心和思想中，得到顾客的认同，最终赢得顾客忠诚。提升品牌形象可以从企业和产品两个层面展开。与价格、质量等因素不同，企业形象是提高品牌忠诚度的"软件"，它要求企业做长期的、全方位的努力，任何一个有损于企业形象的失误，哪怕是微小的错误，都有可能严重削弱消费者的忠诚度，甚至导致忠诚的转移。

(6) 服务第一，销售第二

在消费者意识不断增强的时代，良好的客户服务是建立客户忠诚度的最佳方法，包括服务态度、回应客户需求或申诉的速度、退换货服务等，让客户清楚了解服务的内容以及获得服务的途径。因为当今的客户变得越来越挑剔，并且在购买了产品后会非常"敏感"，他们在与公司交易时，希望能够获得足够的愉悦，并且能够尽量减少麻烦。当这些客户获得了一个很好的客户服务（大服务）体验时，他们自然会形成"第二次购买"；但是，当他们获得了一个不好的体验时，他们会向周围更多的人宣传他们的"不幸"。因此，企业要想提升客户体验，必须要把与产品相关的服务做到位，然后才是真正的产品销售。

(7) 建立员工忠诚

市场中存在一个不争的事实：具有较高客户忠诚度的公司，一般也具有较高的员工忠诚度。如果一个企业的员工流动率非常高，该企业要想获得较高的客户忠诚度，那简直就是不可能的，因为客户获得产品或服务都是通过与员工接触来实现的。因此，客户忠诚的核心原则是：首先要服务好企业的员工，然后才有可能服务好企业的客户。所以，对企业来说，稳定员工队伍、提高员工素质是留住顾客的重要保障。培养和维系忠诚的顾客是由忠诚的员工来实现的，要留住顾客，首先就要留住员工，员工的忠诚是赢得顾客忠诚的重要保障。所以对服务业来说，经常对员工进行培训，提高员工素质是非常必要的。

① 制订员工培训计划　企业以满足客户需求为中心，以获得客户忠诚为导向，带动企业的发展。通过培训的方式，将企业忠诚的观念深入到员工中。一线员工作为与客户直接接触者，应当有足够的服务意识。企业把高水平的服务提供给客户，客户才能满意，进而才能忠诚。所以要从思想观念、工作态度等方面培训员工，让他们树立起客户忠诚的观念。

② 将客户忠诚目标纳入员工绩效考核范畴　一线员工在培养客户忠诚的活动中扮演着重要的角色。为了提高员工的工作效率，可以对改善客户忠诚方面表现优良的员工进行升迁、加级等奖励。

综上所述，客户忠诚度是由很多因素决定的，只有企业根据其实际情况，把各种因素综合考虑，才能对症下药，更好地提高客户忠诚度。

五、服务失败的补救

当企业在服务交付流程中出现了失误、问题或者犯了错误，没能达到顾客对服务的最低要求，从而使顾客感到不满时，就可以认为是发生了服务失败。例如，餐厅服务人员不小心把咖啡洒到了顾客的衣服上，快递公司弄丢了包裹或者服务人员心情不好而与顾客发生了争吵等，都是服务失败的现实案例。

1. 顾客对服务失败的反应类型

当服务失败发生时，顾客首先会归因，"是谁造成了这个问题？"他可能会把责任归咎于自然原因如恶劣天气等，也可能会认为是企业没有提供高质量的服务。在顾客找到了原因之后，就会对服务企业做出评价。如果他认为企业应该为服务失败负责，那么顾客对企业的满意度就会降低。在评价之后，顾客往往会采取相应的行动，或者投诉、抱怨，或者转换服务供应商等。总的来说，顾客的行为类型可以分为抱怨和不抱怨两种基本情况，具体行为可以用图 7-4 来概括。

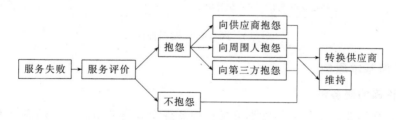

图 7-4　顾客对服务失败的反应

顾客抱怨的对象既可能是服务企业本身，也可能是周围的亲戚、同事或朋友。同时，顾客也可能会选择向消费者协会、相关政府部门或线上等第三方进行投诉。例如，网购时遇到不满意的店家，消费者就可能会选择向平台运营方进行投诉。有些企业十分惧怕顾客向平台运营方提出投诉。实际上，直接向企业抱怨的顾客，给企业提供了立即改正并吸取教训的机会。而顾客对周围人和第三方的抱怨，则在企业不知情的情况下传播了企业的负面口碑，不但失去了补救过失的机会,而且也往往会造成潜在顾客的流失。此外,还有一部分顾客不去抱怨,而是选择了默默地采取行动。当然,顾客的选择结果也主要表现为两种情况:继续维持和该服务供应商的关系;转换到其他的服务供应商那里去。

2. 顾客投诉原因和类型

(1) **顾客投诉原因**

产生投诉的原因可从药店营业员和顾客两个方面进行分析。

① 药店营业员方面 从营业员角度看,产生投诉的原因可能在于顾客有较高的期望而营业员却未意识到;营业员虽有较高的服务质量规范和制度,但实际落实情况不理想,所提供的服务与对外宣传、沟通之间存在落差等。

② 顾客方面 从顾客的角度看,发起投诉主要是因为预期服务质量与感知服务之间差距较大或未得到承诺的服务。

(2) **顾客投诉类型**

产生投诉的原因在一定意义上属于危机事件,其投诉的常见类型如下。

① 不满意服务提供者的态度或服务质量。

② 取药后认为药品数量不对。

③ 对药品质量存在疑问。

④ 因各种原因要求退药。

⑤ 用药后发生严重不良反应。

⑥ 对药品价格有异议。

3. 投诉处理程序

应对顾客投诉时应当妥善处理每一位顾客的不满意与投诉,并且情绪上使之觉得受到尊重,处理顾客投诉时应遵循的程序见图7-5。

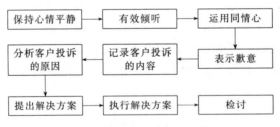

图7-5 顾客投诉处理程序

4. 投诉处理基本原则

(1) **树立正确的服务理念**

药店是服务性行业,全员要经常学习现代服务理念和行业最新发展动态,不断提高自身的综合素质和业务能力,树立全心全意为顾客服务的思想和"顾客永远是正确的"的态度。投诉处理人员在面对愤怒的顾客时,一定要注意克制自己,避免感情用事,始终牢记自己代表的是公司或药店的整体形象。

(2) **有章可循**

药店要制订相对完善的制度,并确定专门人员处理顾客的投诉问题,使各种情况的处理都有章可循,同时也有利于保持药店服务的统一和规范。另外,还要注意做好各种可能出现情况的预防工作，防患于未然，尽量减少顾客投诉。

（3）及时处理

处理顾客投诉时切记不要拖延时间，更不能推卸责任。所有人都应通力合作，迅速做出反应，向顾客稳重并清楚地说明有关情况和事件的原因，并力争在最短时间里全面解决问题，给顾客一个满意的答复。拖延或推卸责任，会进一步激怒投诉者，使事情更加复杂化。

（4）分清责任

不仅要分清造成顾客投诉的责任部门和责任人，而且需要明确处理投诉的各部门、各类人员的具体责任与权限，以及顾客投诉得不到及时、圆满的解决时的相关责任。

（5）留档分析

对每一起顾客投诉及其处理结果，要由专人负责进行详细的记录，内容包括投诉内容、处理过程、处理结果、顾客满意程度等。通过对记录的回顾，吸取教训，总结经验，为以后更好地处理顾客投诉提供参考。

5. 处理顾客投诉技巧

正确妥善地处理顾客的投诉，可以提高服务质量，增进顾客的信任。反之，不但无益于顾客的药物治疗，无益于改善自身的服务，同时对顾客的失信和伤害可能会产生链式反应，从而失去更大的顾客群。因此，在处理顾客投诉时，应注意做好以下几点。

（1）选择合适的地点

如投诉即刻发生（即刚接受服务后便发生投诉），应尽快将顾客带离现场，以缓和顾客情绪，避免事件对其他服务对象造成影响。接待顾客的地点宜选择办公室、会议室等场所，有利于谈话和沟通。

（2）选择合适的人员

无论是即刻或事后的投诉，均不宜由当事人来接待顾客，以排除情感干扰。一般的投诉，可由当事人的主管或同事接待。事件比较复杂或顾客反映的问题比较严重，则应由店长、经理亲自接待。

（3）处理时态度要温和

首先保持对顾客的尊重，其次运用换位思考的方式，通过恰当的语言和诚恳的态度，使顾客能站在药品购销员或药店的立场上，理解、体谅其工作，使双方在一个共同的基础上达成谅解。

（4）保存证据

保存适当的有形证据，如处方、清单、病历、药历或电脑存储的相关信息，以应对顾客的投诉，同时需要保证证据和说辞具有一致性。

实践项目1　医药代表有效沟通

一、实践目的和要求

1. 实践目的

掌握与客户有效沟通的步骤和技巧，学会运用沟通的技巧实现推销的目的。

2. 实践要求

在老师的指导下进行角色扮演情景模拟训练；在日常生活和学习中，注意与周围人进行有效沟通训练和实际角色训练。

二、情景模拟及训练步骤

总的操作步骤见图7-6。

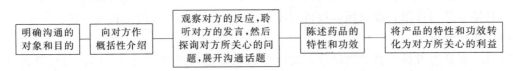

图7-6 有效沟通流程图

1. 明确沟通的对象和目的

作为医药营销员，你经常要与分销商进行有效沟通，与医院进药决策人员、医护人员进行有效沟通，也可能要直接与最终消费者进行沟通。

每一次沟通的目的可能不一样。有时可能是为了让对方了解你的产品、你的公司、你本人，进而对你的产品产生信任和兴趣，最终实现购买行为或者与你签订合作合同；有时可能是为了了解对方的相关信息，以便采取相应的推销措施；有时可能是为了消除对方的异议、误解、疑虑，以达成某种共识实现相互理解及包容、相互信任等，从而使合作关系得以延续或强化；有时可能是为了在业务合作的基础上，进一步增进彼此之间的私人感情，使合作关系升华到最理想的境界。

假如小张向一家医院的陈教授推销他公司最新开发的新产品——头孢他啶。那么他的目的就是：让对方了解他的产品，最终让对方向医院进药决策机构及人员进行推荐。

2. 向对方作概括性介绍

在向对方作概括性介绍时，要注意以下三点。

(1) 瞄准对方真正的需求、爱好、条件、机会等，概括介绍产品能给对方带来的利益或好处

医药分销商最关心的是利润、药品及资金周转速度、投资回报率等；医护人员最关心的是药品的疗效和使用的方便性、安全性等；最终消费者最关心的是疗效、方便性、安全性、价格等。因此，必须有针对性地介绍。

(2) 向对方表明对方的各种限制因素

考虑对方可能拒绝你推销的"借口"，如资金紧张、没有时间考虑此事、政策不允许、已经购买过了等，并且作出概括性的回答，以防范对方在以后的沟通中以各种理由拒绝你。

(3) 介绍的时间不宜太长，内容不宜太多，要简明扼要

例如：小张以前曾与这家医院的陈教授有过接触，这次与他见面一番寒暄之后，就直奔主题，向陈教授作了概括性介绍："陈教授，我向您推荐我们公司最新研制的药品——头孢他啶，头孢他啶为国家第一个××药，每片××mg，能通过独特的××机制，有效缓解××症状，不良反应少，适用于治疗××疾病。"

3. 观察对方的反应，聆听对方的发言，然后探询对方所关心的问题，展开沟通话题

可以向对方询问一个或几个问题。例如："你是这样看吗？"或者"这是你真正关心的一

个问题,对吗?"或者"这仍然是您的忧虑,对吗?"

例如:

陈教授问:这是一种新药吗?

小张:是的。一般这类抗生素注射麻烦,绝大多数医生都很关心这样一个问题,就是在使用这类药品时,有没有一种简单的注射办法,我想您在使用这类药品时也一定遇到很多麻烦,对吗?

4. 陈述药品的特性和功效

药品的特性是指药物本身的理化特性或者经证明的事实。药品功效是指药品的特性有什么作用,如头孢菌素能够有效控制革兰氏阳性球菌感染。

(1) 如果向医生尤其是专家推销新药,要重点介绍药品的特性。

(2) 如果向患者推销药品,只介绍药品的功能即可,因为患者对药品的理化特性知之甚少,没有能力理解,也无需弄懂。

(3) 如果向医院进药主管或分销商推销药品,只需简要介绍,因为他们所关心的重点不是药品的特性和功效。

5. 将产品的特性和功效转化为对方所关心的利益

药品的利益是指能为客户解决问题的价值,即医生、患者、医院进药主管、医药分销商经理等能够从你的产品及其服务中获得的价值或者好处。

(1) 利益的描述必须具体,但不可面面俱到,而要针对对方所关心的问题有重点地介绍,并且以"您""您的患者""您的医院"等主语开始。

(2) 在陈述利益时,要尽量使用药品的有关临床报告和证明文献,以增强说服力。

(3) 可通过疗效、安全性、依从性、经济等方面来解释你的产品和总体服务是怎样满足对方某种需要的,见表 7-3。

表 7-3 将药品的特性转换为利益的实例表

药品的特性	实例
疗效	可以使用"显著""可靠""见效快"等词
安全性	副作用小,没什么禁忌证,可用于危急患者,没有危及生命的不良反应,从没有因不良反应而停止使用的情况
依从性	服用方便,早晚一次,患者对此药印象深刻,患者感到恢复很快,患者乐于接受
经济	与其他进口药相比价格并不贵,节省了额外的护理费

例如:

以下是小张与医院陈教授的部分对话。

小张:头孢他啶的半衰期很长,可以每天用一次,所以很方便。

陈教授:唔……

小张:这样您就无需像其他抗生素一样给患者定时注射了。

陈教授:对的。

小张:您的患者甚至不需要住院,只需门诊注射就行了。

陈教授:的确。

小张:护士的工作负担也可以减轻了。患者综合治疗的费用也会节省很多。

陈教授：听起来头孢他啶的确可以解决我很多问题，不错。

三、操作要点及注意事项

良好的沟通是一个双向互动的过程。一方面，你要观察对方的反应和聆听对方的发言，准确理解对方所传递的信息；另一方面，你要抓住对方的注意力，有选择地将你的信息准确而令人信服地传达给对方，使自己的想法能被正确地接受和理解。

1. 向对方传达的信息必须具体、准确，让对方能够听懂和能够正确理解

医药营销员在与客户沟通过程中经常出现的错误如图7-7所示。

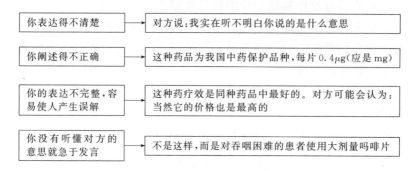

图 7-7 医药营销员在与客户沟通过程中经常出现的错误

2. 询问的技巧（见表 7-4）

表 7-4 询问的技巧

类型			举例
封闭式问题			高主任，您是否把"泰能"作为难治性感染首选的抗生素？
			李教授，您有没有收到我们公司上周寄出的最新资料？
			张老师，在这次临床试验中您会选用 A 方案还是 B 方案？
开放式问题	探询事实		医生，您一般怎么处理老年人的消化不良症？
			李医生，您今天看了多少病人？
	探询感觉	直接	李医生，您怎么看 PPA 的不良反应问题？
			李医生，您认为这种新药的临床应用前景如何？
		间接	有些专家认为 PPA 应慎用，而不必完全禁用，您的看法呢？
			×医药专家认为该药的有效率在 80%，您认为如何呢？

3. 聆听技巧

人们之间的交流充满变数，既复杂又具有挑战性。所以必须掌握聆听的技巧。

（1）站在客户的立场上态度诚恳、精神专注地倾听。这种诚挚专注的态度能激起客户与你有效沟通的积极性。

（2）让客户把话说完，并记下重点。

（3）适时向客户确认你了解的是否就是他想表达的。

（4）使用药品的有关临床报告和证明文献的技巧。医药营销员并不需要成为药学方面的专家，在使用药品的有关临床报告和证明文献时，只需掌握表 7-5 所示的重点，就足以让医生感受到你的专业水平了。

表 7-5　使用药品的有关临床报告和证明文献的技巧

出示和阐述临床报告和证明文献的要点	目的
出示出版物	强调报告和文献的专业性和权威性
道出作者姓名	暗示报告和文献中结论的权威性
说出出版时间	若是多年前出版的,表明疗效久经考验;若是最近出版的,则表明这是最新进展
阐述药物临床试验的基本背景、报告和文献的结论	让对方了解有关证明药品特性的数据和事实,从而对药品的质量和性能产生信任

实践项目 2　处理异议

一、实践目的和要求

1. 实践目的

学会判断顾客异议产生的原因,掌握处理顾客异议的步骤和方法。

2. 实践要求

在老师的指导下进行模拟训练;在日常生活和学习中,注意留意别人是如何处理人际矛盾的,及时总结经验和教训,不断积累自己处理各种异议的能力;实战演练,即扮演某医药公司的业务员,试着向客户推销,练习处理顾客异议的方法。

二、情景模拟

从一开始你就做好了准备:回答医生关于你公司的 H 镇痛药不良反应的问题。

果然,王医生见到你以后说:"你介绍的 H 镇痛药镇痛效果看起来不错,但是有些患者有恶心、呕吐的不良反应。"

你从容地拿出了产品经理帮你准备好的、王医生他们正在使用的其他同类产品与你的产品的疗效对照表,对他说:"王医生,请您看一下这张疗效对照表的分析结果,我们的 H 产品不良反应其实是很少的。"

但是,王医生似乎对你的解释不以为意:"每个药厂都会做有利于自己产品的比较。"你再怎么辩解也没用。

三、实践步骤

处理顾客异议的操作步骤见图 7-8。

图 7-8　处理顾客异议的操作步骤

1. 聆听

(1) 首先,不可与客户争论,而要以诚心诚意的态度来倾听客户的异议。

(2) 不仅要用耳朵听，为了便于处理，在听的时候还要做记录。

(3) 如果对方在提出异议时，情绪比较激动，看起来很难处理，可根据情况，变更"人、地、时"地听，即"三变法"。这样可使抱怨者恢复冷静，也不会使抱怨更加扩大。

① 变更应对的人员　当你请出你的主管或其他领导聆听时，无论如何要让对方看出你的诚意。例如："您反映的问题的确很重要，这样，您先别急，我立即与我们的药品研发主管联系，让他来听听您的意见，我相信他会尽快给您一个圆满答复的。""王医生，这是我们的药品研发主管，他可以就您提出的问题给您一个圆满的答复。"

② 变更场所　尤其对于容易感情用事的客户而言，变更场所能让客户恢复冷静。"王医生，咱们到您的办公室，详细地谈谈这种不良反应好吗？"

③ 调整时间　如果客户的异议难以立即解决时，可不马上回答，而是用"时间"进行缓冲。你可以告诉他："请您放心，我回去后会认真调查，待弄清楚后一定会以负责的态度处理的。"

2. 缓冲，这是处理顾客异议的关键一步

缓冲是指医药营销员对客户提出的异议表示理解的一种沟通技巧。这种理解式的沟通可分两种方式。

① 一种是直接切中客户产生异议的根源，设身处地地为他着想　假如王医生提出异议的真正原因是：想让你将药品的价格降低，因为他以前曾不止一次地跟你谈到 H 产品价格高的问题。你可以说："王医生，我一向敬重您的医术和医德，也能理解您想为病人减轻负担的心情。可是您做一下比较就会知道，我们的产品价格在同类产品中并不算最高的，而产品的副作用小，疗效十分显著，如果综合考虑，给病人用我们的药还是很合算的。"

② 另一种是进行一般性的缓冲　例如："您的意见的确很重要，能否详细介绍一下……"等。

3. 探询（见图 7-9）

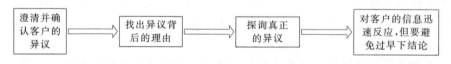

图 7-9　处理顾客异议的探询程序

你：王医生，谢谢您对我们公司的支持和厚爱，我和您同样关心 H 镇痛药的不良反应问题，您能告诉我这些患者的表现吗？

王医生：有一个吐得挺严重，家属找了好几次护士长。

你：哦，是这样的，部分病人由于对弱阿片类药物敏感，治疗初期可能会出现一些恶心、呕吐症状，只要给他服用胃复安和维生素 B_6 等对症药品就很容易缓解了。当时您没有给他对症处理吗？

王医生：当然处理了，但没有什么效果，病人家属不停地抱怨，我整个夜班都在跟他解释。

你：我在其他医院也碰到过类似的问题，根据其他医生的经验，通常是这样处理的，结果都不错。（错误：过早下结论）

你：我明白这些确实让您很为难，因为这种事情摊在谁身上都不好受。作为一个负责任的医生都会对自己的病人负责的，我们的药品在一开始研发的同时，就考虑到这样的问题，

我们通常是这样处理的……您不妨参考一下。(正确沟通)

4. 答复

在答复时，绝不可以说客户错了。你的目的是让客户接受你的意见。请记住：让客户承认你是对的，这比让他承认他是错的要容易得多。

"王医生，您对于本职工作的负责任的态度真的让我敬佩，正是像您这样的专家们的关心，我们公司才能研发出更多更好的产品。当然，我们的产品在临床方面的显著疗效，我相信您在使用过程中，一定有了一个比较全面的了解，至于您提到的不良反应的问题，我一定会认真地向公司反馈，我们公司一定会积极改进的。我作为一个业务人员，在对您的意见的理解中可能有许多不对的地方，请您给我指正。最后，我衷心地感谢您给我们提出的宝贵意见，以后如有机会，我们可以更深入地进行探讨。"

四、操作要点及注意事项

客户异议是客户对你在销售过程中的任何一个举动所表示出的不赞同、质疑或拒绝。掌握异议处理的技巧，你就能冷静、坦然地化解客户的异议，每化解一个异议，就摒除你与客户之间的一个障碍，你就接近客户一步。请牢记：销售是从客户的拒绝开始的。

1. 客户异议的作用

① 从客户提出的异议中，你能获得更多的信息。
② 你能了解到客户对你的产品或交易方案接受的程度，从而迅速修正你的销售战术。
③ 你能判断出客户是否有需要，并据此决定是否需要采用进一步的行动和如何行动。

2. 异议的分类（见表 7-6）。

表 7-6　客户异议的类型及实例

异议的类型		实例
真实的异议		患者服用这种药品时,常常出现一些不良反应
		这种药品不一定安全,对呼吸衰竭的患者来说可能有致命的危险
隐藏的异议		我还是觉得太贵……
		你的产品副作用很大……
假的异议	无兴趣	听起来很好,但我对目前使用的药品很满意
		我喜欢一天一次的剂量,而你的药品一天需服用两次
	怀疑	我无法相信一种药品在如此短时间内会产生如此显著的疗效
		你有证据吗?
	误解	即使正确使用吗啡也会造成患者成瘾或耐药
		国产药品质量一定不如进口药品

① 真实的异议　客户所表达的是真实想法、态度，或者所遇到的真正问题。
② 隐藏的异议　客户所表达的不是他的真实想法或者态度，而是另外其他的一些异议，目的是想以此假象达成一个解决其真实异议的有利条件。
③ 无兴趣的异议　指客户用敷衍应付的方式和你沟通，目的是不想诚意地和你会谈，不想真心介入你的推销活动。
④ 怀疑的异议　指对方提出的各种疑虑或者担心。
⑤ 误解的异议　指对方提出的异议是由于误解而产生的。

3. 异议产生的原因（见表 7-7）

表 7-7　异议产生的原因及实例

异议的原因		实例
顾客	情绪处于低潮	我今天不想见你，你明天再来吧
	没有意愿	这种药品我们已经有了，不想更换
	无法满足需要	这种药疗效很难达到我们的要求
	预算不足	目前医院的经费很紧张
	借口、推托	我一会儿还有一个很重要的会议需要准备
销售人员	做了夸大的陈述	这种药品是我国第一个用于这种疾病的中成药
	用过多专业术语	A 产品的控释技术是……不同于常见的骨架结构……
	事实调查不正确	患者李某服用之后……（虚假事实）

4. 处理异议的方法（见表 7-8）

表 7-8　处理异议的方法及实例

处理异议的方法	实例
先发制人法	您可能认为它的价格贵了一点，但这种药是同类型里最便宜的了。您现在可能在考虑是否有副作用，不必担心，副作用的影响微乎其微
忽视法	嗯！真是高见！
补偿法	我们没有名牌的好，但我们的价格低，而且疗效也不错
太极法	当消费者抱怨××药的价格高时，可回复说："因为这种药品质量高、疗效显著、副作用小，所以成本较高。买药治病首先看质量其次才是价格。您说是这样吗？"
询问法	为什么你会认为这种药不能代替头孢三嗪呢？
"是的…如果"法	您有这样的想法，一点没错，我第一次听到时，我的想法和您完全一样，可是如果做进一步了解后……
直接反驳法	我相信您知道的一定是个案，对这种情况的发生我们非常遗憾
摊牌法	顾客一再询问："我用这种药品真的那么有效吗？"可以笑着回答："您说吧，我要怎样才能说服您呢？"
归纳合并法	对顾客提出的几种异议，如这种药为什么这么便宜？它有效果吗？不会有很大副作用吧？可归纳合并后回答："这种药是纯中药制剂，用××配方精制而成，价廉是因为从不做广告。"

① 先发制人法　在销售过程中，如果你感到顾客可能要提出某些异议时，最好的办法就是自己先把它指出来，然后采取自问自答的方式，主动消除顾客的异议。这样不仅会避免顾客产生异议，还能给顾客一种诚实、可靠的印象，从而赢得顾客的信任。但是，你千万不要给自己下绊脚石，要记住：在主动提出药品不足之处的同时，也要给顾客一个合理的、圆满的解释。

② 忽视法　当提出的异议客户并不是真的要求你答复或给予解决时，或者这些异议和你们之间的交易没有直接的关系时，你只需面带笑容同意就是了。

③ 补偿法　当客户提出的异议有事实依据时，强力否认事实是不明智的。你应该承认并欣然接受，但要给客户一些补偿，让他取得心理上的平衡。

④ 太极法　当客户提出拒绝的异议时，你可立刻将他的反对意见直接转换成他应该接受的理由，就像打太极拳一样。

⑤ 询问法　利用向客户反问的技巧，直接化解客户的异议。

⑥ "是的……如果"法　先同意或者承认顾客的异议，然后提出一个合理的条件，在此条件下分析推论顾客的异议是错误的。

⑦ 直接反驳法　当客户对企业的服务、诚信有所怀疑时，当客户引用的资料不正确时，

你必须直接反驳，因为客户如果对你的服务、诚信有所怀疑，你拿到订单的机会几乎就是零。

⑧ 摊牌法　当你和顾客在互相不能说服对方的情况下（如顾客始终处于两难境地），你要掌握主动，可以采用反问的方式以表明自己的诚意，借此来答复顾客的异议。这样不仅可以获得顾客的好感，削弱异议的程度，还可以使顾客不再纠缠这个问题。

⑨ 归纳合并法　把顾客的几种异议归纳成一个，并作出圆满的答复，不仅会使顾客敬佩你的专业知识和能力，还会削弱异议产生的影响，从而使销售活动顺利进行。

职业知识与实践技能训练

一、职业知识训练

1. 重要概念
医药企业客户关系　　客户关系管理　　客户满意　　客户忠诚

2. 选择题

（1）单项选择题

① 推销员在推销的过程中，第一件事不是推销产品或服务，而是（　　）。
　A. 推销计划　　　　B. 客户拜访　　　　C. 广告宣传　　　　D. 推销自己

②（　　）能建立信任。
　A. 穿着合体　　　　B. 握手　　　　　　C. 微笑　　　　　　D. 化妆

③ 企业向顾客提供满意所产生的价值，称为（　　）
　A. 形象价值　　　　B. 人员价值　　　　C. 服务价值　　　　D. 产品价值

④ 顾客让渡价值是指整体顾客价值与整体顾客成本之间的差额部分。其中顾客在购买商品和服务过程中所耗费的货币、时间、精力和精神成本被称为（　　）
　A. 顾客让渡价值　　B. 整体顾客价值　　C. 整体顾客成本　　D. 以上都不对

⑤ 在激烈的市场竞争环境下，企业仅靠产品的质量已经难以留住客户，以下哪项已成为企业竞争制胜的另一张王牌（　　）
　A. 产品　　　　　　B. 服务　　　　　　C. 竞争　　　　　　D. 价格

⑥ 客户对某一特定产品或服务产生了好感，形成了偏好，进而重复购买的一种趋向是指（　　）
　A. 客户满意度　　　B. 客户价值　　　　C. 客户忠诚度　　　D. 客户利润率

⑦ 客户忠诚度是建立在以下哪项基础之上的，因此提供高品质的产品、无可挑剔的基本服务、增加客户关怀是必不可少的。（　　）
　A. 客户的盈利率　　B. 客户的忠诚度　　C. 客户的满意度　　D. 客户价值

⑧ 对于企业来说，达到的基本任务，获得竞争取胜的保证，分别是（　　）
　A. 客户忠诚，客户满意　　　　　　　　B. 客户价值，客户忠诚
　C. 客户满意，客户价值　　　　　　　　D. 客户满意，客户忠诚

⑨ 不能作为客户不满意调查的信息获取渠道是（　　）
　A. 现有客户　　　　B. 潜在客户　　　　C. 已失去客户　　　D. 竞争者客户

(2) 多项选择题

① 推销人员应具备的知识（　　　）
A. 企业知识　　　B. 医药知识　　　C. 销售知识　　　D. 顾客知识
E. 竞争对手知识

② 推销人员应具备的能力（　　　）
A. 观察判断能力　B. 良好的表达能力　C. 组织策划能力　D. 社交能力
E. 市场调研开发能力

③ 下列能体现客户忠诚的是（　　　）
A. 客户关系持久良好　　　　　　　　B. 客户对企业有很深的感情
C. 客户不断增加在本企业的消费金额　　D. 客户购买本企业所有类型的产品

④ 关于客户生命周期衰退期的说法，正确的是（　　　）
A. 可能是因为一方或双方经历了一些不满意
B. 可能是因为对方发现了更适合的合作伙伴
C. 可以表现为双方交易量下降
D. 企业应不再过多投入，逐渐放弃这些客户

3. 问题理解
(1) 推销员与顾客交谈时应注意什么问题？
(2) 医药推销员为什么要提高身体素质？
(3) 医药推销员应具备哪些知识？
(4) 根据自己的理解谈谈客户满意度和客户忠诚度的关系。
(5) 提高顾客让渡价值，可以从哪些方面入手？
(6) 如何有效地吸引新顾客和维系老顾客？

二、实践技能训练

1. 案例分析

案例1："坚持做良心药、放心药、管用的药"，某药企的广告语让患者听着颇为安心，同时也凭借着优良的品质吸引了不少忠诚的客户。近十年来，该企业凭借独特的销售模式，从小到大，从弱到强，在竞争异常惨烈的非处方药市场，攻城略地，一路高歌。但是，在2012年4月的"毒胶囊"风波中，该药企的一种感冒胶囊外壳被检测出铬元素含量超标。事件发生后，公众的关注热度持续升温，企业备受社会指责。

问题：
(1) 你认为该药企的"毒胶囊"事件对客户关系有什么影响？
(2) 该药企应如何挽回客户关系？

案例2：小王是一家药品生产企业的医药代表，负责糖尿病用药的推广。他深知客户关系的重要性，在维护客户关系方面一直很有方法，平时邀请客户共餐、节假日为客户送祝福、帮助客户解决困难等，并把客户档案维护作为重要内容去做，想尽一切办法与客户保持良好的关系。

一次，小王得知一位重要客户的父亲80大寿，小王计划给客户一个惊喜，想使客户关系更进一步。因此，他在没有提前通知客户的情况下突然到场。万万没有想到的是，这位客户不仅没有表现出预想的惊喜，反而面带不悦，显得比较尴尬。后来这位客户便逐步疏远小

王和他的同事。

问题：

（1）小王在维护客户关系方面出了什么问题？

（2）你认为小王还能挽回这位客户吗？如果你是小王，你会怎么做？

案例3：李大爷来到附近唯一的一家大型平价药品超市，心想这家药店是自选购药，购物环境应该不错。但在这里，药品不太好找。李大爷于是向身边的营业员求助，想知道咳嗽药摆放在什么地方。营业员A用手指了指，李大爷按照他指引的方向找，好不容易找到了要买的强力枇杷露；李大爷又向身边的营业员B询问强力枇杷露的使用方法、注意事项等，营业员B拿过药看了一会儿，看到营业员C在附近，就让李大爷去问营业员C。营业员C看了看药，结结巴巴、含含糊糊地解释。李大爷非常生气，将药品放回了货架，头也不回地离开了药店。

问题：

药店营业员在服务方面存在哪些不足之处？应如何改进？

案例4：一位顾客正在挑选一种补钙产品，店员介绍说："这种产品效果好，价格也比同类其他产品便宜。"顾客回答说："我以前吃过这种药，效果是不错。我听说你们最近在做活动，买两盒送一小盒赠品。"店员扭头大声问柜台内的同事："现在××产品还有没有赠品送，这里有个想要赠品的顾客。"店内所有的顾客都把目光投向了这位顾客，这位顾客还没等店员答复就逃似的离开了药店。

问题：

请分析这个店员的失误之处？

2. 实践项目

医药营销人员职业生涯规划

一、实践目的

通过规划求得职业发展，锁定医药营销生涯各个阶段的发展平台，并且拿出攻占各个平台的计划和措施，然后由老师对切入点所在的市场状况、行业前景、职位要求、入行条件、培训考证、工作业务、薪酬提升等运作进行详细地指导。例如：要上哪个平台，需要多长时间、补充哪些知识、增加哪些人脉等，而自己则沿着主干道去充电，几年后成为业内的精英，从而使自己的薪水和职位得到提升。

二、实践要求

① 要求每位学生设计一份适合自身职业发展的医药营销职业生涯计划。

② 将学生分成若干组，每组7~10人，按操作步骤展开讨论。

③ 各小组将讨论结果整理分析后，派代表阐述观点。

三、实践步骤

【第一步】学习设计职业生涯规划的目的、意义和方法。

① 要求每位学生课外找一份业内某精英成长经历，并认真阅读；

② 学生按6~8人为一小组进行分组，小组内针对找到的材料讨论交流；

③ 老师讲解做好医药营销职业生涯规划的目的与方法。

【第二步】要求每位学生分析如下内容。

① 分析自己的兴趣、能力、个人特质，并说出医药营销职业价值观；

② 分析自己的家庭环境对自己所从事的医药营销职业产生的影响；

③ 分析学校的专业学习及实践训练；
④ 分析医药营销的就业形势、就业政策和竞争状况；
⑤ 分析医药行业的现状及发展趋势；
⑥ 分析某工作区域的城市发展前景、文化特点及气候水土等。

【第三步】以小组为单位按如下步骤展开讨论。
① 在综合第二步分析的基础上思考自己的职业胜任能力；
② 同学间相互点评；
③ 确定职业成长每一阶段的努力目标。

【第四步】完成医药营销职业生涯规划的撰写。

【第五步】点评与总结。
① 每组同学选出一个代表展示作品；
② 组织各组学生相互评点；
③ 教师总结。

四、实践成果

实训分工、分组由学生自己负责，教师起指导作用，课题结束时，进行实训交流，师生共同评价工作成果。

考核内容：是否按时完成实训课题；讨论问题是否抓住要点；全组成员参与情况等。

第八章

与时俱进：营销新发展

知识目标

1. 熟悉绿色营销的特征。
2. 熟悉精准营销内涵。
3. 熟悉各种移动营销方法。
4. 了解数据营销内涵。

能力目标

1. 树立现代医药市场营销理念。
2. 能够分析新型营销方式的优缺点。
3. 能够理解新型营销方式并具有营销思维。
4. 能够运用互联网进行新型营销方式的实践。

价值目标

1. 具备现代医药营销思维和创新创业意识。
2. 培养学生勇于开拓、善于创新的营销职业精神。
3. 具备良好医药营销职业理想和职业情感。
4. 树立爱国主义理想和信念，具备为中国医药企业发展贡献力量的责任感。

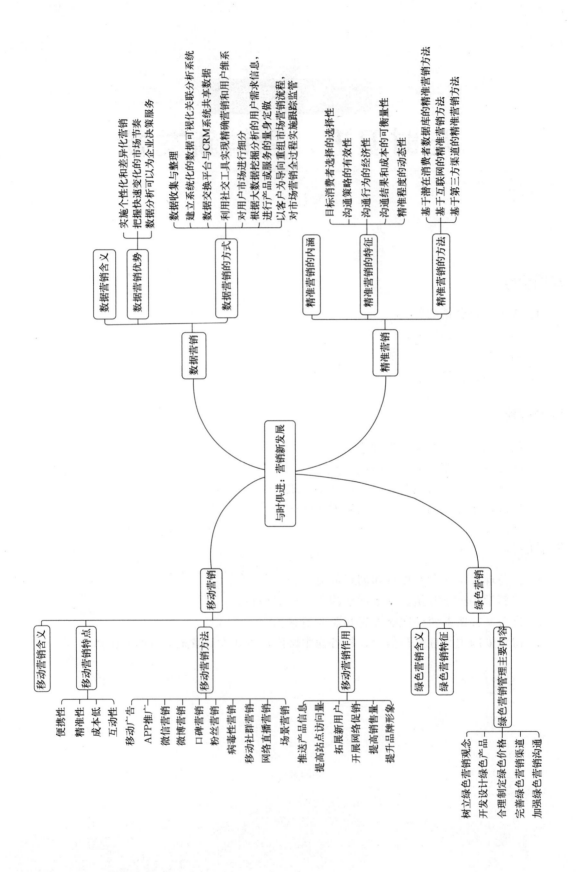

第一节 数据营销

一、数据营销含义

数据营销（database marketing service，DMS）也称大数据分析营销，是在IT技术、互联网技术和数据库技术的基础上逐渐发展起来的一种市场营销推广手段。数据营销不仅仅是一种营销方法、工具、技术和平台，更是一种企业经营理念，也改变了传统的营销模式和服务模式。从本质上来讲，数据营销改变了企业的基本价值观。

数据营销通过收集和积累消费者的大量信息，经过数据处理后，能够大致预测出消费者再次消费的时间、消费的商品类目以及消费的金额，并且利用这些预测信息对产品进行精准的定位，有针对性地向消费者推销商品。通过数据库的建立，各个部门都对客户的资料有了详细、全面的了解，可以为客户提供个性化的服务支持和营销战略设计。

数据营销的流程见图8-1。

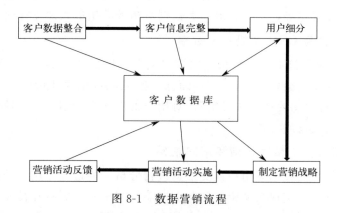

图8-1 数据营销流程

随着数字生活的普及，全球的信息总量呈爆炸式增长。基于这样的发展趋势，数据营销这一全新的营销模式逐步颠覆了传统的营销模式，并且正引领着新一轮的互联网变革风潮。

二、数据营销优势

1. 实施个性化和差异化营销

数据营销可以分析消费者的购买明细、习惯、周期，做到用户细分，实施一对一的营销，让营销工作做到有的放矢；并可以根据实时性的效果反馈，及时调整营销策略。

2. 把握快速变化的市场节奏

在互联网时代，技术发展、产品迭代、用户需求都可能在较短的时间内发生变化，从市场收集一手数据，可以准确把握市场变化，及时调整营销策略，提高营销的效率和效果。

3. 数据分析可以为企业决策服务

数据可以对用户的各种信息进行多维度的关联分析，从大量数据中发现数据之间的相关联系，可以帮助企业从用户的一种商品消费习惯来总结整个市场的发展趋势，为企业的决策服务。

三、数据营销的方式

1. 数据收集与整理

市场获取的数据一般是碎片化数据，必须将这些孤立错位的数据库打通、互联、交换和共享，并且实现技术共享，才能最大化大数据价值，实现精准数据营销。通常的做法是借助某个数据平台，将这些数据进行规范化，并输入平台数据库中，便于后续的深入挖掘分析，实现以用户为中心的数据有效汇聚，提升用户数据价值，实现用户交互的精准识别和多渠道数据汇集，为用户提供更加准确的服务和营销策略。

2. 建立系统化的数据可视化关联分析系统

通过三维表现技术来展示复杂的大数据分析结果，支持多种异构数据源接入，除了网络时代营销新方式与运营商本身的海量数据外，还可以支持第三方接口数据、文本文件数据、传统数据库（如 Oracle、SqlServer、MySQL 等）数据、网页数据等数据源；支持数据可视化分析，如数据扫描运算法、语义引擎、高质量的数据管理等。借助人脑的视觉思维能力，通过挖掘数据之间重要的关联关系，将若干关联性的可视化数据进行汇总处理，揭示大量数据中隐含的规律和发展趋势，进一步提高大数据对精准营销的预测支撑能力。

3. 数据交换平台与 CRM 系统共享数据

以前的 CRM 系统只能促使分析报告回答"发生了什么事"，现在 CRM 系统结合大数据平台，可以回答"为什么会发生这种事"，而且一些关联数据库还可以预言"将要发生什么事"，从而能判断"用户想要什么事发生"。对用户的需求进行细分，促使营销服务做到精准分析、精准筛选、精准投递等要求。

4. 利用社交工具实现精确营销和用户维系

利用关联分析等相关技术对用户社交信息进行分析，通过挖掘用户的社交关系、所在群体来提高用户的保有率，实现交叉销售和向上销售；基于社会影响和社交变化对目标用户进行细分，营销人员可识别社交网络中的"头羊"、跟随者以及其他成员，通过定义基于角色的变量，识别目标用户群中最有挖掘潜力的用户。

5. 对用户市场进行细分

对用户的消费习惯、需求、行为规律等进行分析研究，然后据此进行市场细分。这就要求企业必须收集客户的显性和隐性方面的信息数据，利用大数据分析挖掘工具深入分析，绘制完整的用户视图，然后进行深层次的挖掘分析，定位目标市场，为运营商精准化营销提供依据。

6. 根据大数据挖掘分析的用户需求信息，进行产品或服务的量身定做

通过大数据精准营销缩短运营商与用户的沟通距离，实现一对一的精准化、个性化营销。随着移动互联网、大数据等技术的进步，运营商和用户的交流沟通更加个性化、虚拟化、网络化，沟通技巧也变得更加柔和，大数据精准化营销使得沟通变为直线最短距离，加强了沟通的效果。营销方式从海量业务广播式推送，过渡到以用户体验为中心的一对一业务精准实施。一对一精准营销面向用户在某一刻以适合的价格推送最需要的业务。围绕用户、

业务场景、触点、营销推送内容、营销活动等,基于跨渠道触发式的营销,运营商在注重用户体验的同时达到最佳的营销效果,并且可对营销过程进行全程跟踪,从而不断优化营销策略。

7. 以客户为导向重组市场营销流程,对市场营销全过程实施跟踪监管

传统的市场营销流程主要是以产品为中心,对市场的反应速度较慢,而且没有根据市场营销活动的结果反馈进行改进,因而难以形成一个闭环。大数据时代的精准化营销,以客户为中心,从客户的需求着手,进行深入地洞察和分析,然后结合运营商自身的业务、品牌等进行市场营销活动的策划。在市场营销活动的过程中,还要根据市场变化、竞争对手的反应及用户反馈等内容及时调整营销策略。同时,在市场营销活动开展一段时间后,要根据活动反馈结果做一些归纳和总结,以便为下一个阶段的市场营销活动策划打好基础。

第二节 移动营销

一、移动营销含义

移动营销指面向移动终端(手机或平板电脑)用户,通过无线网络直接向目标受众定向和精确地传递个性化营销信息,并通过移动社交工具、APP、微网站、微店等网络渠道,与消费者开展信息互动,以达到市场营销目标的行为。

二、移动营销特点

移动营销的过程实质是针对目标市场定位,通过具有创意的沟通方式,依托移动互联网,向受众传递某种品牌价值,以获益为目的的过程。移动营销行为的主体包括广告主、移动营销服务商、移动媒体和受众,营销行为基于移动互联网完成,核心目的是帮助广告主推广其产品或服务的相关信息。

移动互联网,无时无处不互联,一切皆可植入营销活动。移动互联网时代企业开展营销活动时应注意:企业媒体化、产品"病毒"化、用户粉丝化。移动营销具有如下特点。

1. 便携性

移动终端具有先天的随身性,实用有趣的手机应用服务让人们大量的碎片化时间得以有效利用,吸引越来越多的手机用户参与其中;平台的开放性也给手机用户以更多个性化的选择;基于信任的推荐将帮助企业打造出主动传播的天然 SNS(社会性网络服务),快速形成品牌黏度。

2. 精准性

在浩瀚人海中,如何锁定与自己项目相匹配的目标人群并把相关信息有效传播?借助手机、短信等投放系统,通过精准匹配将信息实现四维定向(时空定向、终端定向、行为定向、属性定向),传递给与之相匹配的目标群体。

3. 成本低

在目前全球金融危机的压力下,降低企业营销成本,拓展企业市场成为迫切需求。基于移动互联网的移动营销具有明显的优势，它以其低廉的成本、广泛的受众成为企业提升竞争力、拓展销售渠道、增加用户规模的新手段，并受到越来越多企业的关注。由于具有移动终端用户规模大，不受地域、时间限制，移动营销以其快捷、低成本、高覆盖面的优势迎合了时代潮流和用户需求，成为新财富时代的一个重大机遇和挑战。

4. 互动性

移动营销具有互动性，借助QQ、微信等这些即时通信软件，双方交易、沟通时，可以方便地传递信息。微信、微博等很多APP都加进了语音功能，交流方式从以前的文字、图片，延展到了语音和视频；用户可以在微博、微信等社群中互动、关注、分享、转发、点赞等。

三、移动营销方法

当前是移动营销的时代，用户依赖于从手机中获取信息，新颖而有趣的内容最受读者的欢迎，用户的移动社交与互动十分频繁。因此，商家必须重视移动营销。当前，主要的移动营销方法包括：移动广告、APP推广、微信营销、微博营销、场景营销、口碑营销、病毒性营销、搜索引擎营销、移动社群营销、网络直播营销、粉丝营销等。移动广告、链接推广、搜索引擎营销、病毒性营销等方法是原有网络营销方法在移动端的应用；而微博营销、微信营销、移动社群营销、网络直播营销等，是新出现的基于移动社交媒体的营销方法。下面就其中几个方法进行介绍。

1. 移动广告

移动广告，是用户通过移动设备（手机、平板电脑等）访问移动应用软件或移动网页时显示的广告。相对传统广告，其投放媒体主要为移动媒体，包括手机网站、微商城、公众号、APP等。广告行业历经多年的发展渐趋成熟，投放渠道渐趋多元化。受移动互联网快速发展的助推，移动广告逐渐成为广告市场的主力军，占数字广告21.7%的市场份额。相比之下，传统渠道份额占比日渐下滑。2018年中国移动广告市场迎来真正爆发，市场规模突破2500亿元，增速达37%。移动广告平台市场整体规模达220亿元，较上一年增长29.6%。2018年中国移动DSP市场规模达300亿元。

随着移动广告市场高速发展，大量广告主开始尝试移动广告投放方式，对于广告投放技术的要求也快速提高。行业竞争将突破服务专业性的竞争，对于智能技术的竞争更加激烈。移动广告行业进入智能、创意和高效的时代。未来移动广告平台或将侧重搭建和优化DSP、DMP等产品矩阵，为程序化购买提供技术支撑，提高广告投放效率以及投放精准性。

2. APP推广

APP，即Application，是指手机应用软件，也是智能手机得以处理各种业务的基础。截至2019年4月，我国市场中的移动应用软件累计数量达449万款，市场规模位居全球第一。随着移动用户花费在APP上的时间逐渐增长，移动应用市场已成为企业、商家争夺的焦点。APP推广是一种重要的移动营销方法，也是移动应用软件能否获得广大用户下载和注册使用并最终成功的重要因素。通过APP推广，企业和商家要达到提高下载量、增加用户数、增加活跃用户数、提升留存率等商业目标，这对于发展用户，向用户提供便捷的服务是非常关键的。

APP推广可以分为线上推广和线下推广两种。其中线上推广还可分为应用市场推广、网盟推广、换量推广几个方面。

3. 微信营销

微信是一款手机即时通信软件，支持通过无线网络发送语音、视频、图片和文字信息，可以单聊及群聊，还能根据地理位置找到附近的人，带给朋友们全新的移动沟通体验。微信营销是企业或个人借助微信系统所开展的朋友圈营销、微信群推广、微信公众号运营、朋友圈广告等一系列的营销活动。

微信营销是基于社交网络的推广，也是面向粉丝的推广，还是对原有营销模式的创新。微信交流不存在距离的限制，用户注册微信后，可与周围同样注册的"朋友"形成一种联系，用户订阅自己所需的信息，商家通过提供用户需要的信息，推广自己的产品，实现点对点沟通。

由于微信的用户越来越多、影响力越来越大，微信的营销价值也越来越重要。特别是随着自媒体的发展，微信公众号的作用被商家和企业所看重。微信公众号的价值在于建设企业信息门户，集聚用户和粉丝，打造自媒体频道，策划活动吸引用户参与，直接服务于移动用户，为其提供调研、报名、订购、支付等服务。而且移动交易平台也在创新，目前已经涌现出微店、有赞、微信小店等一大批基于微信系统的交易平台，这些交易平台已经与微信公众号打通，有助于企业开店和个人开店，从事移动销售和移动客户服务。

4. 微博营销

微博，即微博客，是一个基于用户关系的信息分享、传播及获取的自媒体平台。用户可以通过 Web、客户端、APP 构建个人社区，以 140 字左右的文字发布信息，并即时分享。微博营销以微博作为营销平台，以听众（粉丝）作为潜在营销对象，借助微博内容向网友传播企业、产品的信息，树立良好的企业形象和产品形象。微博营销还可以基于用户感兴趣的话题进行交流互动，达到营销目的。微博营销也是基于社交网络的推广，微博具有自媒体属性，是用户喜爱的社交媒体，因此充分利用微博的自媒体属性，做好"内容营销"，是微博营销最重要的手段。

微博营销涉及的范围包括认证、有效粉丝、朋友、话题、名博、开放平台、整体运营等。自 2012 年 12 月后，新浪微博推出企业服务商平台，为企业在微博上进行营销提供一定帮助。当然，很多参与微博营销的企业，多数停留在用有奖活动聚集粉丝的初级阶段，这种方法聚集起来的粉丝不能算精准受众。微博运营更好的方法是发布产品知识、搜索关键词、开展话题讨论，找到对一些特定关键词和话题有兴趣的受众，还有就是要花大力气积极与用户互动。一些企业进行微博营销的通病是只发布信息，不与跟随者交流，这样就会使热情的粉丝失去激情。

5. 口碑营销

口碑源于传播学，由于被市场营销广泛应用，所以就有了口碑营销。传统的口碑营销是指企业通过朋友、亲戚的相互交流将自己的产品信息或者品牌传播开来。口碑传播，即由生产者以外的个人通过明示或暗示的方法，不经过第三方处理、加工，传递关于某一特定或某一种类的产品、品牌、厂商、销售者，以及能够使人联想到上述对象的任何组织或个人信息，从而导致受众获得信息进而改变态度，甚至影响购买行为的一种双向互动传播行为。网络推广的最高境界就是即使自己不去做推广，知名度和访问量也会不断上升，这也就是我们通常所说的口碑营销。在移动营销中，口碑是关于品牌的所有评述，是关于某个特定产品、服务或公司所有的人们口头交流的总和。

口碑营销，就是吸引消费者和媒体的注意，使得他们关注、谈论、传播品牌或公司，并且生成一些有趣、引人入胜、有传播价值的内容。例如，黑莓手机采用过口碑营销，通过一个故事来传播：大家一起去南极玩，遇到危险，所有的手机都没电了，只有黑莓手机还有电，所以黑莓手机是安全必需的。由此可见，口碑营销依靠的都是大家感兴趣并容易让用户口口相传的信息。

6. 粉丝营销

"粉丝"，即某个人物、某个产品或者某个企业的热心追随者或支持者，他们认同某个产品或某种理念，也认可品牌价值。在"粉丝"对于崇拜对象的热情投入中，往往伴随一系列狂热的消费行为，这种行为甚至会扩展到各个经济领域，以至于形成了一种经济现象——"粉丝经济"。粉丝经济以情绪资本为核心，以粉丝社区为营销手段增值情绪资本。粉丝经济以消费者为主角，由消费者主导营销手段，从消费者的情感出发，企业借力使力，达到为品牌与偶像增值情绪资本的目的。

粉丝营销就是通过粉丝营销的系列工具，将潜在消费者变成粉丝，与粉丝产生互动，将粉丝的喜爱转变成购买行为，又将发生了购买行为的消费者升级成黏性更高的"铁杆粉丝"，让品牌持续和粉丝保持高热度与高黏性，从而提升销售转化率。粉丝营销的本质就是培养品牌认可度和忠诚度，展示品牌的人格魅力，让用户知道品牌，被品牌吸引，从而产生信任感和依赖感。品牌商在开展粉丝营销时可以设计一些线下活动，比如珠宝企业可以设计一些相亲活动，培育未来的潜在消费者；小米公司主要通过小米同城会来让粉丝参与其线下活动，大大提升粉丝对品牌的认同度。

7. 病毒性营销

病毒性营销，即通过提供有价值的信息和服务，利用用户之间的主动传播来实现信息传递的目的。病毒性营销并非真的以传播病毒的方式开展营销，而是通过用户的口碑宣传网络，使信息像病毒一样传播和扩散，利用快速复制、转发的方式传向数以万计的受众。病毒性营销是一种高效的信息传播方式，这种传播是用户之间自发进行的，因此几乎是不需要费用的。

病毒性营销的传播途径包括：免费下载的电子书、电子贺卡、视频短片、Flash 动画、有趣的文章或图片、网络漂流瓶、QQ 消息、优惠券、免费的软件等。病毒性营销的成功案例是 Hotmail.com。Hotmail 是世界上最大的免费电子邮件服务提供商，它的新用户注册采用了好友间的邀请方式，在创建之后的一年半时间里，就吸引了 1200 万注册用户，当时以每天超过 15 万新用户的速度增长。

8. 移动社群营销

社群，是网友因相同或相似的兴趣爱好聚集在一起而形成的虚拟组织。而社群营销，是基于相似的兴趣爱好，通过某种网络载体聚集人气，通过产品或服务满足群体需求而产生的商业形态。随着移动媒体和移动社交的发展，移动社群已成为发展趋势。移动社群营销将关系营销、定制营销、体验营销和口碑营销充分融合，发挥社群的交互式优势，重塑品牌、社群与消费者的关系，从而打造新的营销模式。

移动互联网、社交网络的融合提供了人和人之间随时随地进行社交的平台，激发了人的社交和创造需求。人们可以根据自己的多元需求，自由地创建和管理社群，寻求满足感和归属感。另外，人们加入社群的主动性、满足感和归属感的强化，又会促进移动社群的进一步发展与活跃。人和人的实时交互和自由聚合变得无所不在和无所不能。

社群时代的社交关系是一种全新的信任关系，处于现实社交的熟人关系与虚拟社交的陌生人关系之间的交叉地带。一方面，社群工具的普及使人突破现实的"熟人社交"，向陌生人拓展，出现"半熟社交"的新圈子；另一方面，社群圈子的拓展又能使人找到真正的知己和合作伙伴，建立超脱现实的信任关系。

社群营销将关系营销、定制营销、体验营销和口碑营销充分融合，发挥社群的交互式优势，重塑品牌、社群、消费者的关系，在三者的互动中打造全新的品牌营销模式。通常品牌和消费者需要建立长久的情感关联与互动体验。社群时代的品牌运营是先通过独到的产品创意来吸引粉丝，再通过营销手段激活粉丝参与，优化产品体验，最后通过持久的粉丝关系维护来打造品牌和提升品牌价值的。基于社群，品牌和消费者找到了连接的最短路径，只要一个品牌创建者有足够的闪光点、吸引力、人格魅力甚至是噱头，就可以迅速聚集一群追随者，而这群追随者决定了这个品牌的生命力。

9. 网络直播营销

随着互联网技术的不断发展，网络已成为发展速度最快而且越来越占据主要地位的媒体。而随着人们获取信息的要求越来越高，已不再局限于只通过网络了解文字信息，更多的用户希望通过网络获取音视频信息，实现新闻发布会、产品发布会、体育比赛、教学交流实况、商业宣传、庆典活动等的现场实况直播。网络直播平台和用户越来越多，各网络平台、企业也在尝试利用新的媒介形态提高影响力，争夺注意力和网络流量资源，争夺热爱网络直播的年轻用户。这使得网络直播营销逐渐成为一种最热门的移动营销方式。

网络直播营销是指在现场随着事件的发生、发展进程同时制作和播出节目的营销方式，该营销方式以网络直播平台为载体，面向粉丝或观众开展，达到企业获得品牌的提升或是销量增长的目的。例如：巴黎欧莱雅通过直播戛纳电影节众明星在化妆间用欧莱雅产品化妆的全过程，使其网店商城多款产品售罄；"5·17饿货节百人直播活动"通过"直播＋销售""边看边买"的模式，以及100位主播的流量，成功吸引了700万人涌到网站，直播互动上百万条，合作品牌销量大增。

10. 场景营销

场景，原意是指戏剧或电影中的场面。营销也需要场景，场景就是用户所处的商业情景；改善营销场景有助于增进消费体验、促进消费。当前，线下商店客流不断减少，网络流量获取难度越来越大，费用节节升高，于是商家越来越重视营销场景的营造。

场景营销是指基于对用户数据的挖掘、追踪和分析，在由时间、地点、用户和关系构成的特定场景下，连接用户线上和线下行为，理解并判断用户情感、态度和需求，为用户提供实时、定向、创意的信息和内容服务，通过与用户的互动沟通，树立品牌形象或提升转化率，实现精准营销的营销行为。例如宜家商场里的家居从来不是单独存在的，它把每一件家居都布置到"家"的场景中，给人以温馨舒适、身临其境的感觉，从而触发购买欲望。又如三只松鼠的产品与其他企业没什么不一样，但却好评如潮，复购率高，原因在于他们提前考虑到消费者的需求，比如会在包装里提供湿纸巾，会把山核桃切缝，方便剥取，等等，让消费者真正做到打开即食，不再费时费力。

我们已经进入场景时代。在当今，发生在每个人身上的任何一个镜头，可能是一段与客户的交谈，也可能是一次与闺蜜的逛街，甚至是在咖啡店喝咖啡的任何一个瞬间，对于任何产品来说都可能是一个使用场景及体验场景。

四、移动营销作用

移动营销已经成为一个不能被忽视的营销渠道，很多公司已经把移动广告当作了第一位的营销方式。移动营销有助于企业实现以下商业目的。

1. 推送产品信息

随着智能手机的普及，手机网民的数量在逐年递增，如今越来越多的人更习惯于使用手机网购和在线支付。所以，企业需要借助移动媒体，开发独立的移动网上商城来进行移动营销，这有利于企业直接通过手机向用户展示企业信息与产品信息。

2. 提高站点访问量

当前广告形态和广告媒体都在发生变化，移动广告在整个行业当中的地位越来越重要。据统计，2015年到2020年期间，移动端的流量每年增长45%。在未来，企业站点的流量将主要来自移动端。因此，开展移动营销是提高企业站点访问量的重要手段。而企业APP是一个企业展现自身的平台，可以与目标用户便捷沟通，同时方便手机用户随时随地查询和浏览，有效占领移动互联网的入口。

3. 拓展新用户

越来越多的企业认识到了顾客的重要性，并加深了对顾客在帮助企业构建新的竞争能力中所起作用的理解。企业基于营销与推广的需求，利用各类搜索技术、新兴媒体、网络广告等，将企业信息以丰富多彩的形式展现给有需求的客户，并积极搭建官方微博、官方微信、企业自媒体等，吸引用户加入，开展粉丝营销，通过网络互动，促成交易，从而有效地拓展客户。

4. 开展网络促销

由于移动互联网信息传播快，信息展示效果佳，所以可以通过移动促销以启发需求，引起消费者的购买欲望和购买行为，最终能够实现营销目标。比如企业可以借助微信促销工具等，开展大转盘、摇一摇等移动促销；而微商城运营也离不开促销活动，比如多人拼团、节日促销等，可以吸引用户的注意，扩大影响力。

5. 提高销售量

各大企业、商家都开始重视移动端的用户市场，并且纷纷通过建设手机移动网上商城来进行移动营销，开展移动业务和拓宽产品在移动端的销售渠道。移动网上商城是企业开拓移动端市场所必备的工具，并且企业的移动网上商城开发主要是为了增加产品的销售渠道，多一个营销平台。企业拥有自己独立的移动网上商城就可以吸引更多的手机用户，并进一步提升产品的销量。

6. 提升品牌形象

企业借助移动媒体可以拉近与移动用户的距离，更快、更好地服务用户和粉丝，有利于企业和客户建立一对一的联系，并让企业对于客户的咨询或者是投诉问题能够更快速地响应；客户只要通过移动网上商城直接咨询或投诉，企业就能够及时回应并为客户解决问题，从而提高用户体验，提升企业品牌形象。

第三节 精准营销

一、精准营销的内涵

美国营销学者莱斯特·温德曼于1999年首先提出，精准营销以生产商的客户（包括销售商）为中心，通过各种收集数据的方式建立客户资料库，对数据进行科学分析，找准潜在客户，根据客户的特征制订出操作性较强的营销沟通方案，并尽可能详细地追踪客户的资料。菲利普·科特勒在2005年明确提出了精准营销，他认为，企业需要更精准、可衡量和高投资回报的营销沟通，营销沟通计划应更注重结果和行动，更重视对直接销售沟通的投资。

二、精准营销的特征

1. 目标消费者选择的精准性

精准营销最基本的特征就是要尽可能准确地选择好目标消费者，排除那些非目标受众，以便进行针对性强的沟通，否则，所有的后续营销活动都会失去"精准"之意。尽管传统营销也通过市场细分，然后选择目标市场，但是由于受到技术和数据的限制，目标受众仍然针对性不强，不够精准，"狂轰滥炸"的现象大量存在。精准营销凭借大数据时代先进的数据收集技术建立了庞大的营销数据库，运用现代数据挖掘技术对目标消费者进行精确锁定，从而提高了目标受众选择的精准性。

2. 沟通策略的有效性

精准营销强调沟通策略要尽可能有效，能很好地触动目标受众。

3. 沟通行为的经济性

精准营销强调与目标受众沟通的高投资回报，减少浪费。

4. 沟通结果和成本的可衡量性

精准营销要求沟通的结果和成本尽可能可衡量，避免"凭感觉"。

5. 精准程度的动态性

精准营销的精准程度随着科学技术的发展和营销活动的开展呈现出动态性。收集数据的计算机软件和设备越来越先进，数据挖掘技术也在不断发展，因此，现在的精准营销比过去精准，而未来又会比现在精准。一般认为，精准营销传播活动的开展经历了三个阶段：第一个阶段是定向地域投放；第二个阶段是定向客户兴趣爱好投放；第三个阶段是定向行为投放。

三、精准营销的方法

精准营销的方法非常丰富，而且还在不断地发展。这些方法可以归纳为以下三大类。

1. 基于潜在消费者数据库的精准营销方法

建立一个有一定规模、相关信息比较完备的潜在消费者数据库，是进行精准营销的重要基础。建立一个潜在消费者数据库是一项长期、艰巨的工作，需要企业不断积累、持续努力。短期内，如果企业还没有建立自己独立的消费者数据库，可以借助其他组织的消费者数据库，如邮政的数据库、社会保障数据库、其他中介机构的数据库等，从中筛选符合企业自身需要的潜在消费者的信息，来开展自己的精准营销活动。目前基于潜在消费者数据库的精准营销方法主要有以下几种。

(1) 邮件直复营销

邮件直复营销是指根据消费者的特征，从潜在消费者数据库中搜寻对某一产品很可能有需求的潜在消费者，然后给这些潜在消费者发送邮件，与他们沟通有关产品或服务的详细情况。如果找到的潜在消费者与该产品的相关性比较强，营销就能做得很精准，做到低成本、高收益。

(2) 电话营销

电话营销与邮件直复营销类似，只是沟通方式主要是打电话。在沟通信息比较简单的情况下，由于电话是双向直接沟通，所以沟通效率非常高。

(3) 即时通信营销

随着即时通信工具，如 QQ、微信等融入消费者的日常生活中，越来越多的公司开展即时通信营销。在通过数据库营销选准潜在消费者的前提下，企业通过即时通信工具与消费者沟通交流，不仅能够传送文字、图片、音频和视频等信息，而且能够即时交流，其效率远远高于邮件直复营销。

(4) 手机短信营销

手机在我国的普及率越来越高。手机短信营销的优势是电信运营商有比较完备的数据库，用户使用手机的全过程在电信运营商那里都会留下完整的记录，用户使用语音通话以外的服务更能反映出消费者的特征。企业可以与电信运营商合作，在法律允许的范围内，从手机用户数据库中寻找与企业产品特性相符的潜在消费者群体，并直接通过手机短信方式与目标用户进行沟通，往往能取得良好的效果。

2. 基于互联网的精准营销方法

除了利用数据库外，企业还可以通过互联网来识别消费者的心理、价值观、兴趣、行为等特征，然后开展精准营销活动。目前，基于互联网的精准营销方法主要有以下几种。

(1) 门户网站广告

现在的绝大多数互联网门户网站都开设了许多不同的频道，比如新浪网就开设了体育、汽车、房产、数码、旅游、健康等频道。企业可以选择与自己的产品特性相符的频道投放广告。进入某个频道的互联网用户一般都对相关内容感兴趣，这时企业的广告投放就显现出精准性了，比如纸尿裤的促销就开始移向网络平台内的妈妈频道。当然，这种精准性是相对于在大众媒体上投放广告而言的。在网络上，网友多少都会留下资料，网站平台可以根据这些资料，加上每台电脑网络连线的 IP 资讯筛选，做更精准的 IP 定位，就可以以很低的成本精准地找到目标消费群体。

(2) 关键词搜索广告

百度、谷歌、雅虎等主要搜索引擎网站目前都提供关键词搜索广告服务。想购买某类产品或服务时，许多消费者都会通过搜索引擎网站去查询相关信息，如果此时企业的产品能出现在需要的消费者面前，营销的针对性、精准性就非常强。比如，如果你想买一台数码相机，你很可能会通过搜索引擎网站去查询数码相机的相关信息。此时，如果 Sony 数码相机的产品信息出现在你的面前，让你非常方便地了解它，这就实现了营销的精准性。

(3) 博客和微博

博客和微博是互联网 Web2.0 技术的一种新应用，网民不但可以浏览互联网上的信息，而且可以把自己想要传播出去的信息（如旅游信息）非常方便地发送到互联网上，让其他网民浏览并相互讨论。这样，对这一领域感兴趣的人往往会在互联网的博客区或者微博区聚集到一起，这一领域的产品在博客区或微博区就能比较精准地找到大量的潜在客户。

3. 基于第三方渠道的精准营销方法

有些企业难以直接找到自己的潜在消费者，但其他企业（通常是非竞争企业）的渠道可以非常好地指向自己的潜在客户。当两个企业正好针对相同的目标顾客群体，虽然它们的产品不同，但借助对方的渠道就能够很好地进行精准营销。比如，海尔电脑希望通过差异化来提升竞争力，通过应用创新将笔记本电脑与汽车有机联系在一起。针对汽车导航市场的兴起，海尔电脑推出了更专业、功能更强大的导航产品——GPS 笔记本电脑。问题是，海尔电脑自身的渠道很难精准地找到目标客户。于是，海尔电脑就尝试借助第三方渠道的方法，通过与汽车销售公司合作来实现营销的精准性。2006 年 8 月 11 日，海尔电脑与一汽大众签署合作协议，利用一汽大众的渠道销售海尔最新的 GPS 笔记本电脑产品。一汽大众通过海尔的 GPS 笔记本电脑来促销，海尔电脑通过一汽大众的渠道精准地找到自己的目标客户，消费者也找到了自己想要的产品，形成"三赢"的结果。

第四节　绿色营销

一、绿色营销含义

绿色营销是在绿色消费的驱动下产生的。人类社会发展的终极动力主要来源于人类的欲望（需求），表现为经济行为则是消费。绿色消费是对社会环境和生态环境友好的消费。肯·毕提教授指出，绿色营销是一种能够辨识、预期消费者与社会需求，并且可以带来利润及永续经营的管理过程。

绿色营销，是指在可持续发展观的要求下，企业从承担社会责任、保护环境、充分利用资源、长远发展的角度出发，在产品研制、开发、生产、销售、售后服务全过程中，采取相应措施，引导和满足消费者的可持续消费，促进企业的可持续生产，实现企业营销目标，追求企业利润、消费者欲望和社会利益三方面的平衡。绿色营销旨在实现有限营销资源的有效配置，追求企业短期营销行为和长期营销战略与社会、经济、资源、环境的有机协调以及对企业长远发展的良性影响。

二、绿色营销特征

绿色营销主要有下列三个特征。

（1）从立足点来看，绿色营销是以保护环境、节约资源、可持续发展为立足点。绿色营销观念要求企业在营销中，不仅要考虑消费者利益和企业利益，而且要考虑环境利益，将三者结合起来，遵守道德规范，履行社会责任。

（2）从过程来看，绿色营销体现在市场调查、产品开发、定价、分销、促销，以及售后服务的全过程。绿色营销强调在传统营销组合中加入"绿色"因素；注重绿色消费需求的调查与引导；在生产、消费、回收过程中，注重对环境危害较低的绿色产品的开发与销售；在定价、分销、促销和售后服务等营销全过程中，考虑以保护生态环境为核心的绿色因素。

（3）从目标来看，绿色营销要实现企业利益、消费者利益、环境利益三方面的平衡，即实现消费者可持续消费、企业可持续生产和社会环境可持续发展三方面的平衡。

三、绿色营销管理主要内容

1. 树立绿色营销观念

在绿色营销观念下，企业的首要问题不是协调消费者需求、企业自身条件和竞争者状况三方面的关系，使得自身取得利益，而是协调与自然环境的关系。市场营销决策的制定必须首先建立在有利于节约资源和保护环境的基点上，使营销的立足点发生新的转移。例如，消费者研究需要着眼于绿色需求的研究，不仅要考虑现实需求，更要考虑潜在需求。企业与同行竞争的焦点，不在于争夺目标市场的份额，而在于有利于保护环境的最优营销措施，这才是企业制胜和基业长青的法宝。

2. 开发设计绿色产品

绿色产品是绿色营销的基础。企业要实施绿色营销，就必须为社会和消费者提供满足其绿色需求的绿色产品。绿色产品，是指生产、使用及处理过程符合生态环境和社会环境要求，对环境无害或危害极小的产品。这要求从产品设计开始，包括材料的选择，产品结构、功能、制造过程的确定，包装与运输方式的确定，产品的使用及产品废弃物的处理等都要考虑对社会和环境的影响。

3. 合理制定绿色价格

绿色价格是绿色营销的焦点。鉴于绿色产品考虑了环保成本，因此绿色产品成本往往会高于传统产品成本。绿色价格，是指将企业用于生态和社会环境方面的支出计入成本，而对绿色产品制定的价格。也就是说，根据"污染者付费"和"环境有偿使用"的现代观念，利用人们的求新、求异、崇尚自然的心理，采用消费者心目中的"感知价值"来定价。所谓"感知价值"是指消费者一般都认为绿色产品具有更高的价值，愿意为此支付较高的价格。但是，绿色产品价格上扬的幅度不仅取决于绿色产品品质提高的幅度和环保费用支出的多少，还取决于消费者对绿色产品价格的理解。在工业发达国家，绿色产品价格上扬幅度较大，消费者也乐于接受。在我国，由于消费者的绿色产品意识较弱，绿色产品价格上扬幅度不宜过大，在大中城市市场价格可略高些。绿色价格策略是要将生态价格观贯穿于绿色产品定价体系，加强生态环境成本核算，把绿色产品的生态环境成本计入总成本，在同类产品价格的基础上确定一定的加价率，树立绿色产品优质高价的形象。

4. 完善绿色营销渠道

绿色营销渠道是绿色营销的关键。企业实施绿色营销必须完善绿色营销渠道。绿色营销渠道，是指企业为实施绿色营销，在分销过程中采用的对生态环境和社会环境友好的渠道。绿色分销目前虽未成为绿色营销的重点，但也日益受到绿色营销企业的关注。因为它涉及绿色产品的有效销售，会影响绿色价格，并影响企业的绿色形象。此外，它也涉及绿色产品的质量保证及销售过程中的资源耗损和社会影响问题。要实施绿色营销，不仅应采用绿色环保的交通运输工具，合理设置供应配送中心和配送环节，选择绿色信誉好的中间商，以维护产品的绿色形象，还必须建立全面覆盖的销售网络。在国内，要在大中城市设窗口、开通绿色通道等，不断提高市场占有率；在国外，要通过开辟运输航线，设立境外办事机构，开办直销窗口途径，增强绿色产品的市场辐射力，尽可能缩短流通渠道，减少渠道资源消耗，降低流通费用。

5. 加强绿色营销沟通

绿色营销沟通是绿色营销的手段。绿色营销沟通是通过绿色媒体向消费者和社会传递绿色信息，引导消费者的绿色需求，最终促成消费者的绿色购买。绿色营销沟通，就是围绕绿色产品而开展的各项促销活动，在人员推销、广告、公关等促销中强调绿色特征。其核心是通过充分的信息传递来树立企业和产品的绿色形象，使之与消费者的绿色需求相协调，巩固企业的市场地位。因此，绿色营销首先是一种观念，企业要通过宣传自身的绿色营销宗旨，在公众中树立良好的绿色形象。其次，绿色营销又是一种行动，企业可以利用各种媒体宣传自己在绿色领域的所作所为，并积极参与各种与环保有关的事务，以实际行动来强化企业在公众心目中的印象。最后，企业还应大力宣传绿色消费时尚，告诫人们使用绿色产品，支持绿色营销，本身就是对社会、对自然、对他人、对未来的奉献，提高公众的绿色意识，引导绿色消费需求。

实践项目　医药企业绿色营销之道

在全球性的以保护人类生态环境为主题的"绿色浪潮"中，消费者逐渐意识到其生活质量、生活方式正在受到环境恶化的严重影响。因此，人们日益强烈的绿色消费欲望不仅对现代企业生产，同样对现代企业营销提出了挑战。作为国民经济支柱产业之一的医药保健品业，在追求利润的同时，如何以绿色营销的理念引领可持续发展步伐，抢抓绿色消费创造的市场商机，成为摆在医药企业面前的新课题。

1. 绿色研发与生产

真正意义上的绿色药品，不仅质量合格，而且在研发、生产、使用、处置和排放过程中都应符合特定的环境保护要求。绿色药品与同类药品相比，应具有低毒少害、节约资源等环境优势，最大限度地降低药品自身属性在各个环节对人体和环境的危害程度。

2003年初，因龙胆泻肝丸中的关木通含有肾脏毒性成分马兜铃酸，制药企业不但在业界的地位受到冲击，损失更大的是消费者对老品牌产生了信任危机，甚至波及同品牌下的其他产品。

随后马来西亚禁止17种含有马兜铃酸的中药在马销售；接着是美国FDA以农药残留超标为由要求本国消费者停止服用13种中国中草药制剂；而常用的抗过敏药息斯敏，由官方经医学专家证实会对心脏产生不良反应，目前已被临床暂停使用。

企业因生产质量不达标而蒙受巨大损失，应痛定思痛，迅速采取应对措施。在国际竞争的要求和绿色浪潮的冲击下，该企业进一步加快了中药 GAP（药用植物生产管理规范）研究，围绕消费者的绿色需求制订生产研发计划，严格实施药品国际质量认证标准，在环境、土壤、施肥等一系列环节实施深度控制，从原料药入手解决中药材的农药残留、重金属、有效成分含量等问题。企业拟以源头上的"绿色原料"为基础，确保产品的"绿色属性"，最大限度地保证药材内在质量的可行性和稳定性，全面提升中药的"绿色指数"，从而使中华医药瑰宝在国际市场大放异彩。

2. 获得"绿色标志"

采用绿色标志是绿色营销的重要特点，它以特定的图形、符号标志着该产品质量合格，在生产、使用和处置过程中均符合环保要求。我国现行的绿色标志，是由国家指定的机构或组织依据环境技术标准及有关规定，对产品的环境性能及生产过程进行确认，并以标志图形的形式告知消费者哪些产品符合环境保护的要求，对生态环境更为有利。

医药企业获得绿色标志，除了说明生产、使用和处置过程符合环保要求外，同样也标志着包装上的绿色环保，即包装减少了对资源的消耗，包装的废弃物可以成为新的资源被再利用。近年来，我国医药企业不但开始重视在包装上突出产品个性，更将传达设计风格上的绿色格调、突出包装材质的绿色竞争力放在重要位置。如我国第一个获准进入美国市场的中成药——天津天士力集团的复方丹参滴丸就是以其定量标准、严格控制药品有效成分和包装符合环保要求而获取了国际认证的绿色药品标志。

但是，也有个别生产厂商抓住消费者对绿色产品，特别是药品安全性的鉴别能力不强的劣势，纷纷标榜自己的产品为"绿色产品""环保先锋"，拥有"绿色标志"，欺骗消费者。如某公司竟将半年前生产的旧感冒药从原包装中剥出来重新包装卖给消费者！这种以"绿色标志"欺瞒消费者、污染市场环境的做法使企业的品牌形象和企业信誉受到致命打击，失信于民的后果是必遭民众摒弃。

职业知识训练

1. 重要概念

数据营销　精准营销　移动营销　绿色营销

2. 选择题

(1) 单项选择题

① 绿色营销的关键是（　　）

A. 加强绿色营销沟通　　　　　　　B. 完善绿色营销渠道
C. 开发设计绿色产品　　　　　　　D. 树立绿色营销观念

② 最早明确提出精准营销概念的学者（　　）

A. 肯·毕提　　　　　　　　　　　B. 莱斯特·温德曼
C. 朱迪·斯特劳斯　　　　　　　　D. 菲利普·科特勒

③ 在互联网技术和数据库技术的基础上逐渐发展的一种市场营销手段是（　　）

A. 精准营销　　B. 网络营销　　C. 移动营销　　D. 数据营销

④ 在提高站点访问量、推送产品信息、拓展新用户方面有重大作用的是（　　）
A. 精准营销　　　B. 网络营销　　　C. 移动营销　　　D. 数据营销
⑤ 通过电子书、视频短片、网络漂流瓶、免费软件等途径进行传播的营销是（　　）
A. 病毒性营销　　B. 微信营销　　　C. 移动广告　　　D. 微博营销

（2）多项选择题
① 精准营销的方法有（　　）
A. 即时通信营销　B. 邮件直复营销　C. 手机短信营销　D. 电话营销
② 绿色营销的内容从哪些方面进行考虑（　　）
A. 树立观念　　　B. 设计产品　　　C. 制定价格　　　D. 完善渠道
③ 移动营销的特点（　　）
A. 互动性　　　　B. 成本高　　　　C. 便携性　　　　D. 精准性
④ 数据营销的优势（　　）
A. 实现一对一营销　　　　　　　　B. 把握市场节奏
C. 进行数据关联分析　　　　　　　D. 实施差异化营销
⑤ 从目标来看，绿色营销的特征需要考虑（　　）
A. 环境利益　　　B. 消费者利益　　C. 企业利益　　　D. 社会利益
⑥ 移动营销的方法有（　　）
A. APP推广　　　　　　　　　　　B. 微信营销　　　C. 微博营销
D. 病毒性营销　　　　　　　　　　E. 口碑营销

3. 问题理解
（1）什么是数据营销？数据营销有哪些方式？
（2）简述数据营销的优势。
（3）什么是精准营销？精准营销有哪些方法？
（4）简述不同移动营销方式的特点。
（5）什么是绿色营销？绿色营销有哪些内容？

职业知识与实践技能训练答案

第一章 熟悉营销：医药营销概述

一、职业知识训练

2. 选择题

（1）单项选择

①D ②D ③B ④C ⑤B ⑥A ⑦D ⑧B ⑨D ⑩D ⑪A ⑫A

（2）多项选择题

①ABCDE ②ABCDE ③ABCD ④ABCDE ⑤ABCD ⑥ABCD ⑦ABDE ⑧ABCDE ⑨ABCD ⑩ABC ⑪ACD ⑫ACD

第二章 研究市场：医药市场调研

一、职业知识训练

2. 选择题

（1）单项选择

①B ②A ③C ④A ⑤D ⑥C ⑦D ⑧D ⑨A ⑩A ⑪B ⑫D ⑬C ⑭A

（2）多项选择题

①ABCDE ②ACD ③AB ④BCD ⑤ABC ⑥BC

第三章 目标营销：STP策略

一、职业知识训练

2. 选择题

（1）单项选择题

①B ②D ③D ④C ⑤D ⑥C ⑦C ⑧B ⑨A ⑩B ⑪A ⑫A ⑬C

（2）多项选择

①ABCD ②ABD ③ACD ④ABCDE ⑤ABCDE ⑥BCD ⑦AB ⑧ABC ⑨AB ⑩ABCDE ⑪ABCDE

二、实践技能训练

案例分析：连锁药店在转型时，需要做到两点：首先了解需求、定位与规划。国内消费者对药店的理解还达不到美、日等发达国家的程度，药店经营者在了解了国外药店的发展后，与国际接轨是正确的，但是需要结合我国消费者的情况来看，某医药公司在转型中注重培养消费者用药习惯是值得行业提倡的行为。其次是定位要清晰，连锁药店在多元化发展上一直没有明确的思路，就是因为定位不够清晰，今天做药妆明天做保健品，很多时候大家都在跟风。定位确定了之后，就是规划，也就是决定药店在转型之路上能走多远。许多连锁药店在确定了一种转型模式后，因为种种原因并没有坚持走下去，其实就是规划没有做好。

第四章　设法盈利：定价策略

一、职业知识训练

2. 选择题

（1）单项选择题

①A　②D　③B　④B

（2）多项选择题

①ACDE　②BC　③ABCDE　④BCDE　⑤ABD　⑥ABCDE

第五章　拓展市场：渠道策略

一、职业知识训练

2. 选择题

（1）单项选择

①A　②D　③A　④C　⑤A　⑥A　⑦D

（2）多项选择题

①ABCD　②ABCD　③ABC　④ABCDE　⑤ACD　⑥ABCD　⑦ABC　⑧ABCD

第六章　制胜法宝：促销策略

一、职业知识训练

2. 选择题

（1）单项选择

①B　②C　③B　④D　⑤D　⑥C　⑦A

（2）多项选择

①ABCDE　②ABCDE　③ACDE　④BCDE　⑤ABCDE

二、实践技能训练

1. 案例分析

该公司促销活动策划人员贪大求全，没有充分测算和估计商圈覆盖顾客及目标人群，盲目放大有效商圈和目标人群，致使宣传单印刷过量。而策划人员并没有合理制定发放线路和监督措施，同时也没有增加人员协助支持门店员工发放，加之门店员工执行力出现问题。那么，知晓此次活动的目标顾客是比较有限的，司庆活动效果大打折扣就可想而知了。

建议：促销活动中，宣传单的派发应注意以下几点。

① 范围确定　以门店所在位置为中心的核心商圈500～1000m的范围为半径，主要采用入户投递，同时关注竞争对手的周围，以及广场、市场、公园等人潮聚集点进行定点投放。

②人员安排　分发宣传单时，人员进行分组，设立带队组长，形成组长负责制。将每店的商圈划分成若干个片区，进行派发。再由门店店长负责监督、抽查。

③数量确定　每次派单人员携带大概200～250张，不要携带太多，携带太多员工体力坚持不了，也会失去耐性。

④监督责任　带队的组长将组员带到所负责的指定投放区域后，指派人员在固定的单元楼上入户投递，投递完成后，由组长随机抽查，并记录下不能入户的小区，以及各小区的投放数量，以供下次安排时作为参考数据。

第七章　提升价值：顾客管理

一、职业知识训练

2. 选择题

(1) 单项选择

①D　②C　③C　④C　⑤B　⑥C　⑦C　⑧D　⑨B

(2) 多项选择

①ABCDE　②ABCDE　③ABC　④ABCD

二、实践技能训练

1. 案例分析

案例1分析：

(1) 该药企曾经以"良心药、放心药、管用的药"这一口号赢得了客户和广大消费者的信任，"毒胶囊"事件出现后，必然会引起客户和广大消费者的不满，使客户关系面临一定的危机。

(2) 要想重新赢得客户，首先应当直面过去，公开承认，并通过一定的方式进行宣传，重新树立自己的形象，更重要的是要拿出质量过硬的产品，用事实重新赢回客户。

案例2分析：

小王在维护客户关系方面没有把握好度，没有分清工作和私人空间的关系。如果只是工作上很好的伙伴，在关系没有达到一定程度时，那么与客户的私人空间还是要保持一定距离的。一段时间以后小王可以主动联系这位客户，诚挚道歉，并说明事情的原委，表明没有其他的意思，只是想表达一下对老年人的祝福。通过真诚的沟通，小王可以赢回这位客户。

案例3分析：

该药店营业员在服务方面问题很多。一是营业员服务态度欠佳。在这种大型平价药品超市，顾客一般很难找到所需的药品，这时营业员A应该带领顾客找药而不是用手指指方向便罢。二是营业员的专业知识差。营业员B应该流利地为顾客讲解该药的禁忌证以及注意事项，而不应将顾客推向其他营业员。这说明营业员B对专业知识不够熟悉，该药店也未很好地执行首问负责制。三是营业员言语含糊不清。轻则会使顾客认为营业员对药品不熟悉，重则会被认为营业员不诚实，进而影响药店的形象。以上情况说明药店急需强化对营业员的培训。

案例4分析：

失误之处在于忽视细节，更没有替顾客着想。顾客可能就是冲着赠品来的，但由于"面子"问题不愿让其他人知道，该店员一句"无心之言"将顾客的本意"公布于众"，结果可想而知。像这样的例子还有很多，例如购买安全套的顾客、购买治疗性病产品的顾客等都会有一定的心理因素，而这些因素又往往会影响顾客的购买。

建议：以己推人，时时将自己放在顾客的位置上处处为顾客考虑并巧妙地帮助顾客解决；顾客未口头表示感谢，但在心里已经对你感激万分。

第八章　与时俱进：营销新发展

职业知识训练

2. 选择题

(1) 单项选择题

①B　②B　③A　④C　⑤A

(2) 多项选择题

①ABCD　②ABCD　③ACD　④ABCD　⑤ABC　⑥ABCDE

参考文献

[1] 周光理. 医药市场营销案例与实训. 北京：化学工业出版社，2012.
[2] 全国食品药品职业教育教学指导委员会，国家药品监督管理局高级研修学院. 医药市场营销实务. 中国健康传媒集团，北京：中国医药科技出版社，2021.
[3] 王永贵. 服务营销. 北京：清华大学出版社，2019.
[4] 魏振锋，张小华. 移动营销实务. 北京：电子工业出版社，2021.
[5] 叶真，丛淑芹. 药品购销技术. 北京：化学工业出版社，2020.
[6] 李坚强，蒋良骏，周科. 市场营销——过程与实践，2版. 南京：南京大学出版社，2018.
[7] 全国医药职业技术教育研究会. 药品市场营销技术，4版. 北京：化学工业出版社，2022.
[8] 闫志俊，张学琴. 新编市场营销，4版. 大连：大连理工大学出版社，2014.
[9] 鲁朝云，林强. 客户关系管理. 大连：大连理工大学出版社，2015.
[10] 侯胜田. 医药营销案例. 北京：中国医药科技出版社，2009.
[11] 蒲冰. 市场营销实务上册（双色版）. 四川：四川大学出版社，2016.
[12] 宁德煌. 市场营销学（生活、营销与智慧）. 北京：机械工业出版社，2021.
[13] 马清学. 医药营销实训. 北京：中国劳动社会保障出版社，2005.
[14] 吴虹. 医药市场营销实用技术. 北京：中国医药科技出版社，2008.